Verlag für Systemische Forschung
im Carl-Auer Verlag

Andrea Wesenauer

Von der Balanced Scorecard zum Erfolgsplan®

Erfolgreiche Strategien
systemisch entwickeln und umsetzen

2008

Der Verlag für Systemische Forschung im Internet:
www.systemische-forschung.de

Carl-Auer im Internet: www.carl-auer.de
Bitte fordern Sie unser Gesamtverzeichnis an:

Carl-Auer Verlag
Häusserstr. 14
69115 Heidelberg

Erste Auflage, 2008
ISBN 978-3-89670-909-7
© 2008 Carl-Auer-Systeme, Heidelberg

Bibliografische Information Der Deutschen Nationalbibliothek
Die Deutsche Nationalbibliothek verzeichnet diese Publikation
in der Deutschen Nationalbibliografie; detaillierte bibliografische
Daten sind im Internet über http://dnb.ddb.de abrufbar.

Diese Publikation beruht auf der Dissertation „Strategische Ausrichtung von Organisationen mit der Balanced Scorecard am Beispiel der OÖ Gebietskrankenkasse" zur
Erlangung des akademischen Grades Doktorin der Philosophie an der Fakultät für
Kulturwissenschaften (Studium der Gruppendynamik und Organisationsentwicklung)
der Universität Klagenfurt, 2004

Veröffentlicht mit Unterstützung der Druckkostenförderung für Dissertationen des
Forschungsrats der Alpen-Adria-Universität Klagenfurt

INHALT

2

ABBILDUNGSVERZEICHNIS

LITERATUR

1 Thesen zur strategischen Ausrichtung von Organisationen mit der Balanced Scorecard

Die Erkenntnis, die aus der Einführung der Balanced Scorecard in der Oberösterreichischen Gebietskrankenkasse (OÖGKK) in Form des OÖGKK-Erfolgsplanes und aus der vorliegenden Arbeit resultiert, ist eine ebenso einfache wie zentrale:

Ziele benötigen einen übergeordneten Gesamtkontext und einen persönlichen Bezug, um Sinn zu stiften. Um Wirkung zu erzeugen, müssen sie konsequent verfolgt werden.

Wie diese Forderung in einer großen Organisation wie der OÖGKK realisiert werden kann, versucht die vorliegende Arbeit zu analysieren. An den Beginn der Arbeit möchte ich jene resümierenden Thesen stellen, die aus der Arbeit resultieren. Die nachfolgenden Darstellungen werden so in ein anderes Licht gerückt. Dies soll das Lesen der Arbeit aus dem Blickwinkel dieser zentralen Erkenntnisse ermöglichen, um die Aufmerksamkeit darauf zu fokussieren.

These 1

Die Identifikation der Führungskräfte mit der Problemlage und den strategischen Positionen ist zentral für deren weitere Verfolgung. Der Vergemeinschaftung dieser Zukunftsbilder als Basis für deren Umsetzung kommt zentrale Bedeutung zu. Die Instrumente der Vision, der Strategielandkarte und der Balanced Scorecard (BSC) sind geeignet, um gemeinsame Zukunftsbilder darzustellen und zu kommunizieren.

These 2

Die Erarbeitung tragfähiger Zukunftsbilder durch die obersten Führungskräfte selbst und damit deren intensive Einbindung ist ein zentrales Erfolgskriterium im Rahmen der strategischen Ausrichtung von

Organisationen. Die Einbeziehung aller MitarbeiterInnen nutzt das Potenzial der gesamten Organisation und schafft eine breite Basis für die Umsetzung strategischer Pläne. Die unmittelbaren Vorgesetzten der MitarbeiterInnen nehmen in diesem Prozess eine Schlüsselposition ein.

These 3

Der Vernetzung und Integration kommt im BSC-Prozess maßgebliche Bedeutung zu. Die BSC selbst schafft die Vernetzung verschiedener Themenbereiche durch die Betrachtung des Unternehmens aus vier Perspektiven. Maßgebliche Unterstützung kann hier die Strategielandkarte bieten, welche die Ursachen-Wirkungs-Zusammenhänge zwischen den Perspektiven transparent macht und auf ein bearbeitbares Maß an Komplexität reduziert. Eine adäquate vertikale und horizontale Vernetzung innerhalb der Organisation im Erstellungs- und Umsetzungsprozess der BSC sowie die Integration verschiedener interner und externer Informationsquellen ist Voraussetzung für den wirkungsvollen Einsatz der BSC.

These 4

Im Rahmen der vorausschauenden Selbsterneuerung mit der BSC kommt dem Schaffen geeigneter Strukturen ebenso große Bedeutung zu wie der Umsetzung geeigneter Personalentwicklungsmaßnahmen. Strukturelle und personelle Veränderungen finden ihre Synthese in erweiterten und neu definierten Aufgabenprofilen und Rollenbildern. Sie sind letztlich der Ausdruck dafür, dass der Prozess zur Änderung der Unternehmenskultur geführt hat.

These 5

Die systematische Einbeziehung aller MitarbeiterInnen in den Prozess der Beobachtung und der vorausschauenden Selbsterneuerung mit der BSC nutzt den Erfahrungsschatz und das kreative Potenzial der gesamten Organisation für die strategische Ausrichtung. Die konsequente Überprüfung der Zielerreichung auf allen Ebenen in regelmäßigen nicht zu großen Abständen lenkt das Augenmerk der Führungs- und Umsetzungsverantwortlichen auf die strategischen Ziele und deren Realisierung. Das regelmäßige Weiterdenken der Beobachtungen aus der Gegenwart in die nahe Zukunft (bis zum Jahresende) und darüber hinaus in die fernere Zukunft (die nächsten Jahre) ermöglicht eine zirkuläre Entwicklung und Planung von Zukunftsbildern und Zielen.

These 6

Die Konzentration der Führungskräfte auf den strategischen Prozess – sowohl was die Planung als auch was die Umsetzung betrifft – verändert die Anforderungen an Führungskräfte und das Führungsverhalten nachhaltig. Kooperativ erarbeitete Zielsysteme mit entsprechenden Controlling-Instrumenten stärken die Autonomie der Subeinheiten und ermöglichen gleichzeitig eine effiziente Steuerung im Sinne der Gesamtstrategie.

These 7

Ein detaillierter Zeitplan, der die verschiedenen Bearbeitungsschritte über das Jahr hinweg zeitlich determiniert und die einzelnen Instrumente der Unternehmenssteuerung integrativ verzahnt, ist maßgebliche Voraussetzung, um die strategische Ausrichtung als kontinuierlichen Prozess zu etablieren.

Die inhaltliche Strukturierung der unterschiedlichen Prozessschritte muss so gewählt werden, dass nahtlose Anschlüsse geschaffen werden und so die logische Weiterbearbeitung der Ergebnisse im jeweils nächsten Prozessschritt möglich ist.

Die Übernahme der Prozesssteuerung – sowohl in inhaltlicher als auch in terminlicher Hinsicht – durch eine verantwortliche Person bringt klare Vorteile.

These 8

Die Einbeziehung der MitarbeiterInnen in die regelmäßige Überarbeitung der strategischen Grundlagen und die Zielableitung ermöglicht die Festlegung eines vertretbaren und für die Organisation erträglichen Maßes an Veränderung und schafft das nötige Commitment für die weitere Zielverfolgung. Ein klar abgestecktes Zielsystem als Rahmen dafür, was im kommenden Jahr verändert wird auf Basis einer mehrjährigen Orientierungsgrundlage (Vision und Strategie), gibt die nötige Sicherheit im Zusammenhang mit Veränderungen. Die Stabilität und Verlässlichkeit des Zielsystems ist wesentlich dafür, ob es Orientierung bieten kann.

2 Untersuchungsgegenstand und Aufbau der Arbeit

Grundsätzlich ist vorab festzuhalten, dass in der gesamten Arbeit geschlechtsneutrale Formulierungen überall dort verwendet werden, wo sie nicht zu einer Einschränkung des Leseflusses führen. In manchen Fällen wurde daher bewusst auf eine geschlechtsneutrale Formulierung verzichtet. Die dann verwendeten männlichen Formulierungen sind jedoch geschlechtsneutral zu interpretieren.

2.1   ZIELSETZUNG UND PERSÖNLICHE MOTIVATION

Die Zielsetzung der vorzulegenden Untersuchung besteht zum einen darin, die inhaltlichen Dimensionen der strategischen Ausrichtung einer Organisation mit der Balanced Scorecard (BSC) herauszuarbeiten und auszuleuchten. Zum anderen soll durch eine begleitende Prozessbeobachtung und Evaluierung festgemacht werden, welche hinderlichen und förderlichen Faktoren bei der Einführung einer BSC sichtbar werden und unter welchen Voraussetzungen und Bedingungen dieser Entwicklungsprozess gegangen werden kann.

Die Arbeit versucht darzustellen, unter welchen Bedingungen das BSC-Konzept von Kaplan und Norton in eine Organisation so integriert werden kann, dass es gelingt, einerseits die gesamte Organisation an der Unternehmensstrategie auszurichten und darüber hinaus die Organisation dahin zu entwickeln, dass strategisches Denken, Handeln und Lernen auf allen Unternehmensebenen möglich wird.

Mein persönliches Interesse an diesem Untersuchungsgegenstand liegt in der Chance, als eine in den beschriebenen Entwicklungsprozess über alle Stufen eingebundene Führungskraft und Prozessverantwortliche eine nachholende Beobachterrolle einzunehmen, den Prozess zu beschreiben und mit Hilfe der Theorie zu reflektieren sowie Erkenntnisse für die weitere strategische Arbeit in der OÖGKK zu gewinnen.

Als Leiterin der Organisationseinheit Betriebswirtschaft, zu der auch das Controlling/Berichtswesen gehört, war ich Mitglied des Arbeitsteams zur Ersteinführung der BSC in der OÖGKK. Ab der zweiten Phase der BSC-Einführung übernahm ich die Prozessverantwortung für die strategische Ausrichtung der OÖGKK mit der Balanced Scorecard. Seit diesem Zeitpunkt zeichne ich für Konzeption und Umsetzung der verschiedenen Maßnahmen verantwortlich. Seit Jänner 2004 leite ich das Ressort IV der

OÖGKK und bin als Ressortdirektorin mit allen Führungs- und Steuerungs-fragen beschäftigt. Diesem Bereich ist das gesamte zentrale und dezentrale Kundenservice für Oberösterreich – in Form der Abteilungen Leistung und insgesamt einundzwanzig Außenstellen – zugeordnet. Darüber hinaus zählen die Fachambulatorien, die Zahnambulatorien und die Kur- und Erholungsheime zu diesem Ressort. Ingesamt werden durch diesen Bereich mehr als eine Million Versicherte und beitragsfrei mitversicherte Angehörige leistungsmäßig betreut. An die eintausend MitarbeiterInnen der OÖGKK sind diesem Bereich zugeordnet. Die BSC-Betreuung blieb weiterhin in meinem direkten Verantwortungsbereich.

2.2 Gliederung und Inhalt der Arbeit

An den Beginn der Arbeit wurden die aus Einführung der Balanced Scorecard in der OÖGKK und aus der Arbeit resultierenden Thesen gestellt.

Beschreibung der Ausgangslage und Rahmenbedingungen, der zentralen Fragestellungen sowie zu Grunde gelegte Arbeitshypothesen finden sich im Kapitel zwei.

Das dritte Kapitel beschreibt das BSC-Konzept nach Kaplan und Norton und stellt die grundlegenden Überlegungen zur Balanced Scorecard, sowie Möglichkeiten der Strategiefokussierung mit der BSC dar. Eine persönliche Analyse dieses Konzeptes schließt dieses Kapitel ab.

Das Kapitel vier beschreibt die kritischen Erfolgsfaktoren im Prozess der strategischen Ausrichtung der OÖGKK mit der BSC. Es beleuchtet das Thema aus Sicht der Organisationsentwicklung und beinhaltet auch zentrale leitende Fragestellungen für die spätere Prozessanalyse.

Im fünften Kapitel werden die Einführungsbedingungen für die BSC in der OÖGKK näher beschrieben.

Ab Kapitel sechs bis einschließlich neun findet sich eine detaillierte Ausführung über die Einführung der BSC in der OÖGKK. Diese erfolgte in insgesamt drei Phasen. Jeder Phase ist ein eigenes Kapitel gewidmet, welches Architektur, Design und konkrete Interventionen beschreibt.

Im Kapitel zehn wird schließlich der Prozess der BSC-Einführung aus Sicht der Organisationsentwicklung reflektiert. Diese Reflexion erfolgt anhand der zentralen Erfolgskriterien und daraus abgeleiteten Fragestellungen, die in Kapitel drei dargestellt wurden.

Das Kapitel elf enthält eine Zwischenbilanz, beschreibt, was mit der BSC in der OÖGKK an konkreten Ergebnissen erreicht wurde und beschäftigt sich mit Potenzialen, die im künftigen Prozess der strategischen Ausrichtung eine Rolle spielen werden.

Das letzte Kapitel der Arbeit enthält einen Ausblick, wie die BSC über die Grenzen der OÖGKK hinaus für strategische Kooperationsprozesse eingesetzt werden kann.

2.3 METHODISCHER ZUGANG

Die vorliegende Arbeit basiert auf folgenden methodischen Grundlagen:

- Auseinandersetzung mit Literatur aus den Themenbereichen Organisationstheorie und OE-Entwicklungstheorie in Verbindung mit BSC-Literatur
- Aufarbeiten und Dokumentieren der OÖGKK-Konzeption; der Projektplanung und der im Rahmen der drei Einführungsphasen umgesetzten Arbeitspakete
- Analyse der Ergebnisse aus der Teilnahme an einem BSC-Benchmarking-Prozess 2002 (Universität Linz)

- Analyse einer in der OÖGKK durchgeführten empirischen Studie (Diplomarbeit) zum Thema: „Die Effekte auf das personale Verhalten durch die Einführung der BSC"
- Ableiten und Darstellen der Konsequenzen auf Basis der Analyseergebnisse für die BSC-Umsetzung in der OÖGKK
- Reflexion der eigenen Rolle bei der BSC-Einführung in der OÖ-GKK

2.4   AUSGANGSLAGE/RAHMENBEDINGUNGEN

Die OÖ Gebietskrankenkasse ist die drittgrößte Gebietskrankenkasse Österreichs. Sie ist ein nach dem Prinzip der Selbstverwaltung organisierter gesetzlicher Krankenversicherungsträger, d. h. nicht der Staat, sondern ArbeitnehmerInnen und ArbeitgeberInnen übernehmen die Verwaltung der Sozialversicherung, da sie als BeitragszahlerInnen und Versicherte selbst unmittelbar betroffen sind. Nach dem System der Pflichtversicherung werden der OÖ Gebietskrankenkasse KundInnen, Aufgaben und Einnahmen per Gesetz zugewiesen.

Die OÖ Gebietskrankenkasse betreut pflichtversicherte Personen und deren beitragsfrei mitversicherte Angehörige – insgesamt über eine Million Menschen in Oberösterreich. Mit dreiundzwanzig Außenstellen bietet die OÖ Gebietskrankenkasse ein flächendeckendes Servicenetz. Die Gesamtaufwendungen lagen im Jahr 2000 bei 1,23 Mrd. Euro. Ein Großteil der Leistungen wird von über dreitausendeinhundert VertragspartnerInnen erbracht. Die OÖ Gebietskrankenkasse verfügt aber auch über eigene medizinische Einrichtungen an siebzehn Standorten in Oberösterreich: Fachambulatorien, Zahnambulatorien, Kur- und Erholungsheime.

Die angespannte finanzielle Lage der OÖ Gebietskrankenkasse zu Beginn der 90er Jahre war Anlass für das Management, eine umfassende Organisationsanalyse und einen Entwicklungsprozess einzuleiten. Die OÖ-GKK hatte damals das schlechteste Finanzergebnis aller Gebietskrankenkassen und gleichzeitig die höchsten Verwaltungskosten. Es bestand hoher Handlungsbedarf. So galt es einerseits die Finanzen zu sanieren und langfristig eine solide finanzielle Basis zu sichern. Andererseits sollte ein Wandel vom Verwaltungsbetrieb zu einem modernen Dienstleistungsunternehmen vollzogen werden.

Als Konsequenz wurden verschiedenste betriebswirtschaftliche Steuerungs- und Führungsinstrumente sukzessive – nach einem Vorgehensplan – eingeführt. So installierte man als Steuerungsinstrumente ein internes Controlling und die Behandlungs- und Gesundheitsökonomie zur Lenkung der Vertragspartnerausgaben. Projektmanagement und Geschäftsprozessoptimierung erhöhten die Arbeitseffizienz. Um die Ausrichtung am Kunden zu verbessern, wurde ein großangelegtes Projekt **Orientierung Kunde** durchgeführt. Management by Objectives und das MitarbeiterInnengespräch wurden als Führungsinstrumente implementiert, um die Ziel- und Ergebnisorientierung bis auf MitarbeiterInnenebene zu erhöhen.

Was noch fehlte, war ein geeignetes Instrument, um langfristige Zielsetzungen in operatives Handeln zu übersetzen. Das gesuchte Tool sollte auch dazu dienen, aus dem operativen Bereich Rückschlüsse für die strategische Ausrichtung des Unternehmens ziehen zu können. Die BSC schien das passende Instrument zu sein, um die Brücke zwischen strategischer Planung und operativem Tun zu bilden. Im Konzept der OÖGKK stellt die BSC somit kein isoliertes Instrument dar, sondern bildet eine Klammer über mehrere Managementinstrumente.

2.5 ZENTRALE FRAGESTELLUNGEN

Der in den 90er Jahren eingeleitete Organisationsentwicklungsprozess kann vom Ergebnis her positiv beurteilt werden. Im Jahr 2001 präsentiert sich die OÖGKK als Gebietskrankenkasse mit dem besten Finanzergebnis und sehr niedrigen Verwaltungskosten – und das bei einem der höchsten Leistungsniveaus aller österreichischen Gebietskrankenkassen. Der Prozess selbst war teilweise sehr schwierig und mühevoll. Noch schwieriger wird es sein, den Vorsprung zu halten und sich weiter zu verbessern. Die Anforderungen werden immer höher, die zur Verfügung stehenden Ressourcen gleichzeitig immer knapper. Darüber hinaus gibt es gesetzliche Rahmenbedingungen, die den Gestaltungsspielraum stark einengen.

Es ist daher notwendig, klare strategische Vorgaben zu formulieren und diese so zu operationalisieren, dass alle Aktivitäten einer Organisation zielgenau auf die Umsetzung dieser strategischen Grundlagen gerichtet sind. Je klarer die strategische Ausrichtung und je präziser die abgeleiteten Ziele, desto besser wird es einer Organisation gelingen einen angestrebten Status (Vision) zu erreichen. Andererseits führt jede Unschärfe in der Zielformulierung zwangsweise zu einem höheren Aufwand an Ressourcen.

Geht man davon aus, dass ein optimales Zielsystem ein optimales Ergebnis bewirken kann, so ist eine zweite Komponente von zentraler Bedeutung. In der Praxis werden die Ziele nur dann umgesetzt, wenn sie auch die notwendige Akzeptanz in der Organisation finden – das bedeutet, dass auch die beste Strategie nicht zum Erfolg führt, wenn sie nicht akzeptiert und daher nicht oder nur teilweise umgesetzt wird.

Kaplan und Norton behaupten, die BSC sei ein geeignetes Konzept zur Strategieumsetzung in Organisationen. Wesentlich ist allerdings die Frage, wie die BSC eingesetzt werden muss, damit sie diese angestrebte Wirkung auch entfalten kann.

Daraus ergeben sich folgende konkrete Fragestellungen:

- In welcher Form muss das ursprüngliche Konzept von Kaplan und Norton adaptiert und an die Bedürfnisse der Organisation angepasst werden, um die angestrebten Ergebnisse zu bringen?

- Wie kann und soll die BSC mit anderen Führungs- und Managementinstrumenten sinnvollerweise verknüpft werden, um die Wirkung der Einzelelemente zu maximieren?

- Wie muss der Einführungsprozess ablaufen, um die notwendige Akzeptanz im Unternehmen sicherzustellen. Wie müssen Informations- und Kommunikationsprozesse gestaltet sein?

- Im jährlichen Planungskreislauf ist die Abfolge der notwendigen (wiederkehrenden) Schritte zur Erarbeitung und Evaluierung der BSC festzulegen. Wie müssen die Planungs- und Evaluierungsprozesse gestaltet sein, um die notwendige Einbindung möglichst vieler MitarbeiterInnen zu gewährleisten?

- Kann durch diese Einbindung neben der Akzeptanz der Ziele auch **strategisches Lernen** in der Organisation verwirklicht werden, wie es das Konzept von Kaplan und Norton verspricht?

2.6   ARBEITSHYPOTHESEN

Die OÖGKK hat einen zehnjährigen Organisationsentwicklungsprozess hinter sich, in dem die Ziel- und Ergebnisorientierung – durch die Einführung geeigneter Instrumente sowie durch entsprechende Personalentwicklung – wesentlich gesteigert wurde.

Die Unternehmenssteuerung wurde auf Basis impliziter strategischer Annahmen durchgeführt – eine explizite Darstellung der strategischen Grundlagen und deren Kommunikation in der Organisation war nicht vorhanden. Die einheitliche Ausrichtung an der Unternehmensstrategie war daher schwer möglich.

Die Balanced Scorecard ist ein geeignetes Mittel zur Strategieumsetzung in Organisationen. Die OÖGKK ist auf Grund der vorangegangenen Entwicklungsschritte **reif** für die Implementierung des Instrumentes.

Das BSC-Grundkonzept von Kaplan und Norton ist ein Modell, das auf die Bedürfnisse der Organisation abgestimmt werden muss.

Strategische Ausrichtung einer Organisation mit der Balanced Scorecard erfolgt im Wesentlichen nicht durch das Instrument selbst, sondern zu einem großen Teil durch den Prozess der Erarbeitung und der laufenden Evaluierung.

Die volle Unterstützung des Top-Managements und eine breite Einbindung der MitarbeiterInnen bei der Erarbeitung der BSC erhöhen die Erfolgschancen der BSC.

Die Verknüpfung der BSC mit anderen Managementinstrumenten zu einem integrierten Managementsystem maximiert die Wirkung aller Einzelelemente und fördert die strategische Ausrichtung einer Organisation.

Die Einführung einer BSC muss mit einem klaren Auftrag und einer definierten Zeitvorgabe erfolgen und ist projektorientiert abzuwickeln. Der Einsatz von Projektmanagement-Methoden unterstützt die Einführung einer BSC wesentlich.

3 Das Konzept der Balanced Scorecard nach Kaplan und Norton

Die Balanced Scorecard (BSC) wurde von Robert S. Kaplan (Harvard Business School) und David P. Norton entwickelt und ist zu **dem** Instrument der strategischen Unternehmenssteuerung der 90er Jahre avanciert. Ziel war es, ein innovatives Performance Measurement Modell zu erstellen, das über monetäre Leistungsmessgrößen hinausgeht.

Die BSC zählt zu den seit einigen Jahren meistdiskutierten Themen im strategischen Management. Sie wird von Beratungsgesellschaften forciert und wurde in unzähligen Unternehmen im Profit und Non-Profit-Bereich bereits eingeführt (vgl. Horváth & Partner, 100xBSC, Vortrag Wien, 2002).

Ausgangspunkt für die Überlegungen von Kaplan und Norton war die Auseinandersetzung mit dem Thema **Warum kommen so viele Unternehmen in die Verlustzone?** und die Suche nach den Hauptursachen. Die Analyse ergab, dass zwei Hauptfaktoren für negative finanzielle Entwicklungen von Unternehmen verantwortlich sind:

Zum einen werden viele Unternehmen über Rentabilitätskennzahlen geführt. Da diese Finanzkennzahlen erst nach Abschluss der Periode vorliegen, zeigen sie das Ergebnis erst im Nachhinein an – zu spät, um rechtzeitig gegensteuernd eingreifen zu können. Zum anderen gibt es Barrieren, die eine optimale Umsetzung von strategischen Plänen behindern. Diese vier Barrieren sind die Visions-Barriere (vision-barrier), die Mitarbeiter-Barriere (people-barrier), die Ressourcen-Barriere (ressource-barrier) und die Management-Barriere (management-barrier). (vgl. http://www.ovi.ch/bsc)

Ausgehend von diesen Analysergebnissen entwickelten Kaplan und Norton ein Instrument, in dem die traditionellen Finanzkennzahlen mit Messkriterien ergänzt wurden, welche die Performance aus drei zusätzlichen Perspektiven darstellen – nämlich aus der Sicht der KundInnen, aus der Prozesssicht und aus der Sicht Lernen und Entwicklung. Dieses Konzept ermöglicht es, die Finanzergebnisse auf der einen Seite zu verfolgen und gleichzeitig das Augenmerk auf die wesentlichen Faktoren für künftiges Wachstum zu lenken. Die BSC ersetzt daher nicht die Finanzkennzahlen, sie ergänzt und erweitert sie (Kaplan/Norton, 1996, S 75).

Die Balanced Scorecard sollte darüber hinaus als strategisches Managementsystem einen wesentlichen Mangel traditioneller Managementsysteme ausmerzen – nämlich deren Unfähigkeit langfristige Strategien mit operativen Aktionen in Verbindung zu bringen. Auch die operativen Controlling-Systeme waren traditionellerweise rund um die Finanzkennzahlen aufgebaut und hatten daher wenig Bezug zu strategischen Überlegungen und Ansätzen. Die Fokussierung auf kurzfristige Finanzkennzahlen führte in den meisten Unternehmen zu einer Kluft zwischen der Entwicklung von Strategien und deren tatsächlicher Implementierung (vgl. Kaplan/Norton, 1996, S 75).

Der ausgewogene Berichtsbogen – so die deutsche Übersetzung von Balanced Scorecard – soll damit mehr als nur ein Übungswerkzeug zum Messen von Leistungen sein. Es ist als ein strategisches Managementinstrument konzipiert, welches zu durchgreifenden Verbesserungen im Sinne der Strategie in den entscheidenden Feldern wie Produkt-, Prozess-, Kunden- und Marktentwicklung motivieren soll (Kaplan/Norton, 1994, S 96).

Das BSC-Konzept, welches erstmals 1992 vorgestellt wurde, wurde von Kaplan und Norton laufend weiterentwickelt. Der aktuelle Ansatz der Autoren ist weit von den ersten Darstellungen und Publikationen entfernt. Aktuelle Veröffentlichungen sind im Hinblick auf die konzeptionelle Darstellung und Praxisorientierung wesentlich ausgefeilter und realistischer als die ersten Erscheinungen zu dem Thema. Eine Fülle von Publikationen verschiedenster Autoren zum Thema BSC überschwemmte in den letzten Jahren den Markt (http://www.scorecard.de/l_liste.htm).

Die Einführung der BSC in der OÖGKK folgt in weiten Bereichen der Basisliteratur nach Kaplan und Norton und orientiert sich an dem zum jeweiligen Zeitpunkt gültigen und letzten Entwicklungsschritt des BSC-Konzeptes. Interessant ist, dass sich Erfahrungen der OÖGKK bei Einführung und Umsetzung des Konzeptes in den Neuerscheinungen von Kaplan und Norton widerspiegeln – lieferten doch jeweils neue Publikationen der genannten zwei Männer oft Antworten oder Anregungen auf konkrete Fragestellungen, die während der Einführung bei der OÖGKK aufgeworfen wurden. Konkret wurden für die BSC-Einführung in der OÖGKK (neben anderen) hauptsächlich folgende Quellen als Basis herangezogen:

Phase I: Kaplan/Norton: Balanced Scorecard, Translating Strategy into Action, 1997

Phase II–III: Kaplan/Norton: The Strategy-Focused Organization, 1999 sowie Horvath & Partner: Balance Scorecard umsetzen, 2000.

3.1 DIE BALANCED SCORECARD

Der Balanced-Scorecard-Ansatz nach Kaplan und Norton (vgl. Kaplan/Norton 1997) stellt den Vorschlag eines Managementsystems dar, mit dem die Unzulänglichkeit klassischer Kennzahlensysteme beseitigt werden sollte. Das neue System zielt darauf ab, eine umsetzungsorientierte und an der Unternehmensstrategie ausgerichtete Steuerung möglich zu machen. Die Balanced Scorecard ergänzt vergangenheitsorientierte Finanzkennzahlen mit Kennzahlen von **Treibern** zukünftiger Ergebnisse.

Die Grundidee besteht darin, dass finanzielle Zielsetzungen mit den Leistungsperspektiven hinsichtlich der KundInnen, der internen Prozesse sowie des Lernens strategie- und visionsfokussiert verbunden werden. Die Leistung einer Organisation im Ganzen wird damit als Gleichgewicht („Balance") zwischen vier Perspektiven (Finanzen, KundInnen, Prozesse, Lernen), aus denen das Unternehmen betrachtet wird, auf einer übersichtlichen Anzeigetafel („Scorecard") abgebildet – daher der Name „Balanced Scorecard" (vgl. Kaplan/Norton 1997, S8ff und Horváth/Lutz, 1998, S 39f).

Entsprechend den Überlegungen, ein Unternehmen aus den strategisch relevanten Blickwinkeln zu betrachten, wird die BSC in der Grundkonzeption in vier Perspektiven unterteilt (vgl. Kaplan/Norton 1997, S 23ff):

- Finanzwirtschaftliche Perspektive
- Kundenperspektive
- Interne Prozessperspektive
- Lern- und Entwicklungsperspektive

Die Perspektiven sollen jeweils Antwort auf folgende zentrale Fragestellung geben:

Perspektive	Zentrale Fragestellung
Finanzwirtschaftliche Perspektive	Wie sollen wir uns gegenüber unseren KapitalgeberInnen positionieren?
Kundenperspektive	Welche Leistungen sollen wir gegenüber unseren KundInnen erbringen?
Interne Prozessperspektive	Bei welchen Prozessen müssen wir hervorragend sein?
Lern- und Entwicklungsperspektive	Wie werden wir unsere Fähigkeit zum Wandel und zur Verbesserung aufrechterhalten?

Durch die Berücksichtigung der vier Perspektiven soll eine ganzheitliche Sichtweise erreicht werden. Kaplan und Norton weisen bereits darauf hin, dass die Perspektiven branchen- und unternehmensspezifisch angepasst werden können (vgl. Kaplan/Norton 1997, S 33f).

Ausgehend von der Unternehmens- oder Bereichsstrategie werden für die einzelnen Perspektiven strategische Ziele abgeleitet, deren Zielerreichungsgrad über Kennzahlen gemessen wird. Diese Kennzahlen übernehmen die Funktion von Früh- und Spätindikatoren. Die Interdependenzen, die im Rahmen der Definition strategischer Ziele aufgestellt werden, können mittels Ursache-Wirkungsbeziehungen zwischen strategischen Zielen über die Perspektiven hinweg verknüpft werden. Die Umsetzung eines strategischen Ziels fördert somit die Erreichung von anderen Zielen des ausgewogenen Zielsystems. Erst die Verknüpfung der Ziele beschreibt die Strategie vollständig (vgl. Kaplan/ Norton 1997, S 28f und Böhnisch/Krennhuber, 2002b, S 4).

Die BSC ist damit ein Hypothesensystem zur Darstellung der Unternehmensziele und deren Beziehung untereinander. Die vermuteten Zielbeziehungen werden in der Realität getestet und bilden den Gegenstand von Lernprozessen.

Strategische Aktionen zu den jeweiligen strategischen Zielen sollen die Zielerreichung sicherstellen. Jede strategische Aktion wiederum wird mit Termin- und Budgetvorgaben versehen und ein Verantwortlicher wird festgelegt.

Den BSC-Ansatz zeichnet aus, dass Ziele, Messzahlen und strategische Aktionen jeweils einer konkreten Betrachtungsweise (Perspektive) zugeordnet werden, wodurch ein einseitiges Denken bei der Ableitung und Verfolgung der Ziele verhindert werden soll (Horváth & Partner, 2000, S 10).

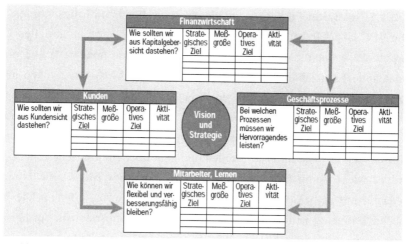

Abb.1: Die Perspektiven der BSC (Kaplan/Norton, 1997, S 9)

Die Ausgewogenheit (Balance) der Scorecard (Berichtsbogen) ist eine mehrfache (Böhnisch/Krennhuber, 2002b, S 5):

- zwischen monetären und nicht-monetären Messgrößen („hard- und soft-facts");
- zwischen strategischer und operativer Sicht;
- zwischen Vergangenheit (lag indicators = Ergebniskennzahlen) und Zukunft (lead indicators = Leistungstreiber);
- zwischen interner und externer Sicht.

Diese angestrebte Ausgewogenheit ist das eigentlich Neue am ersten Ansatz der BSC.

21

3.1.1 Die Balanced Scorecard als strategischer Handlungsrahmen

Die BSC ist als Informationssystem für alle MitarbeiterInnen auf allen Unternehmensebenen gedacht und baut darauf auf, dass finanzielle und nicht finanzielle Kennzahlen allen MitarbeiterInnen zur Verfügung stehen müssen, um finanzielle Auswirkungen ihrer Handlungen und Entscheidungen entsprechend beurteilen zu können. Die BSC ist mehr als eine ad–hoc–Sammlung von verschiedenen Messzahlen. Sie übersetzt strategische Grundlagen in Ziele und Messzahlen und geht über ein taktisches oder operatives Messsystem hinaus. Sie ist als strategisches Managementsystem gedacht, mit dem Ziel Strategie langfristig verfolgen zu können. Die Balanced Scorecard ist damit ein strategischer Handlungsrahmen, der bei der Umsetzung folgender kritischer Managementprozesse helfen kann: (vgl. Kaplan/Norton 1997, S 8ff)

- Klärung und Herunterbrechen von Vision und Strategie
- Kommunikation und Verknüpfung von strategischen Zielen und Maßnahmen
- Planung, Festlegung von Zielen und Abstimmung strategischer Initiativen
- Verbesserung von strategischem Feedback und Lernen

3.1.1.1 *Klärung und Herunterbrechen von Vision und Strategie*

Im Entwicklungsprozess der BSC werden die strategischen Ziele und deren kritische Einflussfaktoren identifiziert. Im Prozess der Übersetzung der strategischen Grundlagen in Ziele und Messzahlen wird mangelnder Konsens im Hinblick auf die strategischen Linien transparent. Die gemeinsame Entwicklung der Balanced Scorecard schafft ein gemeinsames Modell und bildet den Rahmen für teamorientierte Managementprozesse. Dies fördert Konsens und Teamorientierung im Management (vgl. Kaplan/Norton 1997, S 11f).

3.1.1.2 Kommunikation und Verknüpfung von strategischen Zielen und Maßnahmen

Die Ziele der Balanced Scorecard werden über verschiedene Medien im gesamten Unternehmen kommuniziert. Dies bildet die Grundlage dafür, dass MitarbeiterInnen sich bei ihren Handlungen und Entscheidungen an den strategischen Zielen orientieren können. Die BSC liefert auch die Basis, um die Strategie bereichsübergreifend kommunizieren zu können. Als Ergebnis der Kommunikations- und Verknüpfungsprozesse sollten alle MitarbeiterInnen die langfristigen und strategischen Ziele der jeweiligen Geschäftseinheit verstehen, es sollten Aktionspläne zur Umsetzung der langfristigen Zielsetzungen vorliegen und strategische Initiativen in entsprechende Veränderungsprozesse eingebunden sein (vgl. Kaplan/Norton 1997, S 12f).

3.1.1.3 Planung, Festlegung von Zielen und Abstimmung strategischer Initiativen

Die BSC hat dann die größte Wirkung, wenn sie zu Veränderungen in der gesamten Organisation beiträgt. Daher sollten Ziele auf einen längeren Zeitraum von etwa drei bis fünf Jahren festgelegt und so definiert werden, dass sie das gesamte Unternehmen verändern können. Die Ziele sollten ambitioniert und herausfordernd sein. Die verknüpften Ziele bilden dann die Basis für kontinuierliche Verbesserung, Reengineering und Veränderungsprozesse. Es geht nun nicht mehr um punktuelle Veränderungen, sondern um revolutionäre Reengineeringprozesse, um die strategischen Ziele erreichen zu können. Auch die Planungs- und Budgetierungsprozesse sollten mit der BSC verbunden werden, um die Ressourcen- und Budgetplanung mit den strategischen Linien zu synchronisieren.

Dieser Planungs- und Zielsetzungsprozess befähigt das Unternehmen dazu

- die langfristig zu erreichenden Ziele zu quantifizieren
- Möglichkeiten zu finden, diese Ergebnisse zu erreichen
- kurzfristige Meilensteine und Standortbestimmungen für die finanziellen und nicht finanziellen Kennzahlen der Scorecard zu identifizieren (vgl. Kaplan/Norton 1997, S 12 ff).

3.1.1.4 *Verbesserung von strategischem Feedback und Lernen*

Ein wichtiger Aspekt des Managementsystems auf Basis der Balanced Scorecard ist der strategische Lernprozess. Die BSC schafft die Möglichkeit, die Umsetzung und Verwirklichung der Strategie zu überwachen und die Strategie bei Bedarf an die gegebenen Umstände anzupassen oder grundlegend zu ändern.

Dieser Lernprozess beginnt bereits beim Klären und Herabbrechen der strategischen Grundlagen, indem sehr komplexe Zusammenhänge in eine verständliche und präzise Form gebracht werden (müssen). Die Fokussierung auf Ursache-Wirkungs-Zusammenhänge fördert das Verstehen von dynamischen Systemen. Der Kommunikations- und Verknüpfungsprozess mobilisiert alle MitarbeiterInnen zu Aktivitäten, die der Erreichung der Unternehmensziele dienen. Im Planungs-, Zielsetzungs- und Strategiefindungsprozess geht es darum, quantitative Leistungsziele durch eine ausgewogene Zusammenstellung von Ergebniskennzahlen und Leistungstreibern zu definieren. Im Vergleich der angestrebten Leistungsziele mit den tatsächlichen Ergebnissen werden „Leistungslücken" identifiziert, die mit Hilfe strategischer Initiativen geschlossen werden können. Daher ist die BSC nicht nur ein Instrument zur Messung von Veränderungen, sondern auch ein Instrument das Veränderung veranlasst und ermöglicht.

Bei „Single-Loop-Systemen" wird überprüft, ob die gesetzten Ziele erreicht werden. Das Ziel bleibt bei diesem Lernprozess konstant – es handelt sich um einen einfachen Rückkoppelungsprozess.

Diese Art von Lernprozessen wird aber den Anforderungen einer sich ständig verändernden Umwelt nicht gerecht. Es können sich neue Herausforderungen, Gelegenheiten und Erkenntnisse ergeben, die zum Zeitpunkt der Strategieformulierung und Zielfestsetzung noch gar nicht bekannt waren. Organisationen benötigen daher die Möglichkeit eines „Double-Loop-Lernens". In einem solchen System werden auch die Voraussetzungen für bestimmte Ergebnisse in Frage gestellt und er wird überlegt, ob die Annahmen, nach denen sich die Organisation bisher gerichtet hat, unter den jetzigen Voraussetzungen, Beobachtungen und Erfahrungen noch gültig sind. Natürlich braucht das Management über die planmäßige Umsetzung der Strategie ständige Rückkoppelung (also Single-Loop-Lernen). Um jedoch auch künftig erfolgreich zu sein, benötigt man zusätzlich das Double-Loop-Lernen – also die laufende Überprüfung der strategischen Annahmen und Hypothesen, die ihnen zu Grunde liegen. Diese Reflexion mündet schließlich in strategisches Lernen und in die Adaptierung oder Neuformulierung der Strategie. Sie ist wiederum die Basis für die Aktualisierung der strategischen Ziele, die mit den benötigten Leistungstreibern in Einklang gebracht werden müssen (vgl. Kaplan/Norton 1997, S 15ff).

3.1.2 Die Perspektiven

3.1.2.1 Die Finanzperspektive

Die Finanzperspektive enthält finanzwirtschaftliche Kennzahlen, um einen Überblick über die wirtschaftlichen Konsequenzen der Unternehmensaktivitäten zu erhalten. Sie zeigen an, ob die Unternehmensstrategie eine Verbesserung im Finanzergebnis bewirkt (Kaplan/Norton 1997, S 24).

Kaplan und Norton gehen davon aus, dass es für jede Strategie der Wachstums, Reife- und Erntephase drei Themen gibt, die der Geschäftsstrategie zu Grunde liegen (Kaplan/Norton 1997, S 49ff):

o Ertragswachstum und -mix

o Kostensenkung/Produktivitätsverbesserung

o Nutzung von Vermögenswerten/Investitionsstrategie

3.1.2.2   *Die Kundenperspektive*

In der Kundenperspektive geht es darum, jene Kunden- und Marktsegmente zu identifizieren, in denen das Unternehmen konkurrieren soll. Die BSC beinhaltet Kennzahlen zur Darstellung der Leistung der Geschäftseinheiten in diesen Marktsegmenten (Kaplan/Norton 1997, S 24f).

Kaplan und Norton identifizieren fünf Kernkennzahlen, die für alle Organisationen gleich sind (Kaplan/Norton 1997, S66ff):

– Marktanteil

– Kundentreue

– Kundenakquisition

– Kundenzufriedenheit

– Kundenrentabilität

3.1.2.3   *Die interne Prozessperspektive*

In der internen Prozessperspektive identifiziert das Unternehmen die kritischen Prozesse, in denen es Verbesserungsschwerpunkte setzen muss. Sie sollen das Unternehmen dazu befähigen die Ziele der Kundenperspektive und der Finanzperspektive zu erreichen.

Das Hauptaugenmerk liegt dabei nicht auf der Verbesserung bestehender Prozesse, wie das bei Performance-Measurement-Ansätzen der Fall ist, es geht um neue Prozesse und daher um grundlegende Verbesserungen.

26

Die interne Prozessperspektive beinhaltet Ziele für den langfristigen Innovationszyklus und den kurzfristigen Produktionszyklus (Kaplan/Norton 1997, S 25f und 90ff).

Kaplan und Norton stellen eine Schablone eines Wertkettenmodelles dar, welches individuell auf die Unternehmensspezifika abgewandelt werden kann. Dieses Modell beinhaltet drei Hauptgeschäftsprozesse: Innovation, Betriebliche Prozesse und Kundendienst. Alle drei Teilprozesse dienen dazu, den Kundenwunsch – welcher Ausgangspunkt für den Gesamtprozess ist – zu befriedigen (Kaplan/Norton 1997, S 90ff).

Innovation

In diesem Teilprozess geht es darum, Kundenwünsche zu identifizieren und Produkte bzw. Dienstleistungen zu entwickeln, die diesen Wünschen entsprechen. Messzahlen in diesem Bereich können beispielsweise sein: Prozentueller Anteil am Umsatz aus neuen Produkten, Einführung neuer Produkte im Vergleich zur Konkurrenz, Zeitspanne bis zur Entwicklung neuer Produktgenerationen usw.

Betriebliche Prozesse

In diesem Teilprozess geht es um die eigentliche Erstellung von Produkten und Dienstleistungen und den Vertrieb. Messzahlen in diesem Prozessteil können sein: Kosten des Betriebsprozesses, Prozessqualität (Nacharbeiten, Rücklieferungen, Materialabfall, ...), Zykluszeiten (z. B. von der Bestellung bis zur Lieferung).

Kundendienst

Dieser Teilprozess umfasst Serviceleistungen für die KundInnen nach dem Kauf des Produktes. Messzahlen in diesem Bereich können sich – wie beim betrieblichen Prozess – auf Zeit, Qualität und Kosten beziehen.

3.1.2.4 Die Lern- und Entwicklungsperspektive

In dieser Perspektive geht es um die Infrastruktur, die die Organisation schaffen muss, um langfristige Verbesserungen zu sichern. Die aktuellen Technologien und Potenziale reichen meist nicht aus, um die langfristigen Ziele in Bezug auf KundInnen und Prozesse auch wirklich erreichen zu können. Um die Lücke zwischen bestehender und benötigter Infrastruktur zu schließen, muss das Unternehmen in Technologie und Weiterbildung investieren und die Prozesse darauf abstimmen. Entsprechende Ziele werden in der Lern- und Entwicklungsperspektive formuliert (Kaplan/Norton 1997, S 27).

Die BSC betont die Wichtigkeit der Investition in die Zukunft und zwar nicht nur im herkömmlichen Sinn in Anlagen und Forschung und Entwicklung, sondern auch in die Infrastruktur – Personal, Systeme und Prozesse. Kaplan und Norton unterscheiden drei Hauptkategorien in der Lern- und Entwicklungsperspektive (Kaplan/Norton 1997, S 121ff):

Mitarbeiterpotenziale

Messzahlen können sein: Mitarbeiterzufriedenheit, Personaltreue, Mitarbeiterproduktivität

Potenziale von Informationssystemen

MitarbeiterInnen müssen über umfassende Informationen über KundInnen, interne Prozesse und finanzielle Konsequenzen ihrer Entscheidungen verfügen. Kennzahlen strategischer Informationserhältlichkeit können z. B. sein: Anteil an Prozessen mit real-time Informationen über Qualität, Zykluszeiten, Kosten oder Anteil an MitarbeiterInnen, die direkten Zugriff auf kundenbezogene Informationen haben.

Motivation, Empowerment und Zielausrichtung

Selbst hochqualifizierte und motivierte MitarbeiterInnen werden nicht zum Unternehmenserfolg beitragen, wenn sie nicht die Möglichkeit haben eigene Entscheidungen zu treffen und selbständig zu handeln. Die dritte Voraussetzung für die Erreichung der Innovationsziele ist daher ein Unternehmensklima, das Arbeitsmotivation und -initiative in den Vordergrund stellt.

Messzahlen in diesem Bereich können sein: Anzahl der Verbesserungsvorschläge, Fehlersenkungsquote, Anteil der MitarbeiterInnen, die ihre persönlichen Ziele an der BSC ausgerichtet haben, Prozentsatz von Teams mit gemeinsamen Incentives usw.

3.1.3 Die Erstellung einer Balanced Scorecard

Die Zielsetzung der BSC ist es, alle MitarbeiterInnen zu motivieren, die Unternehmensstrategie gemeinsam umzusetzen. Unternehmen, denen es gelingt, ihre Strategie in Form eines Kennzahlensystems auszudrücken, werden besser in der Lage sein, die Strategie zu realisieren. Die BSC sollte daher nicht nur aus der Strategie hergeleitet sein, sie sollte auch Rückschlüsse auf diese ermöglichen.

3.1.3.1 Strategie übersetzen

Wie erstellt man eine BSC, die eine Strategie in Kennzahlen übersetzt (Kaplan/Norton 1997, S 143ff)? Es gibt drei Ansatzpunkte, die dazu geeignet sind, Strategie mit der BSC zu verknüpfen:

Ursache-Wirkungsbeziehungen: Eine Strategie ist ein Katalog von Hypothesen über Wenn-Dann-Beziehungen. Eine richtig konstruierte BSC sollte diese Kette von Ursache-Wirkungsbeziehungen ausdrücken, d. h. die

Beziehungen zwischen Zielen und Kennzahlen in den einzelnen Perspektiven müssen explizit gemacht werden, um auch überprüf- und steuerbar zu sein. Jedes Element in der BSC soll ein Teil der Ursache-Wirkungskette sein.

Leistungstreiber: Die traditionellen Ergebniskennzahlen sind in der Regel Spätindikatoren (z. B. Rentabilität), die Leistungstreiber dagegen sind Frühindikatoren und reflektieren die Besonderheit der Geschäftsstrategie (z. B Treiber für die Rentabilität). Eine gute BSC sollte aus einer Mischung aus Ergebniskennzahlen und Leistungstreibern bestehen. Ergebniskennzahlen ohne Leistungstreiber vermitteln nicht, wie die Ergebnisse erreicht werden sollen. Umgekehrt lassen Leistungstreiber ohne Ergebniskennzahlen nicht erkennen, inwieweit Verbesserungen im Gesamtergebnis daraus resultieren. Eine gute BSC besteht daher aus einer gelungenen Mischung aus Ergebniskennzahlen und Leistungstreibern, die auf die Geschäftsstrategie zugeschnitten sind.

Verknüpfung mit Finanzen: Eine BSC muss stets eine starke Betonung auf Ergebnisse – insbesondere Finanzergebnisse – legen. Die Kausalkette aller Kennzahlen der Scorecard sollte mit finanziellen Kennzahlen verknüpft sein.

3.1.3.2   *Vorgehensweise bei der BSC-Einführung*

Kaplan und Norton schlagen folgende Vorgehensweise für die Einführung einer BSC vor (vgl. Kaplan/Norton 1997, S 284ff):

Ziele für die BSC-Einführung festlegen: Die Attraktivität des BSC-Konzeptes alleine ist noch kein Grund für dessen Umsetzung im eigenen Unternehmen. Es braucht konkrete Probleme, die gelöst werden können, nur dann wird die Umsetzung vom Management entsprechend mitgetragen werden – eine wesentliche Voraussetzung für das Gelingen der Übung.

Solche Gründe für eine BSC-Einführung können sein:
- Es soll Klarheit und Konsens über die Strategie geschafft werden
- Schwerpunkte sollen gesetzt werden
- Dezentralisierung und Entwicklung von Führungsqualitäten usw.

Festlegen von ProjektleiterIn und AuftraggeberIn: Es braucht eine Person, welche für Rahmen, Philosophie, Methodik und Entwicklung der BSC verantwortlich ist. Diese(r) ProjektleiterIn ist für Prozesssteuerung in inhaltlicher und terminlicher Hinsicht verantwortlich. AuftraggeberIn und damit KundIn eines solchen BSC-Projektes muss das Top-Management sein. Es muss in entsprechender Weise in den Entwicklungsprozess mit einbezogen werden.

Der Einführungsprozess: Ein idealtypischer Einführungsprozess ist in vier Schritte gegliedert. Kaplan und Norton gehen davon aus, dass dieser Prozess in sechzehn Wochen zu durchlaufen ist. Als Ergebnis hat das Management Klarheit über die strategischen Ziele und Messzahlen und einen Umsetzungsplan als Basis für die Realisierung.

Schritt 1 – Kennzahlenarchitektur definieren: es muss festgelegt werden, ob die BSC für das Gesamtunternehmen oder nur für einen Teil des Unternehmens (z. B. Unternehmensbereich oder strategische Geschäftseinheit) erstellt wird. Wird die BSC nur für einen Teilbereich erstellt, so sind die Beziehungen zwischen dieser Einheit und dem Gesamtunternehmen zu analysieren, um Chancen und Risken erkennen zu können.

Schritt 2 – Konsens über strategische Zielsetzungen schaffen: Vorgeschlagen werden Einzelgespräche mit den obersten Führungskräften, denen die BSC als Methode vorgestellt werden kann und mit denen Fragen dazu geklärt werden können. Darüber hinaus sollten Ansichten über strategische Zielsetzungen und erste Vorschläge für Kennzahlen in den vier Perspektiven eingefordert werden. Daraus wird bereits transparent, welche Interessen einzelne Mitglieder des Managements verfolgen und wo Konfliktpotenzial auf persönlicher oder zwischenfunktionaler Ebene besteht.

Die Ergebnisse der Einzelinterviews sind Grundlage für die Weiterarbeit in einem Managementworkshop, in welchem dann über Vision und Strategie Konsens erzielt werden sollte. Erste Ziele und Messzahlen werden in den einzelnen Perspektiven gesammelt und besprochen.

Schritt 3 – Kennzahlen auswählen und festlegen: Kaplan und Norton schlagen dazu vor, vier Management-Teams aus dem Teilnehmerkreis des ersten Workshops zu bilden, wobei jede Gruppe – unter Einbeziehung weiterer Personen – eine Perspektive bearbeitet. Die ausgearbeiteten Vorschläge der Subteams für Ziele und Messzahlen, einschließlich der Hauptverbindungen zwischen diesen Kennzahlen, werden dann wieder in einem gemeinsamen Workshop allen TeilnehmerInnen zugänglich gemacht, diskutiert und perspektivenübergreifend in einen Gesamtzusammenhang gebracht. Darüber hinaus sollten bereits Sollraten (also Zielzahlen) für die definierten Kennzahlen entwickelt werden.

Schritt 4 – Umsetzungsplan erstellen: Ein Team kümmert sich schließlich um die Erstellung des Umsetzungsplanes. Hier geht es um die Verbindung der Kennzahlen mit Datenbanken und Informationssystemen, um die BSC der gesamten Organisation vermitteln zu können. Als Ergebnis dieses Prozesses könnte ein völlig neues Informationssystem entwickelt werden, welches die BSC-Kennzahlen mit den operativen Größen verbindet. Schritt 4 beinhaltet auch die endgültige Verabschiedung und Fixierung der strategischen Ziele und Messzahlen sowie des Umsetzungsplanes durch das Top-Management.

3.2 STRATEGIEFOKUSSIERUNG MIT DER BALANCED SCORECARD

Kaplan und Norton analysieren in ihrem Vorwort zum zweiten Buch „The Strategy-focused Organisation" (Kaplan/Norton, 1999, S 1ff), dass eine Studie, in der zweihundertfünfundsiebzig Portfolio-Manager befragt wurden, ergeben hat, dass die Fähigkeit, eine Strategie umzusetzen, wesentlich wichtiger ist als die Strategie selbst. Eine weitere Studie aus den frühen 80er Jahren hat ergeben, dass weniger als 10% fixierter Strategien auch tatsächlich umgesetzt wurden. Das Problem liegt also in der Strategieumsetzung. Die Autoren führen die Schwierigkeiten in der Umsetzung darauf zurück, dass sich zwar strategische Ansätze verändert haben, die bestehenden Controlling-Instrumente aber nicht im nötigen Ausmaß mitverändert wurden und daher nicht adäquat waren.

Für Strategien, welche in erster Linie auf messbaren (Finanz- und Vermögens-) Zielen basieren, sind Finanzkennzahlen, Bilanzkennzahlen und Finanzbudgets passende Controlling-Instrumente.

Wissensbasierte strategische Ansätze und dazugehörige Strategien – wie sie in einer sich rasch und dynamisch verändernden Umwelt benötigt werden – können mit diesen Instrumenten nicht ausreichend unterstützt werden. Es ist daher nicht verwunderlich, dass radikal neue Strategien, welche auf wissensbasierten Wettbewerb aufbauen, schwer umzusetzen sind. Es bedarf dazu eines geeigneten Management-Systems, welches dazu geeignet ist Strategie zu managen (Kaplan/Norton 2000, S 168f).

Bei rasch wechselnden Technologien, Wettbewerbern und Regulationsmechanismen muss Strategie ein kontinuierlicher und partizipativer Prozess im Unternehmen werden. Es bedarf dazu einer geeigneten Sprache, um Strategie zu kommunizieren sowie Prozesse und Systeme, die dabei helfen, Strategie zu implementieren und laufend zu reflektieren. Erfolg wird sich nur einstellen, wenn Strategie für alle MitarbeiterInnen zur täglichen Arbeit wird.

Kaplan und Norton stellen weiter über ihren eigenen BSC-Ansatz (Kaplan/Norton, 1997) fest:

"At the time, we thought Balanced Scorecard was about measurement, not about strategy. We began with the premise that an exclusive realiance on financial measures in a management system was causing organizations to do wrong things. ... The Balanced Scorecard approach retained measures of financial performance, the lagging indicators, but supplemented them with measures on the drivers, the lead indicators, of future financial performance. Also we may not have appreciated the implications at the time, the Balanced Scorecard soon became a tool for managing strategy." (Kaplan/Norton, 1999, S 3)

Kaplan und Norton erweitern ihren BSC-Ansatz, indem sie die Strategie selbst verstärkt in die Überlegungen mit einbeziehen und dadurch das Instrument neu definieren – als Managementinstrument, welches dazu geeignet sein soll die Organisation an der Strategie auszurichten.

Die Grundüberlegungen, wie sie im vorigen Abschnitt beschrieben sind, bleiben dabei bestehen, werden aber in einen übergeordneten Gesamtzusammenhang eingebunden. Im Zentrum steht nun die Strategie, welche im früheren Konzept nur implizit angesprochen bzw. vorausgesetzt wurde.

3.2.1 Welche Prinizipen müssen umgesetzt werden, um eine Organisation an der Strategie auszurichten?

Basis: Kaplan/Norton, 2001, S 9, Grafik: eigene Darstellung

Abb. 2: Prinzipien der strategiefokussierten Organisation

Kaplan und Norton gehen davon aus, dass bestimmte Prinzipien umgesetzt werden müssen, damit die Ausrichtung einer Organisation mit der BSC gelingt. Die weiteren konzeptionellen Darstellungen von Kaplan und Norton folgen den in der Grafik angeführten Prinzipien und werden in weiterer Folge zusammenfassend dargestellt (vgl. Kaplan/Norton 1999, S 9 ff).

3.2.2 Strategie in operative Größen übersetzen

Ausgehend von den Überlegungen, dass Strategie das zentrale Element in der BSC sein soll, braucht es eine Methode zur Einbindung der strategischen Überlegungen in die BSC. Nur wenn die Strategie in geeigneter Weise beschrieben ist, kann sie auch als Basis für die Balanced Scorecard dienen. Als neues Instrument wird die **Strategy-Map** dargestellt. Diese Strategie-Landkarte ist eine logische und übersichtliche Darstellungsform für strategische Überlegungen. Sie ist ein Rahmen zur Beschreibung und Kommunikation von Strategien und bildet die Grundlage für die Entwicklung eines strategischen Managementsystems auf Basis der Balanced Scorecard. Die Verknüpfung der Strategie mit dem System der Balanced Scorecard macht die Operationalisierung der strategischen Linien möglich. Die Zwei-Elemente-strategie – in Form der Strategy-Map – und die Balanced Scorecard, wie sie im Erstansatz von Kaplan und Norton entwickelt wurde, bilden gemeinsam die Basis dafür, dass strategische Linien in operative Ziele und letztlich in Handlungen übersetzt werden können.

3.2.2.1 Strategy–Maps

Die Strategy-Map ist die wesentliche Neuerung und Erweiterung des BSC-Konzeptes. Als zentrales Instrument der Strategiedarstellung ist ihr nicht nur ein großer Teil des Buches **The Strategy-focused Organisation** (Kaplan/Norton, 2001), sondern auch ein weiteres Buch mit dem Titel **Strategy-Maps** (Kaplan/Norton, 2004) gewidmet.

Die Überlegung hinter dem Instrument der Strategie-Landkarte ist folgende:

Viele Unternehmen versuchen, ihre Strategie umzusetzen, ohne den MitarbeiterInnen detaillierte Angaben über Inhalte, Richtungen und das genaue letztlich angestrebte Ziel zu geben. Wie sollten diese MitarbeiterInnen aber einen Plan ausführen, den sie nicht (vollständig) kennen oder verstehen? Es Bedarf daher geeigneter Instrumente, Strategie und Vorgehensweisen zu kommunizieren und die Strategie umsetzen zu können. Ein solches Instrument ist die Strategy-Map. Durch sie erhalten die MitarbeiterInnen genaue Informationen darüber, wie ihre Aufgaben und Tätigkeiten mit den übergeordneten Unternehmenszielen verbunden sind. Diese Strategy-Maps visualisieren die Ziele eines Unternehmens sowie die Verbindungen zwischen den Zielen. Strategie-Landkarten zeigen Ursache-Wirkungs-Beziehungen z. B. zwischen Innovationen und Ergebnissen auf. Sie zeigen auch, wie in Unternehmen nicht-messbare Elemente (wie Unternehmenskultur und Wissensvermehrung) in messbare Ergebnisse verwandelt werden. Sie fasst unterschiedliche Aspekte einer BSC in einer Ursachen-Wirkungskette zusammen und verbindet erwünschte Ergebnisse mit den Treibern dieser Resultate (Kaplan/Norton 2000, 167ff).

Strategy-Maps sind analog zur Balanced Scorcard in vier Perspektiven gegliedert. Sie erlaubt die Unternehmensstrategie in klarer und verständlicher Sprache zu formulieren und die dazugehörigen Ziele, Projekte und Detailziele darzustellen.

Aufbau und Inhalt einer Strategy-Map kann am besten anhand eines konkreten Beispiels dargestellt werden:

Die Strategie und die Strategy-Map von Mobil-Oil (Kaplan/Norton 2000, 170 ff):

Die Erarbeitung der Strategy Map von Mobil-Oil   erfolgte ausgehend von der Vision – d. h. ausgehend von der Frage: **Wohin wollen wir?** Die Strategie beschreibt den Weg, der an dieses Ziel führen soll.

Mobil–Oil – Vision:

Wir wollen der beste integrierte Anbieter von Raffinerie-Produkten in den USA sein. Dies wollen wir durch die effiziente Versorgung der Konsumenten mit außergewöhnlichem Kundennutzen erreichen.

Finanzperspektive:

Um diese Vision umzusetzen gibt es zwei Ansätze in der Finanzstrategie:

Einnahmensteigerung durch Wachstum (Erhöhung der Marktanteile, durch Erschließen neuer Märkte, Kundengruppen, Produktgruppen bzw. durch stärkere Kundenbindung in bestehenden Segmenten)

Erhöhung der Produktivität (durch Verbesserung der Kostenstruktur oder besseres Ausnützen bestehender Ressourcen)

Das oberste Finanzziel von Mobil-Oil war, den Return on Investment um mehr als 6 Prozentpunkte innerhalb von drei Jahren zu erhöhen. Die Strategie sah Verbesserungen im Bereich Einnahmenwachstum und im Bereich Produktivitätserhöhung vor.

Die Wachstumsstrategie sollte durch Produkte außerhalb des Kernproduktebereichs Benzin umgesetzt werden. Lebensmittel und Serviceleistungen am Auto sowie einfache Ersatzteile sollten künftig an den Tankstellen angeboten werden.

Im Bereich der Produktivität wollte Mobil-Oil die operativen Ausgaben pro verkaufter Einheit Benzin massiv senken und so die Kostenführerschaft in der Branche anstreben. Bestehende Anlagen sollten darüber hinaus optimal genutzt und ausgelastet werden.

Kundenperspektive:

Das Herzstück jeder Geschäftsstrategie ist der angestrebte Kundennutzen, welcher durch ein Mix von Produkt, Service, Kundenbindung und Corporate Identity erreicht wird. Der Kundennutzen ist insofern eine kritische und wichtige Größe, weil dadurch der Outcome mit internen Prozessen verknüpft werden kann. Eine klare Definition des Kundennutzens ist einer der wichtigsten Schritte in der Strategieentwicklung.

Grundsätzlich gibt es drei unterschiedliche Ansatzpunkte, den Kundennutzen zu verbessern, wobei immer nur ein Bereich forciert werden sollte, in den jeweils anderen zwei Bereichen sollten zufriedenstellende Werte angestrebt werden:

– Marken/Produkt-Führerschaft (Sony, Intel,...)
– Kundenbindung/Vertrauensbasis
– Hervorragende Leistungen im operativen Bereich/Servicebereich

Mobil-Oil versuchte in der Vergangenheit eine komplette Palette an Produkten und Dienstleistungen zu niedrigen Preisen anzubieten. Dieser Weg führte zu einer schlechten finanziellen Situation des Unternehmens. Durch Marktanalysen fand Mobil-Oil heraus, dass nur 20% der KundInnen sehr preisempfindlich reagieren. Fast 60% der KundInnen waren dagegen bereit, für zusätzliche Angebote an den Tankstellen und auch für Benzin selbst einen höheren Preis zu bezahlen.

Als Großhändler vertreibt Mobil-Oil seine Produkte über selbstständige Franchise–Nehmer. Diese HändlerInnen sind aber zentral für die Umsetzung der Mobil-Oil-Strategie verantwortlich. Es galt, unabhängige HändlerInnen dazu zu bewegen, die Kundenstrategie von Mobil-Oil umzusetzen. Den KundInnen sollte ein besseres „Kauferlebnis" geboten werden, dann wären diese auch bereit, höhere Preise zu zahlen. Als Ergebnis würden HändlerInnen und Mobil-Oil größere Gewinne erwirtschaften. Dies wiederum animiert die HändlerInnen dazu, ein besseres Kundenservice zu bieten. Der Zyklus wiederum bringt für Mobil-Oil die gewünschten Effekte in der Finanzstrategie – nämlich Wachstum.

Diese strategischen Überlegungen führten dazu, dass Mobil-Oil Mystery-Shoppers einsetzten, um Forschritte in diesem Bereich zu messen. Verdeckte TestkäuferInnen bewerteten monatlich anhand von verschiedenen Kriterien verschiedene Tankstellen. Als wesentliche Kriterien führte Mobil-Oil in der Kundenperspektive die Parameter Händlerprofitabilität und Händlerzufriedenheit ein.

Interne Prozesse:
Wenn Kunden- und Finanzziele definiert sind, gilt es die Mittel festzulegen, mit denen diese Ziele erreicht werden sollen.

Mobil-Oil hat vier Hauptprozesse definiert:
1. Die Gestaltung des Franchise–Systems
2. Die Erhöhung des Kundenutzens durch Vertiefung und Intensivierung der Kundenbindung
3. Perfektionierung der Performence durch optimales Versorgungsmanagement, optimale Kosten, Qualität und Durchlaufzeiten bei internen Prozessen
4. Sicherung der nationalen Marktstellung durch effektives Beziehungsmanagement zu ausländischen Anteilseignern

Die Verbesserung der Gewinnsituation sollte durch kurz-, mittel- und langfristige Maßnahmen erzielt werden.
- kurzfristig – durch Kosteneinsparung und Prozessverbesserungen
- mittelfristig – durch Vergrößerung des Marktanteils, durch erhöhten Kundennutzen
- langfristig – durch Innovationen

Innovation/MitarbeiterInnen:

Das Fundament jeder Strategie ist die Entwicklung der MitarbeiterInnen. In diesem Bereich werden Kernkompetenzen und -fähigkeiten, Technologien und notwendige Unternehmenskultur, die für die Strategieumsetzung notwendig sind, festgelegt.

Mobil-Oil erkannte, dass seine MitarbeiterInnen ein breites Verständnis von Marketing benötigten und die Geschäftsprozesse kennen mussten.

Darüber hinaus sollten Führungskräfte die Fähigkeit besitzen, die Unternehmensstrategie zu artikulieren und den MitarbeiterInnen verständlich zu machen.

In diesem Bereich wurden auch Schlüssel-Technologien und deren Weiterentwicklung – wie automatische Zapfanlagen, Management-Informationssysteme, ... – definiert.

Diese strategischen Überlegungen werden in der Strategy-Map dargestellt.

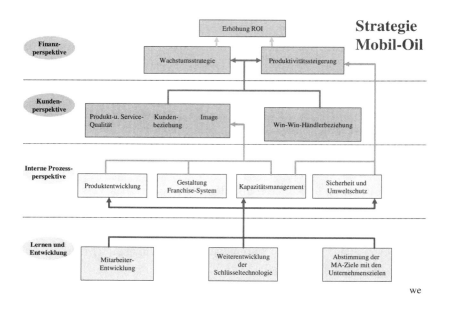

Abb. 3: Strategy-Map Mobil-Oil (Basis, Kaplan/Norton, 2000)

Die grundsätzlich beschriebenen strategischen Überlegungen Kaplans und Nortons, auf denen auch die konkrete Strategie von Mobil-Oil basiert, werden in Form einer allgemein gültigen Strategy-Map dargestellt. Sie ist allerdings nur für Profit-Unternehmen anzuwenden und für Non-Profit-Unternehmen in dieser Form nicht brauchbar.

3.2.2.2 Strategy-Maps in Non-Profit-Organisationen

Kaplan und Norton beschreiben in ihren Darstellungen auch Strategy-Maps und BSC-Ansätze in Non-Profit-Organisationen. Die grundsätzlichen Ansätze im Hinblick auf die Balanced Scorecard und ihre Perspektiven sowie die Darstellung von strategischen Zugängen in Form der Strategy-Map lassen sich auch in den Non-Profit-Bereich übertragen.

Probleme treten allerdings im Bereich der Finanzperspektive auf. So ergibt sich bereits aus der Bezeichnung der angesprochenen Organisationen, dass sich ihr Unternehmenszweck und damit das oberste Unternehmensziel nicht am Gewinn orientiert – es ist sogar erklärtes Nicht-Ziel gewinnorientiert zu agieren.

Die beschriebene Systematik im Hinblick auf den stufenweisen Aufbau der Strategy-Map ist somit bei diesen Organisationen nicht anwendbar. Der Fokus liegt bei diesen Organisationen am Kunden. Ein entsprechender finanzieller Rahmen ist Voraussetzung, damit der eigentliche Organisationszweck langfristig erfüllt werden kann und der Unternehmensbestand gesichert werden kann. Da das finanzielle Ergebnis nicht Hauptziel ist, muss die Finanzperspektive in den strategischen Überlegungen einen anderen Platz als den an der Spitze der Strategie zugewiesen bekommen. Daher wandert die Finanzperspektive bei Non-Profit-Organisationen in der Regel in die zweite Ebene. Letztlich ist die effektive Versorgung der KundInnen mit bestimmten Leistungen das eigentliche Ziel. Die Kundenperspektive ist daher logisch an die Spitze der Strategie zu stellen (vgl. Kaplan/Norton 1999, S 134ff).

Ansätze für allgemein gültige Strategy-Maps finden sich nur für Profit-Unternehmen. Für Non-Profit-Organisationen werden Ansätze für strategische Überlegungen und Wirkungszusammenhänge nur an wenigen Einzelbeispielen dargestellt. Eine **Muster-Strategy-Map** für den Non-Profit-Bereich analog zu jener für Profit-Unternehmen findet sich in der Basis-Literatur von Kaplan und Norton nicht.

3.2.3 Die Organisation an der Strategie ausrichten

Organisationen sind traditionellerweise rund um Funktionen und Funktionalitäten wie Einkauf, Fertigung, Vertrieb, Finanzwesen aufgebaut. Jede dieser Einheiten hat in der Regel eine eigene Sprache, eigenes Kernwissen und eine eigene Kultur, was große Probleme in der Strategieumsetzung mit sich bringt. Um eine Gesamtorganisation an der Strategie auszurichten muss es gelingen, die Barrieren aufzubrechen. Es gilt einheitliche strategische Themen und ein konsistentes Set an Prioritäten über die unterschiedlichen Einheiten und über die gesamte Organisation hinweg als handlungsleitende Idee zu installieren. Die Balanced Scorecard ist dazu geeignet den strategischen Handlungsrahmen für die verschiedenen Geschäftseinheiten und organisatorischen Einheiten zu bilden (Kaplan/Norton 1999, S 12).

Die meisten Organisationen bestehen aus vielen verschiedenen Geschäftseinheiten. Um ein Maximum an Effektivität zu erreichen, müssen die Balanced Scorecards all dieser Einheiten aufeinander abgestimmt und miteinander verknüpft werden.

Die Verknüpfung nennen Kaplan und Norton die **strategische Architektur** der Organisation (Kaplan/Norton 1999, S 161).

Im Rahmen der strategischen Architektur spielen die **Corporate Strategy,** Synergien zwischen den (strategischen) Geschäftseinheiten und Synergien zwischen den gemeinsamen Service-Einheiten eine wesentliche Rolle.

3.2.3.1   *Rolle und Strategie des Gesamtunternehmens*

Die strategische Architektur beginnt bei der Definition der Rolle des Gesamtunternehmens, welches dazu bestimmt ist, Synergien zwischen den Geschäfts- und Serviceeinheiten zu lukrieren. Wenn diese Synergien nicht transparent gemacht werden können, stellt sich die Frage, warum die einzelnen Einheiten nicht selbstständig – und ohne bürokratischen Overhead – am Markt auftreten (Kaplan/Norton 1999, S162 f).

Goold, Alexander und Campbell (Goold/ Campbell/ Alexander 1995, S 37 f) gehen davon aus, dass Mischkonzerne – also Unternehmen mit verschiedenen Geschäftszweigen (welche grundsätzlich auch selbständig am Markt auftreten könnten) – einen größeren gemeinsamen Vorteil erzielen können, als die verschiedenen Geschäftszweige als selbstständige konkurrierende Unternehmen dazu in der Lage wären. Sie bezeichnen diesen Vorteil als **Parenting Advantage** – und konstruieren damit einen Bezugsrahmen, der die Lücken eines reinen Kernkompetenzmodells füllen soll. Der Parenting Advantage resultiert aus dem Zusammenspiel der Kernkompetenzen der Muttergesellschaft und der kritischen Erfolgsfaktoren der Geschäftseinheiten. Mischkonzerne erzeugen einen Wert, indem sie die in ihrem Besitz stehenden Unternehmen beeinflussen oder mit **elterlicher Fürsorge** betreuen. Der gemeinsame Vorteil kann aus verschiedenen Quellen kommen wie Konsumenten, Technologie, Kernkompetenzen, externe Netzwerke und Beziehungsgeflechte. Er kann auch durch die Implementierung effektiver Managementinstrumente geschaffen werden. Ein wesentlicher Nutzen besteht darüber hinaus in der Ressourcenallokation, da die Muttergesellschaft Kapital und MitarbeiterInnen über die Geschäftseinheiten hinweg steuern kann.

Die Effektivität einer solchen Organistion hängt wesentlich davon ab, wie die Verbindungen zwischen Mutter- und Tochtergesellschaften gestaltet sind – je nachdem, ob sie funktionieren oder nicht, erzeugen sie Wert oder vernichten ihn und sind entsprechend förderlich oder hinderlich (Goold/ Campbell/ Alexander 1995, S 37 f).

3.2.3.2 *Strategische Geschäftseinheiten*

Kaplan und Norton greifen diese Gedanken auf und sehen in der BSC eine Möglichkeit, die beschriebenen Vorteile durch entsprechende Verbindungen und Verknüpfungen in der BSC zu implementieren. Sie beschreiben darüber hinaus, dass ein ressourcenbasierter gesamtstrategischer Ansatz ein sorgfältig konstruiertes System verschiedenster Elemente wie Ressourcen, Organisation, Geschäftspartner usw. ist. In der Unternehmensstrategie müssen diese Elemente aufeinander abgestimmt sein.

Diese Abstimmung und gemeinsame Ausrichtung wird wiederum wesentlich von den zur Verfügung stehenden Ressourcen – deren Art und Anlage sowie Fähigkeiten und Kernkompetenzen – bestimmt. Die BSC unterstützt die Implementierung des ressourcenbasierten Ansatzes durch die Darstellung einer gemeinsamen Unternehmensstrategie, aus der wiederum Teilstrategien und -pläne für die verschiedenen Geschäftsbereiche abgeleitet werden. Dies bewirkt eine gemeinsame Ausrichtung und Verknüpfung der verschiedenen Einheiten rund um eine Gesamtstrategie (Kaplan/Norton 1999, S 162 ff).

Synergien resultieren aus optimalen Interaktionen zwischen den verschiedenen Geschäftsbereichen. Es geht darum, diese zu erkennen und explizit in die strategischen Überlegungen sowie in die BSCs der Subeinheiten mit einzubeziehen.

Kaplan und Norton weisen darauf hin, dass es viele Möglichkeiten der Integration und Koordination gibt. Die BSC beinhaltet sowohl erwünschte Outcomes (wie messen wir den Erfolg der strategisch relevanten Themen?) als auch die Umsetzungstreiber (insb. interne Prozesse und Lernen und Entwicklung), die notwendig sind, um diese Ergebnisse zu erzielen. Die einzelnen organisatorischen Subeinheiten definieren daraus die ihrerseits notwendigen Beiträge, um die strategischen Ziele zu erreichen (Kaplan/Norton 1999, S 188f).

3.2.3.3 Zentrale Serviceeinheiten

Nicht nur organisatorische Subeinheiten, auch interne Dienstleister und Serviceeinheiten, die für das Gesamtunternehmen oder für einzelne Sparten Leistungen erbringen, müssen an der Strategie ausgerichtet werden. Sie werden deshalb geschaffen, weil sie Größenvorteile, Vorteile der Spezialisierung oder der Differenzierung nutzen bzw. bringen – man spricht in diesem Zusammenhang von Economies of Scale (Kaplan/Norton 1999 S 191).

Ein gemeinsamer Einkauf für verschiedene Unternehmensbereiche kann wesentlich effizienter sein, als wenn jede Subeinheit ihre eigene Einkaufsabteilung betreibt. So kann z. B. durch entsprechende Ressourcensteuerung der Arbeitsanfall bedarfsgerecht bearbeitet werden. Durch eine gemeinsame Einkaufsabteilung für ein Gesamtunternehmen mit verschiedenen Sparten ist eine bessere Spezialisierung auf dem Gebiet Einkauf möglich, als dies in den Subeinheiten der Fall wäre. Das Wissen in dieser zentralen Serviceeinheit kann spartenübergreifend genutzt werden, was wiederum Vorteile für das Gesamtunternehmen bringt. Diese Vorteile – Skalenerträge – können bis zu einer gewissen Grenze optimiert werden. Wird diese Grenze überschritten, so ist der zusätzliche Nutzen bei weiterer Vergrößerung geringer. Man spricht dann von sinkenden Skalenerträgen bzw. von Diseconomies of Scale. In diesem Fall ist eine weitere Zentralisierung nicht sinnvoll, sondern kontraproduktiv, da sie bürokratisch und unflexibel wird und der direkte Bezug zu den Geschäftseinheiten nicht mehr im notwendigen Ausmaß sicher hergestellt werden kann. Die strategische Herausforderung liegt bei Expansionsentscheidungen daher im Abwägen der Economomies und Diseconomies of Scale und der Berechnung der Nettoeffekte (Heakal 2003).

Die Wirksamkeit und Effektivität der zentralen Serviceeinheiten hängt darüber hinaus wesentlich davon ab, inwieweit es gelingt, diese an den Bedürfnissen der verschiedenen Geschäftseinheiten und an der Unternehmensstrategie auszurichten. Grundsätzlich gilt das Gleiche, wie oben für die verschiedenen Geschäftsbereiche von Mischkonzernen gesagt wurde. Nur wenn es gelingt, dass die eigene interne Serviceeinheit Vorteile gegenüber einem externen Anbieter, der als eigenständiges Unternehmen agiert, bringt, macht es Sinn, dieses Service auch selbst (im eigenen Unternehmen und Verantwortungsbereich) zu betreiben. Hier geht es um die grundsätzliche Frage **Make or Buy**.

Die BSC kann dazu verwendet werden, auch zentrale Serviceeinheiten an der Unternehmensstrategie auszurichten und diese mit den verschiedenen strategischen Geschäftseinheiten zu vernetzen. In der idealtypischen Form der strategischen Architektur wird ausgehend von der Unternehmensstrategie der Beitrag der zentralen Serviceleistungen zum Gesamterfolg dargestellt (Kaplan/Norton 1999, S 191f).

Kaplan und Norton unterscheiden zwei Arten von Scorcards für zentrale Serviceeinheiten (Kaplan/Norton 1999, S 193ff):

- das Modell strategischer Partnerschaft
- das Modell „Business in a Business" (also Unternehmen im Unternehmen)

Das Modell strategischer Partnerschaft

Die Vernetzung von Strategischen Geschäftseinheiten und zentralen Serviceeinheiten besteht in diesem Modell aus vier Komponenten:

- Service-Vereinbarung: eine Vereinbarung über das erwartete Serviceniveau und die damit verbunden Kosten
- BSC der zentralen Serviceeinheit: diese bildet die Strategie ab, wie die zentralen Serviceeinheiten die strategischen Geschäftseinheiten servicieren wollen
- Verbindungs-Scorecard: die Serviceeinheit akzeptiert die Verantwortung für ausgewählte Kennzahlen in der BSC der strategischen Geschäftseinheit
- Internes Kunden-Feedback: die Serviceeinheit erhält regelmäßig Feedback durch die strategische Geschäftseinheit über aktuelle Ergebnisse

Das „Business-in-a-Business"-Modell

Dieses Modell basiert darauf, dass ausgehend von der Unternehmensstrategie auch interne Dienstleister – wie Personalabteilung, EDV-Abteilung, Finanzabteilung – eigene Balanced Scorecards erstellen. In diesen Scorecards sind die verschiedenen strategischen Geschäftseinheiten die KundInnen. Die zentrale Serviceeinheit als interner Dienstleister positioniert sich selbst innerhalb des Unternehmens wie ein Anbieter, der auch am externen Markt verfügbar wäre. Der interne Dienstleister betrachtet sich und seine Leistungen aus der Sicht der (internen) KundInnen. Spezielle strategische Vorteile durch Insider-Wissen und Beziehungsgefüge innerhalb des Unternehmens werden dabei berücksichtigt. Die **Hausmarke** muss aber Vorteile gegenüber externen Zulieferern bieten, um dauerhaft von den Geschäftseinheiten als Partner akzeptiert zu werden. Dies kann nur gelingen, wenn die Strategie des Unternehmens und die daraus abgeleiteten Teilstrategien in den strategischen Geschäftseinheiten durch die internen Dienstleister optimal unterstützt werden.

Zusammenfassend kann festgestellt werden: Die Balanced Scorecards zentraler Serviceeinheiten identifizieren und artikulieren die Vorteile der Integration von Synergien als interne Dienstleister. Sie kommunizieren, wie Organisationen als Ganzes und in den einzelnen Geschäftseinheiten von ihnen profitieren können. Die BSC einer zentralen Serviceeinheit sollte auf Service-Vereinbarungen beruhen. Im Implementierungsprozess sollten daher vorab die Gesamtunternehmensstrategie und die BSCs der strategischen Geschäftseinheiten vorliegen, bevor die zentralen Serviceienheiten eine Balanced Scorecard erstellen.

Auch für externe Partner – wie Joint-Ventures oder ausgelagerte Unternehmensteile – kann eine BSC in dieser Form erstellt werden (Kaplan/Norton 1999, S 208f).

3.2.4 Die Strategie zur täglichen Aufgabe der MitarbeiterInnen machen

Strategie kann nicht vom Top-Management alleine umgesetzt werden. Nur wenn alle MitarbeiterInnen ihr Handeln an der Strategie orientieren, wird sie auch Realität werden. Wie aber bringt man die Strategie vom obersten Management bis zu den MitarbeiterInnen?

Voraussetzung dafür, dass die tägliche Arbeit an strategischen Grundlagen ausgerichtet werden kann, ist das Verstehen der Strategie. Dies bedarf wiederum intensiver Kommunikation. Die Balanced Scorecard kann dazu verwendet werden, Strategie verständlich zu machen und sie zu transportieren. Um die BSC und die Strategy-Map zu verstehen, müssen MitarbeiterInnen über die grundlegenden strategischen Elemente Bescheid wissen und diese in einen Gesamtzusammenhang bringen können. Die Kommunikation der Gesamtstrategie soll die MitarbeiterInnen dazu animieren, die eigene Tätigkeit aus einem Blickwinkel zu betrachten, der weit über den eigenen Wirkungsbereich hinausgeht (Kaplan/Norton 1999, S 13).

Noch vor einigen Jahrzehnten waren die Anforderungen, die Unternehmen an MitarbeiterInnen gestellt haben, wesentlich geringer als heute. Automatisierung und Produktivitätssteigerungen haben dazu geführt, dass der Anteil an manueller, körperlicher Arbeit stark zurückgedrängt wurde. Selbst in diesen Tätigkeitsbereichen ist die laufende Auseinandersetzung mit technologischen Verbesserungen, Kostenoptimierung, Prozess- und Durchlaufzeiten und dgl. notwendig, um konkurrenzfähig zu bleiben (Kaplan/Norton 1999, S 212).

Warum ist es notwendig, dass MitarbeiterInnen die Strategie mittragen und ihr Handeln daran ausrichten? Dave Ulrich, University of Michigan Business School, sieht folgende Trends, die die Notwendigkeit unterstreichen (Kaplan/Norton 1999, S 212f):

MitarbeiterInnenzufriedenheit wird in vielen Unternehmen bereits regelmäßig gemessen. Zufriedenheit der MitarbeiterInnen ist aber noch nicht gleichzusetzen mit Übereinstimmung mit den Unternehmenszielen. Nur wenn diese Übereinstimmung vorhanden ist, wird sie auch dazu führen, dass das Handeln danach ausgerichtet wird.

Viele Unternehmen behaupten, ihre MitarbeiterInnen seien das größte Kapital. In der Realität wird aber der Bewertung und **Pflege** dieses Kapitals wenig Bedeutung beigemessen. Die Fähigkeiten und Fertigkeiten der MitarbeiterInnen werden im Vergleich zum sonstigen Unternehmensvermögen kaum routinemäßig überprüft und bewertet.

Ulrich unterscheidet drei Kategorien von MitarbeiterInnen: jene in der Zentrale (Headquater), jene im Mittelmanagement und jene, die direkt im Kundenkontakt stehen (Front-Office). Die größte Wirkung auf den Kunden haben jene MitarbeiterInnen, die im direkten Kundenkontakt stehen. Sie bestimmen im wesentlichem wie der Kunde das Unternehmen wahrnimmt. Die meisten Weiterbildungsmaßnahmen nehmen dagegen in der Regel die beiden anderen Gruppen von MitarbeiterInnen in Anspruch.

Manche Unternehmen beziehen die KundInnen in die Rekrutierung, Training und Beurteilung von MitarbeiterInnen bereits ein.

Kaplan und Norton sehen drei Ansatzpunkte, um mit der BSC die MitarbeiterInnen dazu zu bringen, ihr Handeln an der Strategie auszurichten (Kaplan/Norton 1999, S213):

– Kommunikation und Weiterbildung

– Inidividualziele und Teamziele

– Incentivesysteme

3.2.4.1 *Kommunikation und Weiterbildung*
Die MitarbeiterInnen müssen die Strategie verstehen, um sie umsetzen zu können. Die entsprechende Gestaltung der Kommunikationsprozesse ist Voraussetzung dafür. (Kaplan/Norton 1999, S 213).

Die Implementierung einer neuen Strategie kann mit der Einführung eines neuen Produktes am Markt verglichen werden. Auch bei Produkteinführungen bedarf es gezielter Kommunikationsprozesse, um des Produkt bekannt zu machen und Kunden dazu zu animieren, es schließlich zu kaufen. Ähnlich verhält es sich bei der Einführung einer neuen Strategie, mit der zusätzlichen Schwierigkeit, dass Strategien grundsätzlich komplex und daher schwer zu verstehen sind. Dem Kommunikationsprozess kommt daher umso höhere Bedeutung zu und ist bei der BSC-Einführung und Strategieumsetzung ein kritischer Erfolgsfaktor.

Das größte Problem in diesem Zusammenhang stellt die Erfolgsmessung dar, denn nur weil eine Information gesendet wurde, heisst es nicht, dass sie auch vom Empfänger verstanden wurde. Nur verstandene Informationen können aber auch im Sinne der Strategie wirksam werden.

Zur Kommunikation werden in der Regel mehrere Medien, eingesetzt, wobei einzelne Medien unterschiedlich wirksam sind. Medien die Inhalte individuell und in der persönlichen Kommunikation mit Möglichkeiten zur Fragenbeantwortung und für Feed-back vermitteln (Face-to-Face-Kommunikation, Kleingruppen), sind hocheffektiv, aber ressourcenintensiv und daher teuer. Kostengünstiger und von großer Reichweite sind Massenmedien – wie schriftliche Medien, Intranet – sie sind aber auch weniger effektiv. Insbesondere in der Implementierungsphase kommt einem geeigneten Medienmix im Rahmen des Kommunikationsprozesses große Bedeutung zu. Ist die BSC in den laufenden Managementprozess einmal integriert, werden diese Kommunikationsmedien großteils nicht mehr benötigt. (Kaplan/Norton 1999, S 218f)

3.2.4.2   *Individualziele und Teamziele*

MitarbeiterInnen müssen wissen, was sie zur Implementierung der Strategie beitragen können. Das Management muss dafür sorgen, dass Ziele der Teams und der einzelnen MitarbeiterInnen auf die Strategie abgestimmt sind. Die BSC bildet die Basis für ein breites Verständnis der Gesamtstrategie und der Strategie der Geschäftseinheiten. So können auch auf Team- und Individualebene Ziele aus dem strategischen Blickwinkel heraus abgeleitet werden. Sie sollten dadurch langfristiger und strategischer werden, als Individualziele in herkömmlichen Zielvereinbarungssystemen (ohne strategischen Bezugsrahmen) waren.

Kaplan und Norton stellen anhand von konkreten Umsetzungsbeispielen fünf verschiedenen Methoden vor, wie Unternehmen die Brücke zwischen Strategie und Team- und Individualzielen geschaffen haben. Die Varianten reichen von einem spielerischen Ansatz („Super-Bowl"-Ansatz) über die Integration der BSC in bestehende Prozesse (Planungsprozesse, Human-Ressource-Prozesse) bis hin zu MitarbeiterInnen-BSCs. Da es sich nur um exemplarische Beispiele handelt, seien sie an dieser Stelle nur kurz skizziert (Kaplan/Norton 1999, S 233ff).

Beim **Super-Bowl-Ansatz** wurde am Beispiel eines Football-Meisterschaftsspiels den MitarbeiterInnen von Mobil-Oil erklärt, wie die einzelnen Spieler zusammenspielen müssen, um gemeinsam Meister zu werden, und wie dies im Zusammenhang mit der BSC in einem Unternehmen auf ähnlicher Weise funktioniert. Nur wenn alle Spieler wissen, wie die Spielregeln lauten, wie die Strategie angelegt ist und welche Ergebnisse erzielt werden müssen, um Meister zu werden, können alle gemeinsam danach Handeln und schließlich mit genügend Anstrengung das Ziel erreichen.

Eine weitere Variante stellt die Ausrichtung von Individualzielen mit Hilfe strategischer Initiativen dar. In der BSC der City of Charlotte wurden strategische Initiativen daraufhin untersucht, inwieweit sie einzelne Kennzahlen im BSC-System positiv beeinflussen. Dies half im Planungsprozess und bei der Auswahl der Initiativen. Darüber hinaus wurden die ausgewählten strategischen Initiativen dann einzelnen Umsetzungsteams zugeordnet.

Für jedes Programm wurde dann ein einseitiger Bericht erstellt, welcher folgende Informationen enthielt:

BSC-Ziele und Kennzahlen, die durch die Initiative beeinflusst werden

- Implementierungsschritte
- Geplante Ergebnisse (Outcomes)
- Verantwortliche(r) ManagerIn
- Kritische Erfolgsfaktoren
- Programmspezifische Kennzahlen zur Ergebnismessung

Im Ergebnis wurde dadurch die Arbeit der einzelnen Teams in einen messbaren strategischen Kontext gebracht und dafür gesorgt, dass strategische Themen auch umgesetzt werden, allerdings mit dem Nachteil, dass wenig Freiraum für Innovation bereichsübergreifende Initiativen bleibt.

Die Integration der BSC in bestehende Planungs- und Qualitätsprozesse wird am Beispiel UPS (United Parcel Service) skizziert. Bereits vor der BSC-Einführung wurden bei UPS Total-Quality-Management-Prinzipien umgesetzt und für das Gesamtunternehmen „Point-of-Arrival"-Ziele (wie Kundenzufriedenheit, Wettbewerbsposition, ...) fixiert.

Bis zur Einführung der Balanced Scorecard war für die MitarbeiterInnen jedoch nicht ersichtlich, im welchen strategischen Gesamtzusammenhang die einzelnen Zielwerte und Maßnahmen standen.

Die Einführung der BSC und der strategischen Linien erfolgte durch das Management unter Berücksichtigung der bereits bestehenden Ansätze in einer regionalen Differenzierung. Der strategische Plan beinhaltete Zielwerte für die BSC, Ursachen-Wirkungszusammenhänge für Problembereiche, Festlegung von Arbeitsteams für die Problembearbeitung und einen Zeitplan für die Implementierung. Das BSC-System löste das bestehende MbO-System ab. Als positive Effekte werden die Ablöse der funktionalen Organisation durch eine Prozessorganisation sowie intrinsische (besseres Verständnis der Zusammenhänge) und extrinsische (Mitarbeiterbeteiligung) Motivation der MitarbeiterInnen beschrieben.

Die Integration der BSC in Human-Ressourcesprozesse wird am Beispiel Winterthur International beschrieben. Winterthur entwickelte seine BSC im Personalbereich. Die neuentwickelte Unternehmensstrategie basierte auf Wissenskapital und Kompetenzen. Die strategischen Kernthemen flossen dann in Form von Zielen und Messzahlen in die BSC ein. Parallel dazu wurde eine neue Managementstruktur entwickelt, welche die Umsetzung der Strategie durch hochmotivierte und strategie-fokussierte MitarbeiterInnen erreichen sollte. Ähnliche Aufgabengebiete wurden in „Job-Families" zusammengefasst und dafür die jeweiligen Verantwortungsbereiche, Fähigkeiten und Fertigkeiten und Leistungsmesszahlen definiert. Dadurch wurden die idealtypischen MitarbeiterInnen definiert, welche am besten dazu geeignet sind, die Strategie umzusetzen. Auf Basis dieser Grundlagen konnten dann Trainings- und Entwicklungsprogramme festgelegt und durchgeführt werden. Wenngleich Schwierigkeiten bei der Messung der Zielerreichung bestehen, war Winterthur damit erfolgreich, strategische Themen bei allen MitarbeiterInnen ins Blickfeld zu rücken.

Das Herabbrechen der Strategie durch persönliche Balanced Scorecards beschreiben Kaplan und Norton unter Verweis auf ihr Buch „Balanced Scorecard" (Kaplan/Norton 1997, S 209ff) am Beispiel Pioneer Petrolium. Die BSCs des Gesamtunternehmens und der strategischen Geschäftseinheiten dienen als Basis für die persönliche Scorecard. Die persönliche Scorecard enthält drei Informationsebenen. Die erste Ebene enthält Unternehmensziele und Kennzahlen. Die zweite Ebene enthält Ziele und Messzahlen der organisatorischen Subeinheit, der der/die MitarbeiterIn angehört. Die dritte Ebene beinhaltet die Individualziele und Messzahlen. Voraussetzung für die Ableitung persönlicher Ziele war ein klares Verständnis der Unternehmens- und Bereichsziele sowie der zugehörigen Messzahlen.

3.2.4.3 Incentive Systeme

Die Balanced Scorecard kann auch dazu verwendet werden, Incentive-Systeme auf individueller oder Team-Ebene anzuknüpfen. Kaplan und Norton betonen, dass diese Verbindung dazu führt, dass sich die MitarbeiterInnen intensiv mit den Messzahlen der Scorecard auseinandersetzen und besonders motiviert sind, die Ziele zu erreichen und damit die Strategie umzusetzen (Kaplan/Norton 1999, S 13).

Kaplan und Norton betonen, dass ein an die BSC geknüpftes Incentive-System ein geeignetes und mächtiges Mittel ist, um das Interesse der handelnden Personen an den Unternehmens- und Bereichszielen zu erhöhen und deren Umsetzung zu forcieren. MitarbeiterInnen legen durch diese extrinsischen Anreize den Fokus auf die strategisch zentralen Ziel- und Ergebnisgrößen, welche dadurch besser erreicht werden. Die Art der Verknüpfung ist dabei von Unternehmen zu Unternehmen unterschiedlich – die von den Autoren untersuchten und anhand von Beispielen dargestellten Unternehmen hatten jeweils unterschiedliche Systeme eingeführt –, es gibt kein „dominantes" System, welches von mehreren Unternehmen bevorzugt wurde. Allen gemeinsam ist aber, dass sie einen Teil des Einkommens von der Erreichung bestimmter Messgrößen in der BSC abhängig machen (Kaplan/Norton 1999, S 255ff).

Als wesentliche Gestaltungsmerkmale bei der Einführung werden folgende genannt (Kaplan/Norton 1999, S 265ff):

Der Einführungszeitraum – wie rasch soll das Anreizsystem mit der BSC verknüpft werden? Eine zu rasche Verknüpfung birgt die Gefahr in sich, auf nicht stimmigen (da nicht ausgereiften) Ursache-Wirkungsbeziehungen und daraus abgeleiteten Messzahlen zu basieren. Darüber hinaus besteht meist die Schwierigkeit einer unzureichenden Datenlage und fehlenden Messzahlen bzw. Vergleichszahlen bei bestimmten Messkriterien – insbesondere in den Perspektiven Kundenorientierung, interne Prozesse und

Lernen und Entwicklung. Ein auf rein finanziellen Kennzahlen basiertes Anreizsystem kann aber wiederum ein falsches Zeichen an die MitarbeiterInnen senden – nämlich, dass die Finanzperspektive die einzig wichtige ist. Der Effekt der Ausbalanciertheit geht damit wieder verloren – der eigentlich durch die BSC angestrebte Effekt einer umfassenden Betrachtung des Unternehmens aus verschiedenen Perspektiven würde durch ein solches Anreizsystem konterkariert.

Eine zu frühe Einführung eines finanziellen Anreizsystems könnte darüber hinaus dazu führen, dass kurzfristige Anreize Aktivitäten fördern, die wiederum den langfristigen Ziele nicht dienlich sind. In diesem Fall ist ein Anreizsystem im Hinblick auf die Gesamtstrategie kontraproduktiv.

Objektive versus subjektive Messkriterien – Hier geht es um die Frage, welche Kriterien werden als Grundlage für das Anreizsystem herangezogen. Die Forderung der Autoren geht dahin, outcomebasierte Indikatoren an Stelle von reinen aktivitätenbasierten Messzahlen zu verwenden – geht es doch letztlich darum, ein gewisses Ergebnis zu erzielen und nicht eine bestimmte Anzahl von Handlungen zu setzen.

Anzahl der Messkritieren – Die Frage nach der richtigen Anzahl von Kriterien, die in ein Anreizsystem aufgenommen werden sollten, wird von den Autoren davon abhängig gemacht, ob die einzelnen Faktoren stimmig und schlüssig in ein Gesamtsystem eingeordnet werden können. Nicht die Anzahl, sondern deren Schlüssigkeit ist der entscheidende Faktor.

Anreizsystem für Einzelpersonen oder Teams. Hier geht es um die Frage, wer wird durch das Incentivesystem angesprochen – einzelne MitarbeiterInnen oder ganze Teams. Team-orientierte Anreizsysteme fördern einerseits Kooperation und Problemlösungen in der Gruppe. Andererseits führen sie dazu, dass einzelne MitarbeiterInnen nicht entsprechend ihrem individuellen Beitrag belohnt werden. Diesem Problem kann in sehr transparenten Systemen, in denen es Sanktionsmechanismen für nicht-konformes

Verhalten gibt, weitgehend minimiert werden.

Die Frage nach individuellen Anreizen oder Incentivesystemen für ganze Gruppen ist auch von der Aufgabenstellung abhängig. Letztlich gibt es auch noch die Möglichkeit beide Formen – individuelle Anreize und Teamanreize – zu kombinieren.

Frequenz der Aktualisierung des Anreizsystems – Hier geht es um die Frage der Flexibilität und Aktualität. Unternehmen, die in einem sehr dynamischen Umfeld agieren, sollten darauf achten, das Incentivesystem nur an langfristigen Outcomefaktoren und Finanzindikatoren festzumachen. Kurzfristige Messzahlen könnten in diesem Fall zum Problem führen, dass Anreize gesetzt werden, eine Strategie zu verfolgen, die nicht mehr den Anforderungen entspricht. In diesem Fall wäre das Anreizsystem nicht nur wirkungslos, sondern sogar kontraproduktiv.

3.2.5 Aus der Strategie einen regelmäßigen Prozess machen

In den meisten Organisationen ist der Management-Prozess an Budgetierungssysteme geknüpft, welche monatlich Aufschluss darüber geben, in wieweit Planzahlen erreicht werden bzw. Abweichungen vorliegen. Strategiesitzungen werden dagegen nur in den wenigsten Unternehmen standardmäßig durchgeführt – es fehlt an entsprechenden Prozessen, die dazu geeignet sind, Strategie zu managen (Kaplan/Norton 1999, S 13 ff).

Planungs- und Budgetierungsprozesse sind traditionell nicht mit strategischen Prozessen verknüpft. Sie resultieren oft aus externen Berichtspflichten und sind darauf abgestellt, Jahreszahlen zu planen und zu berichten, mit dem Ziel, Kosten, Aufwände und Erträge zu kontrollieren.

Kaplan und Norton sehen die BSC als Instrument, um Strategieprozesse mit Budgetierungsprozessen nahtlos zu verknüpfen und nennen diesen Vorgang **double-loop process**. Sie gehen davon aus, dass dieser Vorgang in mehreren Schritten absolviert wird: Planung und Budgetierung mit der

Strategie verknüpfen, Management-Meetings um strategische Themen anreichern und – daraus resultierend – strategisches Lernen und laufende Strategieanpassung.

3.2.5.1 *Planung und Budgetierung*

Die Strategie fließt in den Budgetierungsprozess mit ein – Unternehmen benötigen neben operativen Budgets plötzlich auch strategische Budgets, mit denen strategische Initiativen geplant und gesteuert werden. Dies kann durch eine rollierende Planungs- und Vorschaurechnung erreicht werden, die dynamische Veränderungen in die Überlegungen und Darstellungen mit einbezieht.

Das Verknüpfen der Budgetierung mit der Strategie erfolgt in mehreren Stufen. Ausgehend von der Strategie wird zuerst die BSC mit Zielen und Messzahlen formuliert. Daraus werden mehrjährige Ziele für jede Messzahl abgeleitet, welche den Rahmen für notwendige strategische Initiativen und den daraus abgeleiteten Ressourcenbedarf bilden. Diese mittelfristigen Ansätze sind wiederum die Basis für die Jahresplanung, welche aus zwei Teilen besteht – einem Budget für strategische Programme und einem operativen Budget für die Steuerung der verschiedenen organisatorischen Einheiten (Abteilungen, Bereiche, ...). Der sich daraus ergebende Planungs- und Budgetierungsprozess ist als rollierender Prozess über einen mehrjährigen Betrachtungszeitraum einzurichten, wobei der neue Zugang darin liegt, dass ausgehend von strategischen Zielen und den zugehörigen Messzahlen die Initiativen geplant werden und diese in Budgets übersetzt werden. In traditionellen Budgetierungssystemen war der Weg oft umgekehrt – ausgehend von Budgets wurden Maßnahmen geplant, denen die strategische Grundlage daher weitgehend gefehlt hat.

3.2.5.2 Feedback und Lernen

Wurde die Planung und Budgetierung mit der Strategie verknüpft, so bedingt dies die Erweiterung des laufenden Management-Prozesses um einen wesentlichen Inhalt – es geht nun auch darum, Strategie laufend zu besprechen und zu überprüfen. Die – auf Basis einer formulierten Strategie – gesetzten Maßnahmen müssen laufend dahin gehend überprüft werden, ob sie auch geeignet sind, künftigen Unternehmenserfolg sicherzustellen. In einer dynamischen Unternehmensumwelt gibt dieses Feedback wiederum Aufschluss darüber, ob die Strategie an und für sich noch zielführend ist, oder ob diese teilweise adaptiert oder gänzlich geändert werden muss.

Dieser Zugang bedarf einer Neuausrichtung der Besprechungskultur im Management, weg von einer sehr kurzfristigen Betrachtungsweise (Was war im vergangenen Monat, was ist im nächsten Monat geplant?) hin zu strategischen Themenstellungen (Wie steuern wir die Strategie, wie messen wir strategische Erfolge und wo haben wir gegebenenfalls Adaptierungsbedarf?). Wird die BSC in den Mittelpunkt der Management-Meetings gestellt, so verändern sich zwangsläufig auch die Themenstellungen. Weg von traditionellen Finanzzahlen, hin zu strategischen Ziel- und Ergebniszahlen in den vier Perspektiven.

Zusätzlich zur laufenden Diskussion strategischer Themen ist es notwendig, die der Strategie zu Grunde gelegten Hypothesen laufend auf ihre Gültigkeit hin zu überprüfen und die Strategie bei Bedarf zu ändern oder anzupassen. Grundsätzlich gibt es drei Möglichkeiten dies zu tun:

- Analytische Methoden: Hypothesen testen und dynamische Simulation
- Überprüfung der Auswirkungen externer Veränderungen
- Identifikation und Verfolgung sich herausbildender Strategien

Aus den oben beschriebenen Veränderungen resultiert schließlich ein Prozess des Lernens und der laufenden Strategieanpassung und -entwicklung. Die BSC geht von Hypothesen über Ursache- und Wirkungsbeziehungen aus. Im Rahmen des laufenden Controlling-Prozesses werden diese überprüft und gegebenenfalls adaptiert.

Durch diese Schritte wird Strategie zum laufenden Prozess im Unternehmen, welcher wie folgt zusammengefasst werden kann:

- Die Performance wird laufend mit der Strategie abgeglichen
- Teams kümmern sich um die Interpretation der Daten
- Neue strategische Überlegungen und Richtungen werden auf Grund der Datenanalyse definiert
- Die Messzahlen der BSC werden darauf ausgerichtet und adaptiert
- Budgetzahlen werden entsprechend angepasst
  (Kaplan/Norton 1999, S 13 ff und 273ff)

3.2.6 Den Führungsstil ausrichten

Die ersten vier Prinzipien fokussieren das Tool Balanced Scorecard, den Rahmen und den Prozess. Kaplan und Norton unterstreichen aber, dass es darüber hinaus einen wesentlichen Erfolgsfaktor für die Ausrichtung einer Organisation an der Strategie gibt. Strategie benötigt Bereitschaft zur Veränderung von allen Organisationsmitgliedern. Und Strategie benötigt Teamarbeit, um diesen Wandel zu koordinieren. Eine entsprechende Unternehmens- und Mitarbeiterführung ist Voraussetzung für die Implementierung von Strategien. Balanced Scorecard Programme sind Veränderungsprojekte, welche mit dem Fokus auf Steuerung teambasiert ein neues Performance-Modell umsetzen wollen. Daraus entsteht dann schrittweise ein neues strategisches Management-System, welches neue Werte und neue Strukturen in einem neuen System der Unternehmensführung institutionalisiert. Die verschiedenen Phasen dieses Prozesses können zwei bis drei Jahre dauern (Kaplan/Norton 1999, S 15 f und 334 ff).

Phase 1 – Mobilisierung: Es geht darum, der Organisation klar zu machen, warum es Veränderung braucht. Dazu sind drei Führungshandlungen notwendig: (1) die Dringlichkeit des Vorhabens verdeutlichen, (2) ein Steuerungsteam installieren, (3) Vision und Strategie entwickeln.

Phase 2 – Steuerungsprozess: In dieser Phase werden neue Werte entwickelt und etabliert. Das Brechen mit bisherigen Strukturen ist dabei besonders wichtig. Die Bildung von Strategie-Teams, Großveranstaltungen und offene Kommunikation sind Komponenten in diesem Prozess. Die Klarheit von Messzahlen ist bei der Kommunikation reinen verbalen Beschreibungen überlegen. Insbesondere Wachstumsstrategien können mit der BSC besser kommuniziert und gesteuert werden als reine Kostensenkungsstrategien.

Phase 3 – Etablierung eines neuen Mangagement-Systems: In der dritten Phase geht es darum, das bestehende Managementsystem zu modifizieren und damit eine Konsolidierung im Veränderungsprozess zu erreichen. Die Verknüpfung bestehender Managementinstrumente mit der Scorecard schafft ein neues strategisches Managementinstrument, in dem die Scorecard die Strategie beschreibt, während das Managementsystem die Verbindung zwischen den einzelnen Einheiten der Organisation und der Strategie schafft.

Durch die Einbettung einer neuen Strategie und neuer Werte in ein Management-System können Unternehmen eine Barriere für künftigen Fortschritt schaffen. Die Wettbewerbslandschaft verändert sich aber laufend, daher müssen auch Strategien regelmäßig überprüft und reflektiert werden. Als Konsequenz daraus muss Strategie ein kontinuierlicher Prozess werden – die Kunst besteht darin, die schwierige Balance zwischen Stabilität und Veränderung zu finden (Kaplan/Norton 1999, S 16 f).

Kaplan und Norton stellen fest, dass wohl die wichtigste Zutat für eine erfolgreiche BSC-Einführung der Führungsstil des Managements ist. Erfolgreiche Führungspersönlichkeiten haben erkannt, dass Kommunikation der Schlüssel zum Erfolg ist, und neue herausfordernde Strategien nur umgesetzt werden können, wenn sie von den MitarbeiterInnen verstanden und in entsprechender Weise mitgetragen werden. Der wichtigste Punkt kommt daher der Kommunikation von strategischen Zugängen zu, nicht der Kontrolle daraus resultierender Aktivitäten. Es sind daher weniger die Fragen der Struktur oder des Designs der BSC, sondern der Führungsstil welcher maßgeblich für den Umsetzungserfolg der BSC-Einführung ist. Durch einen entsprechenden Führungsstil kann ein Klima geschaffen werden, das Veränderung ermöglicht und einen Steuerungsprozess zulässt, welcher Kommunikation, Diskussion und Lernprozesse über Strategie und deren Inhalte fördert.

3.3 DAS BSC-KONZEPT – EINE ANALYSE

Die Publikationen von Kaplan und Norton aus dem Jahr 1997 (Balanced Scorecard) und 1999 (The Strategy-focused Organisation) dienten als Grundlagen für die BSC-Einführung in der OÖGKK. Die Analyse des BSC-Konzeptes von Kaplan und Norton ist daher auf die grundsätzliche Anlage des Konzeptes und eine Auseinandersetzung im Hinblick auf dessen Umsetzbarkeit gerichtet.

Das BSC-Konzept – wie es von Kaplan und Norton beschrieben wird – ist ein Ergebnis mehrjähriger Entwicklungen. Dies wird nicht nur durch die vielfach angeführten Beispiele aus unterschiedlichen Unternehmen und Organisationen transparent, sondern ergibt sich auch aus den inhaltlichen Darstellungen und Weiterentwicklungen sowie aus den grundsätzlich neuen Zugängen späterer Literaturgrundlagen zum Thema BSC.

Stand anfänglich die Balanced Scorecard, deren Architektur und grundsätzlicher Zugang zur Themenstellung im Vordergrund (vgl. Kaplan/Norton 1997), so beschäftigen sich die Autoren in einer zweiten Phase vorrangig mit der Strategie selbst – und Möglichkeiten der Darstellung und Umsetzung in Verbindung mit der Balanced Scorecard (vgl. Kaplan/Norton 1999).

3.3.1 Problemlagen und Lösungsansätze

Im ersten Buch – Balanced Scorecard – werden der Hintergrund zur und wesentliche Einflussfaktoren auf die BSC-Entwicklung beschrieben. Dabei werden Faktoren herausgegriffen, die in beinahe jedem Unternehmen zu Problemlagen führen. Die einseitige Ausrichtung des Berichtswesen auf Daten des Rechnungswesens und eine daraus resultierende Orientierung an der Vergangenheit verbunden mit dem Bedürfnis nach frühzeitiger Information über Entwicklungstendenzen und über Wirkungen gesetzter Maßnahmen ist ein Thema, das die meisten Unternehmen unterschiedlicher Größe und aus allen Branchen beschäftigt.

Ebenso verhält es sich mit dem Argument, dass Unternehmen in einer stark dynamischen Umwelt und unter zunehmender Unsicherheit im Hinblick auf künftige Entwicklungen agieren. Wer in diesem Umfeld erfolgreich sein will, benötigt entsprechende Strategien und Antworten auf die Herausforderungen der Zukunft.

Darüber hinaus entspricht es wohl dem generellen Streben von Unternehmen, durch zukunftsweisende Strategien erfolgreicher als in der Vergangenheit und erfolgreicher als Konkurrenten zu sein. Die wirtschaftlichen Entwicklungen und Tendenzen verstärken Wettbewerbsdruck und machen damit auch dieses Thema zu einer zentralen Fragestellung in vielen Unternehmen.

Das Konzept verspricht die Lösung aller angesprochenen Problemlagen. Es beschreibt anhand erfolgreicher Beispiele wie positiv die Einführung der Balanced Scorecard Unternehmen verändern kann, wie diese strategische Antworten auf komplexe Fragestellungen entwickeln und umsetzen und dadurch maßgebliche Verbesserungen im Unternehmenserfolg erzielen.

Sehr klar und verständlich wird der generelle Ansatz der Balanced Scorecard beschrieben. Die Betrachtung und Steuerung des Unternehmens aus verschiedenen Blickwinkeln heraus (Finanzen, Kunden, Interne Prozesse, Lernen und Entwicklung) leuchtet ein und beschreibt bereits die zentralen strategischen Ansatzpunkte. Die Ableitung der strategischen Ziele aus der Strategie als Basis für die BSC ist eine plausibler Ansatzpunkt für ein strategisches Managementinstrument. Die Forderung nach Messbarkeit aller Ziele und die Definition entsprechender Kennzahlen kommt dem Bedürfnis nach Sicherheit in einer an sich unsicheren und sich rasch verändernden Umwelt nach. Zudem unterstreicht die Orientierung an Kennzahlen die **subjektive** Validität der Ergebnisse und hebt damit die Akzeptanz des Instrumentes an und für sich. Die Darstellungen, wie und welche Kennzahlen verwendet werden können, sind umfassend und verständlich dargestellt. Insgesamt wird die Ausgewogenheit und die Vernetzung und wechselseitige Abhängigkeit der Teilbereiche immer wieder und an den verschiedensten Stellen beschrieben, wodurch die Relevanz besonders betont wird.

3.3.2 Strategie als Basis für die BSC

Kaplan und Norton betonen immer wieder, dass BSC ein Instrument zur Strategieumsetzung ist. Im ersten Werk **Balanced Scorecard** wird jedoch nicht geklärt, wie die Verbindung zwischen Strategie und BSC geschafft werden soll. Es wird darauf verwiesen, dass die Erarbeitung der BSC zur Offenlegung von strategischen Konflikten führen kann und dazu beiträgt die Strategie zu schärfen. Diese Aussage kann grundsätzlich bestätigt werden – jedoch ist in keiner Weise angeführt, wie Strategie formuliert sein muss, noch, wie die Brücke zwischen Strategie und BSC geschaffen werden soll. Offensichtlich gehen die Autoren davon aus, dass eine formulierte Strategie vorhanden ist, die als Basis für die BSC dient. Durch die BSC wird dann diese Strategie transparent gemacht, kommuniziert und schließlich als Konsequenz daraus umgesetzt.

Auf diese Schwäche im BSC-Ansatz wird in der Einleitung des zweiten Buches **The Strategy-focused Organization** hingewiesen. Die wesentliche Veränderung des BSC-Ansatzes bezieht sich genau auf diesen Punkt – der expliziten Einbeziehung der Strategie und deren Abbildung in Form eines eigenen Instruments, der Strategy-Map. Dieses Instrument ist dazu geeignet, die Strategie in übersichtlicher und geeigneter Form als Basis für die BSC darzustellen. Der Ansatz wird dadurch in sich konsistenter, die Lücke zwischen Strategie und BSC wird geschlossen. Das Instrument der Strategy-Map ermöglicht die logische Integration von Strategie und BSC. Die Strategie ist damit nicht mehr „nur" Grundlage für die BSC – aus Strategie und BSC wird ein konzeptioneller und integrativer Gesamtansatz, welcher durch die jeweiligen Instrumente (Strategy-Map und Balanced Scorecard) unterstützt wird.

Die Beschreibungen fokussieren auf strategische Inhalte und nicht auf die Erarbeitung von Strategy-Maps. Dies gilt auch für das dritte Buch von Kaplan/Norton **Strategy-Maps** (Kaplan/Norton 2004), welches ebenfalls die Betonung auf die inhaltliche Darstellung von Strategie legt. Gut verständlich wird dargelegt, warum es das Instrument der Strategy-Map braucht. Weitgehend unterbelichtet bleibt aber, wie die Erarbeitung einer solchen Strategie-Landkarte vonstatten gehen soll.

Muster-Strategy-Maps für bestimmte Grundstrategien (Kostenführerschaft, Produktführerschaft, ...) ergänzen die Erläuterungen.

Aus Sicht von ProjektleiterInnen und AuftraggeberInnen können diese Muster wertvolle Anregungen bieten. Fertige Ansätze widersprechen aber der Aussage, der Wert liegt im Prozess.

3.3.3 Umsetzungsprozesse

Die Umsetzung der Unternehmensstrategie im zweiten Teil der **Balanced Scorecard** (Kaplan/Norton 1997) und im zweiten Buch **The Strategy-focused Organization** (Kaplan/Norton 1999) ist schematisch und plakativ beschrieben. Die Beschreibungen geben Anregungen über das, was bei einer BSC-Einführung zu beachten ist. Die beschriebenen Problemlagen sind so gehalten, dass sie fast jedes Unternehmen bei sich identifizieren könnte. Die Antworten darauf sind – und das sehr einheitlich – die allgemeinen Vorteile des beschriebenen BSC-Konzeptes und Effekte, die sich aus der Umsetzung ergeben: Ausrichtung des gesamten Unternehmens an der Strategie, Identifikation von Ergebniskennzahlen und treibenden Faktoren, Transparenz für alle MitarbeiterInnen, Identifikation mit den Unternehmenszielen und damit verbunden eine verstärkte Ausrichtung aller Aktivitäten an den Unternehmenszielen, was wiederum zu Ergebnisverbesserungen im Sinne der Strategie führt. Lerneffekte auf allen Ebenen im Sinne des Double-Loop-Lernens ergänzen die positive Wirkung der BSC und führen zu einem System, welches sich dadurch laufend selbst verbessert und weiterentwickelt.

Diese positiven Wirkungen werden in unterschiedlichen Varianten und Kombinationen als Antworten auf die aufgeworfenen Fragestellungen gegeben und jeweils durch erfolgreiche Beispiele ergänzt, wodurch deren Gültigkeit sozusagen bestätigt wird.

Kaum oder nicht angesprochen werden dagegen die dahinterliegenden Prozesse, die notwendig sind, um diese Ergebnisse auch zu erreichen. Fragen des Inhaltes der Balanced Scorecard werden sehr weitreichend beantwortet und, diese Inhalte aus den einzelnen Perspektiven werden auch immer wieder in einen Gesamtzusammenhang gebracht. Fragen der Erarbeitung der Inhalte und der Gestaltung von Kommunikation, Fragen der prozessualen Gestaltung des Managementkonzeptes auf Basis BSC werden zwar als Problemlagen aufgeworfen, die Darstellungen beschränken sich jedoch immer wieder auf die positiven Wirkungen, die durch die BSC erreicht werden können, nicht auf den eigentlichen Lösungsweg, wie die Wirkung tatsächlich erreicht werden kann.

Die von Kaplan und Norton beschriebene Wirkung der Balanced Scorecard kann nur bei entsprechender Implementierung des Instrumentes verwirklicht werden. Bereits Kaplan und Norton selbst, aber auch viele Berater weisen darauf hin, dass der Prozess der Erarbeitung der BSC mindestens so wertvoll ist wie das Ergebnis – die daraus resultierende Balanced Scorecard – selbst. Der Prozess zählt. Er bestimmt letztlich die Qualität der BSC (vgl. Weber/Schäffer, S 17 ff).

Gerade aber zu dieser Prozessgestaltung geben die Konzepte von Kaplan und Norton wenig Information. Die Darstellungen im Hinblick auf den Prozess der Einführung sind bezeichnenderweise nicht im Hauptteil, sondern im Anhang zum ersten Buch enthalten.

An den entscheidenden Stellen sind die Ausführungen – für Managementbestseller auch nicht untypisch – in hohem Maße unverbindlich und offen.

3.3.4 BSC als Rahmen für strategisches Management

Das BSC-Konzept nimmt an, dass ein Unternehmen visionäre Zielvorstellungen hat. Die Balanced Scorecard übersetzt die Vision und Strategie in strategische Ziele, Kennzahlen und Aktionen, welche in ihrer Gesamtheit die Unternehmensstrategie und Maßnahmen zu ihrer Erreichung beschreiben (vgl. Ehrmann, 2000, S 13).

Darüber hinaus dient das BSC-Modell insofern als Controlling-Modell, als es nicht nur der Ableitung von Zielen, Messzahlen und Maßnahmen dient, sondern im Rahmen der Umsetzung der geplanten Aktionen auch als Instrument zur laufenden Überwachung der Zielerreichung. In diesem Zusammenhang wird der BSC insbesondere eine Informations- und Kommunikationsfunktion zugeschrieben. Durch die Feed-back-Schleife im Rahmen der Soll-Ist-Vergleiche, ist die BSC auch ein Instrument, welches strategisches Lernen ermöglicht (vgl. Kaplan/Norton, 2000).

Folgt man dieser Beschreibung, so wird klar, dass die Balanced Scorecard ein Tool ist, welches Ergebnisse auf bestimmte Weise darstellt und dokumentiert – in Form von Zielen, Messzahlen, Aktionen, konkreten Ziel-Werten und Ist-Werten.

Wie diese Inhalte zustande kommen, wie die Prozesse der Erarbeitung, der Kommunikation, der Information und schließlich des Feed-backs laufen, wie strategisches Denken, Handeln und Lernen auf allen Unternehmensebenen – und damit die strategische Ausrichtung von Organisationen – mit der BSC wirklich erreicht werden kann, lässt das Konzept der Balanced Scorecard nach Kaplan und Norton offen.

Ebenso offen bleibt, wie der Boden für ein solches Vorhaben aufbereitet werden muss, welche kommunikativen Prozesse notwendig sind, wie Rollen und Strukturen auf das neue Instrument abgestimmt werden müssen, wie die Balanced Scorecard mit anderen Mangagementinstrumenten verknüpft werden kann und soll – all das wird im Konzept von Kaplan und Norton nicht behandelt. Nicht die Brillianz und Richtigkeit des theoretischen Konzeptes bringt aber den Erfolg, sondern die Umsetzungsfähigkeit im Unternehmen sowie die Abstimmung der BSC auf die organisationsspezifischen Gegebenheiten und Anforderungen an ein Managementkonzept.

Kaplan und Norton bieten mit dem Konzept der BSC somit nicht ein fertiges Management-Instrument an, welches unkritisch und einheitlich in verschiedenste Organisationen eingeführt werden kann. Es handelt sich vielmehr um einen Rahmen für ein solches Managementinstrument, welcher in geeigneter Weise mit Inhalten befüllt und in entsprechender Form im Unternehmen verankert werden muss.

3.3.5 BSC in Non-Profit-Organisationen

Kaplan und Norton beschäftigen sich in ihren Darstellungen vorrangig mit Profit-Unternehmen. Non-Profit-Organisationen werden nur an wenigen Stellen in die Überlegungen einbezogen. Dementsprechend wird in den konzeptionellen Ansätzen nicht oder nur unzulänglich auf die Besonderheiten von Non-Profit-Organisationen und ihre Bedürfnisse im Hinblick auf strategische Werkzeuge eingegangen. Sowohl der grundsätzliche BSC-Aufbau ist damit im Hinblick auf die Gültigkeit in Non-Profit-Organisationen zu hinterfragen (z. B. Hierarchie der Perspektiven) als auch die beschriebenen Inhalte (sowohl im Bereich Strategy-Map als auch in der BSC) sind nicht unreflektiert anzuwenden.

3.3.6 Das BSC-Konzept als Grundlage für die BSC-Einführung

Obwohl das BSC-Konzept wenig Anhaltspunkte für die Einführung und Implementierung gibt, so gibt es doch – wenn auch in vielen Bereichen in stark verkürzter und vereinfachter Form – plausible Antworten auf grundlegende Fragestellungen des strategischen Managements. Das BSC-Konzept ist ein grundlegend neuer Ansatz der Darstellung und Verfolgung strategischer Ansätze. Die beschriebenen Effekte aus der BSC resultieren nicht aus dem Instrument selbst, sondern aus dem Prozess der Erarbeitung, der Implementierung und Verankerung im Unternehmen. Die grundlegenden Ansatzpunkte für eine entsprechende BSC-Einführung werden in den Konzepten von Kaplan und Norton angesprochen. Wie die Umsetzung konkret erfolgen kann oder soll, wird von den Autoren weitgehend offen gelassen. Das BSC-Konzept bedarf daher einer entsprechenden Einführungs- und Umsetzungskonzeption als Ergänzung und als Grundlage für die

Realisierung. Je besser es gelingt, die Umsetzung den Gegebenheiten im Unternehmen anzupassen und die BSC mit den bestehenden Instrumenten und der Unternehmenskultur in Einklang zu bringen, desto besser werden die versprochenen Effekte und positiven Wirkungen aus dem BSC-Konzept im eigenen Unternehmen wirksam werden können.

4 Strategische Ausrichtung der OÖGKK mit der BSC – ein Vorhaben der Organisationsentwicklung

Die dramatische Dynamik einer sich laufend und immer schneller verändernden Umwelt und – als Reaktion darauf – die Veränderung im Steuerungsverständnis von strikter Koppelung hin zu loser Koppelung haben die Suche nach adäquaten Formen der Strategieentwicklung intensiviert, die in der Lage sind, Antworten auf diese veränderten Gegebenheiten sowohl unternehmensintern als auch in Bezug auf die relevanten Umwelten zu geben. Das Entwickeln von tragfähigen Zukunftsperspektiven erfolgt unter Rahmenbedingungen, die – sowohl in inhaltlicher Hinsicht als auch was den Zeitfaktor anbelangt – an Dynamik wesentlich zugelegt haben. Im Kern geht es um die Generierung vergemeinschafteter Zukunftsbilder der eigenen Organisation und um die Entwicklung der notwendigen Fähigkeiten und Strukturen, um diese auch Realität werden zu lassen. Letztlich ist das Ziel, das organisationseigene Veränderungspotenzial zu erhöhen. Je besser eine Organisation in der Lage ist, ihre eigene Entwicklung vorausschauend – und damit zeitgerecht – an künftigen Herausforderungen auszurichten, desto erfolgreicher wird sie sein. Im Mittelpunkt steht damit die Forderung, das organisationseigene Veränderungspotenzial auf ein Niveau zu bringen, dass es nicht erst eine ernsthafte Krise als Auslöser für Veränderung braucht. Mit dieser Fähigkeit, die letztlich eine bestimmte Systemqualität darstellt, verfügt die Organisation langfristig über deutlich mehr

Möglichkeiten, den Chancen und Bedrohungen einer nicht berechenbaren Umwelt zu begegnen. Im Vorausschauenden liegt dabei die Chance Zeitreserven für die eigene Weiterentwicklung zu nützen und so einen entscheidenden Wettbewerbsfaktor zu generieren. Nagel und Wimmer nennen dies „vorausschauende Selbststeuerung" (Nagel/ Wimmer 2002, S 90ff).

Kaplan und Norton versprechen mit dem Konzept der Balanced Scorecard die Lösung dieses Problems (Kaplan/Norton, 2000, S 168ff). Das Konzept der BSC wurde in der OÖGKK – als Basis für den strategischen Managementprozess – implementiert. Die konkrete Darstellung des BSC-Einführungsprozesses bildet einen inhaltlichen Schwerpunkt der vorliegenden Arbeit. In den entsprechenden Teilen sind vor allem Prozessarchitektur, Prozessdesign und konkrete Interventionen beschrieben.

Grossmann und Scala betonen, dass der mit der Implementierung eines neuen Steuerungskonzeptes verbundenen Veränderung von Organisationen in der Regel zu wenig Aufmerksamkeit geschenkt und diese unterschätzt wird (Grossmann/Scala, 2001, S 12). Auch in der BSC-Literatur wird dieser Aspekt weitgehend vernachlässigt.

In der Analyse des Einführungsprozesses der BSC in der OÖGKK als Vorhaben der Organisationsentwicklung soll diesem Aspekt jene Aufmerksamkeit geschenkt werden, die ihm – auch nach meinen eigenen Einschätzungen und Erfahrungen – zusteht.

4.1 KRITISCHE ERFOLGSFAKTOREN IM STRATEGISCHEN AUSRICHTUNGSPROZESS MIT DER BSC

Im folgendem werden jene Faktoren expliziert, die für das Gelingen der strategischen Ausrichtung der OÖGKK mit der BSC von zentraler Bedeutung waren und sind. Sie sind ein Ergebnis meiner persönlichen Beobachtungen, die aus dem Einführungsprozess selbst resultieren und zum Teil durch Befragungs- und Benchmarking-Ergebnisse bestätigt werden. Konkret handelt es sich um folgende kritische Erfolgsfaktoren:

- Die Angemessenheit des Prozesses der Problembeschreibung und der Entwicklung gemeinsamer Zukunftsbilder
- Die Identifikation und adäquate Einbindung der relevanten Beteiligten und der relevanten Umwelten
- Das Herstellen neuer und überraschender Vernetzung im BSC-Prozess
- Die Balance zwischen personenbezogenen und strukturellen Veränderungsprozessen
- Die laufende Beobachtung der Veränderung durch das System
- Die Führungsgetriebenheit des BSC-Prozesses
- Die Angemessenheit der zeitlichen und inhaltlichen Strukturierung des BSC-Prozesses
- Das angemessene Verhältnis zwischen Bewahren und Veränderung.

Die grafische Darstellung der kritischen Erfolgsfaktoren soll verdeutlichen, dass die einzelnen Felder nicht isoliert von einander zu betrachten sind, sondern stark miteinander in Verbindung stehen. Jedes Feld hat Einfluss auf andere Felder und wird selbst von anderen Feldern beeinflusst.

„Strategische Ausrichtung der OÖGKK mit der BSC" -
Kritische Erfolgsfaktoren im Veränderungsprozess

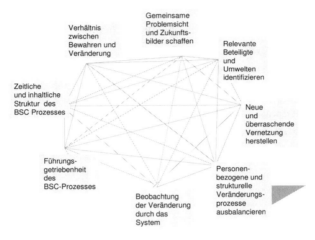

Abb. 4: Strategische Ausrichtung der OÖGKK mit der BSC – Kritische Erfolgsfaktoren im Veränderungsprozess

Diese kritischen Faktoren im Prozess der strategischen Ausrichtung mit der BSC werden aufbauend auf den Erkenntnissen der neueren Systemtheorie und der systemischen Organisationsentwicklung in folgenden Teil der Arbeit beschrieben und theoretisch untermauert und münden letztlich in einem Fragenkatalog, der die spätere Analyse in strukturierter Form anleitet.

Auch aus der theoretischen Beschreibung der einzelnen Felder wird augenscheinlich, wie vernetzt die Themen miteinander sind. Einzelne Aspekte werden – wiewohl sie in verschiedenen kritischen Erfolgsfaktoren wirksam werden – jeweils nur einmal beschrieben. Die wechselseitige Abhängigkeit ist aber zumindest gedanklich zu beachten.

Im Folgenden werden die kritischen Erfolgsfaktoren aus theoretischer und praktischer Sicht beschrieben.

4.1.1 Gemeinsame Problemsicht und Zukunftsbilder schaffen

Die Vernachlässigung der Prozesssicht bei Veränderungsvorhaben, führt dazu, dass diese oft sehr instrumentell in Angriff genommen werden. Dies gilt auch für Strategieprojekte. Rudolf Wimmer beschreibt eine instrumentelle Herangehensweise bei Veränderungsprozessen als die „trivialisierte Form" im Umgang mit Organisationen. Darunter versteht er, dass Funktionsträger (Eigentümer, das Topmanagement, die Organisationsspitze) die Organisation als Instrument betrachten, über dessen Zweck sie verfügen können. Sollte dieses Instrument nicht erwartungsgemäß funktionieren, wird es dementsprechend neu ausgerichtet. Festgestellte Funktionsmängel werden behoben, indem man die Organisation in Richtung einer vorwegdefinierten Sollkonzeption umbaut, wobei diejenigen, die umbauen, selbst nicht Teil des zu behebenden Problems sind.

Solange die klassische Hierarchie als Modell von Organisationen nicht in Frage gestellt wurde, stellte die trivialisierende Umgangsform als Vereinfachung kein Problem dar. Mit der Zunahme an Eigenkomplexität von Organisationen und dem Faktum, dass etablierte Führungsstrukturen und die zugrundeliegenden historisch gewachsenen Machtverhältnisse selbst zum

Gegenstand der Veränderung wurden, stößt diese an ihre Grenzen (vgl. Wimmer 1999, S 31).

Eine der Annahmen über eine **Nichttrivialität**, die Rudolf Wimmer trifft, stellt die Kontextbedingungen dar, die moderne Gesellschaften für Organisationen schaffen. Organisationen benötigen eine dezidierte Grenze zwischen sich und ihrer Umwelt, die sie als produktive Chance nutzen, um im internen Binnenraum Strukturen und Prozesse zu schaffen. Mit diesen Strukturen und Prozessen erstellen sie Produkte und Leistungen, mit deren Hilfe sie sich ihr Umfeld als existenzsichernde Interaktionspartner definieren. In diesem Sinne schaffen Organisationen nicht nur sich selbst, sondern definieren damit auch jenen Ausschnitt ihrer Umwelt, mit dem sie durch ihre Leistungen in einem besonderen Austauschverhältnis stehen – sie schaffen sich ihren Markt (vgl. Wimmer 1999, S 32).

Aus diesem Ausdifferenzierungsprozess gehen unweigerlich eigensinnige soziale Muster hervor, die als eingespielte Entscheidungsroutinen sowohl intern als auch extern an den Tag gelegt werden. Der überwiegende Teil der Energie, die in Organisationen vorhanden ist, richtet sich einerseits auf Entscheidungen, die den in der Systemgeschichte aufgebauten Struktur- und Prozessmustern folgen und andererseits auf die Fortführung der zugrunde liegenden Spielregeln, die das Verhalten der Mitglieder organisieren. Dies bedeutet nicht, dass Organisationen starr sind. Als lebende Systeme ändern sich Organisationen ohnehin permanent, zumeist sind es unbemerkte Änderungen im Tagesgeschäft. Die wahrgenommene Kontinuität, das scheinbar Gleichbleibende in Organisationen, ist nur mit Hilfe einer lebendigen Weiterentwicklung derselben zu gewinnen. Daher tendieren Organisationen dazu, jene eingespielten Erfolgsmuster und Normalprozeduren fortsetzen, die in der Vergangenheit erfolgreich waren (vgl. Wimmer 1999, S 32).

Veränderungsvorhaben müssen während des laufenden Betriebes vollzogen werden. Es ist nicht möglich, eine Organisation still zu legen, neu strategisch auszurichten und anschließend wieder zu starten. Die Beibehaltung der Routinen erfordert eine Menge an Energie, was eine Mobilisierung von „freier" Energie für die eigene Veränderung sehr erschwert und somit gezielt Teil des Transformationsprozesses sein muss (Wimmer 1999 S 35ff).

Für den nachhaltigen Erfolg solcher Prozesse ist es daher ratsam, in der Organisation selbst eine intensive Auseinandersetzung über die Beweggründe und die Dringlichkeit der Veränderung zu führen. Dies gilt auch für die strategische Neuausrichtung von Organisationen und die damit verbundene Strategiearbeit. Die Befürchtung, die eine Veränderung hervorruft, muss mit dem viel größeren Risiko, das eine Nicht-Änderung mit sich bringen würde, überwunden werden. Zu diesem Zweck müssen gemeinsame Zukunftsbilder entwickelt werden und die Dringlichkeit der Erreichung herausgearbeitet werden. Die erforderliche Schubkraft kann dadurch mobilisiert werden, dass dem „case for strategic action" eine attraktive Zukunftsperspektive gegenüber gestellt wird, für die es sich aus subjektiver Sicht lohnt, sich anzustrengen bzw. Opfer auf sich zu nehmen. Sind diese beiden Pole aufgebaut, entsteht jener energieerzeugende Spannungsbogen, der es möglich macht, eingespielte Routinen dermaßen zu irritieren, dass alternative Optionen eine Chance bekommen.

Es benötigt eine breite Basis, um diesen Spannungsbogen tragen zu können, einzelne wenige Entscheidungsträger genügen dafür nicht. Darüber hinaus ist eine tragfähige Führungskoalition notwendig, die für den Rest der Organisation sichtbar am gemeinsamen Willen zur Veränderung festhält und zwar mehr durch das gezeigte Verhalten als durch deklarierte Absichten. Die Qualität des Zusammenwirkens der Führungskräfte wird zum entscheidenden Engpass für das Gelingen oder Scheitern von Transformationsprozessen.

Als wichtige Leistung des Veränderungsprozesses ist die Definition des Ausgangszustandes wie des gewünschten Zielzustandes selbst zu begreifen und darauf aufbauend die einzelnen Schritte zu konzipieren. Es wird eine Prozessanlage mit gezielter Dramaturgie und einer ausreichenden Menge und Qualität an Kommunikationsgelegenheiten benötigt, um Organisationsmitglieder in die Position des aktiven Mitmachens zu bringen. Ohne solche Beteiligungsprozesse ist das Engagement und die Übernahme von Eigenverantwortung der betroffenen MitarbeiterInnen nicht zu haben. Auch hier ist wieder die Rekursivität wichtig, die den Veränderungsprozess als solchen lernfähig hält (Wimmer 1999, S 40f).

Das Gedächtnis von Organisationen in Bezug auf frühere Veränderungsanstrengungen ist erstaunlich schwach ausgeprägt. Es ist daher nicht wahrscheinlich, dass sie aus Erfahrungen – sowohl in positiver als auch in negativer Hinsicht – lernen können. Umso wichtiger ist es, das, was Organisationen in früheren Veränderungsprozessen über sich gelernt haben, in geeigneter Form zugänglich und für das aktuelle Veränderungsvorhaben nutzbar zu machen. Erfahrungen aus vorangegangenen Veränderungsprozessen sollten expliziert werden und in die Überlegungen zur Gestaltung des aktuellen Veränderungsprozesses mit einfließen. Auch darauf hat der Prozess Rücksicht zu nehmen (vgl. Wimmer 1999, S 48).

4.1.2 Relevante Beteiligte und Umwelten identifizieren

Die systemische Organisationsentwicklung resultiert aus einer prinzipiellen Kritik an bestehenden Organisationsverhältnissen. Diese, so Wimmer, „tun ihren Mitgliedern ständig Gewalt an, sie schränken deren Entwicklungsmöglichkeiten ein, lassen ihr Potenzial verkümmern und instrumentalisieren sie für oftmals nicht durchschaubare Zwecke"(Wimmer 1991 S 73). Dadurch schaden Organisationen nicht nur den Organisationsmitgliedern, sondern auch sich selbst.

Die systemische Organisationsentwicklung folgt den Ergebnissen der humanistischen Psychologie und der neueren Systemtheorie.

Aus systemtheoretischer Perspektive ergibt sich, dass sich Veränderungsvorhaben nur innerhalb der Eigenlogik des Systems umsetzen lassen. Die Autopoiesis wirkt von außen aufgepfropften Veränderungen entgegen (Internet: http://kaufwas.com/bk/wissen/oe_berat/3.htm).

Die systemische Organisationsentwicklung proklamiert daher die umfassende Partizipation der MitarbeiterInnen. Sowohl die Erarbeitung von Problemlösungsvorschlägen als auch die Entscheidung über deren Umsetzung basiert auf der Partizipation der Betroffenen – auch von MitarbeiterInnen auf niedrigen Hierarchieebenen. Partizipatives Vorgehen ermöglicht die Nutzung detaillierter Erfahrungen der unmittelbar Betroffenen. Nur durch Partizipation können die Kompetenz und das Spezialwissen der unteren Ebenen optimal verwertet werden. Das erlaubt eine umfassende und genaue Analyse des Problems. So kann das Lösungskonzept wachsen, das die speziellen Gegebenheiten innerhalb der Organisation und die Unternehmenskultur in hohem Maße berücksichtigt.

Die Partizipation der MitarbeiterInnen steigert aber auch den internen Koordinationsaufwand und erhöht die Komplexität der Organisation. Im Extremfall kann massive Partizipation zu unendlichem Diskussionsbedarf führen, bei dem die Problemlösung in den Hintergrund tritt. Bei der Einbeziehung der MitarbeiterInnen aller Ebenen muss also eine günstige Balance zwischen Einbindung und optimaler Nutzung der Erfahrungen der MitarbeiterInnen auf der einen Seite und einer zügigen Vorgehensweise auf der anderen Seite gefunden werden (Internet:http:// kaufwas.com/bk/ wissen/oe_berat/3.htm).

Führungsinstrumente – wie das BSC-Konzept eines ist – versprechen oft, strategisch erwünschte Verhaltensweisen von MitarbeiterInnen mit einfachen „Navigationssystemen" zu erzeugen. Dieser Erwartungshaltung liegt ein Steuerungsmodell zu Grunde, welches uns aus den Funktionsprinzipen der klassischen Hierarchie vertraut ist, und das davon ausgeht, dass die Einzelteile mit Hilfe von Weisungsketten strikt aneinander gekoppelt sind und damit einem einheitlichen Willen unterworfen werden können. In diesem Modell handeln alle AkteurInnen entsprechend der Steuerungsimpulse von oben. Abweichungen können schnell erkannt und an der auftretenden Stelle korrigiert werden. Der Steuernde ist nicht Teil des zu steuernden Modells und ist daher nicht verantwortlich für den Steuerungserfolg. Diese Konzeption übersieht jedoch, dass Unternehmen aus komplex verknüpften Subeinheiten bestehen, die einander beobachten, und aus diesen Beobachtungen ihre Schlüsse ziehen. Gegenreaktionen von einzelnen MitarbeiterInnen und Teilsystemen auf geschäftspolitische Neuausrichtung oder Einschränkungen der eigenen Autonomie sind immer zu erwarten, insbesondere, wenn diese an den bedeutsamen und für die meisten Organisationsmitglieder folgenreichen Nachdenk- und Entscheidungsprozessen nicht beteiligt waren (vgl. Nagel/ Wimmer/ 2002, S 99f).

Eine Veränderung auf der Ebene Kultur kann nur gelingen, wenn die Betroffenen sich mit den Veränderungen identifizieren und den Prozess aktiv beeinflussen und mitgestalten können. Dies impliziert die Einbindung der Betroffenen (vgl. Grossmann/ Scala 2001, S 54). Die Identifikation der relevanten Beteiligten sowie der relevanten Umwelten für das konkrete Veränderungsvorhaben ist notwendige Voraussetzung, um diese auch in adäquater Form am Prozess beteiligen zu können.

Eine wesentliche Bedeutung kommt in diesem Zusammenhang den EntscheidungsträgerInnen zu. Sie glauben oft, sich selbst als BeobachterInnen aus dem Veränderungsvorhaben heraushalten zu können, müssen aber in den Prozess miteinbezogen werden, denn sie sollen sich selbst nicht nur als ImpulsgeberInnen der Veränderung sehen, sondern auch ein Gespür dafür bekommen, dass das Gelingen der strategischen Neuausrichtung von der eigenen Veränderungsfähigkeit abhängt. Führungsstrukturen, das Zusammenspiel der Führungskräfte auf und zwischen den einzelnen Hierarchieebenen und das Qualifikationsniveau derselben sind selbst ein wesentlicher Teil des Problems, das durch die Transformation bearbeitet werden soll (vgl. Wimmer 1996, S 5ff). Erfolgreiche Organisationsveränderungen bedingen Veränderungen in den Führungsverhältnissen. Dies betrifft nicht nur die Zahl der Führungsebenen, der Positionen und formalen Kompetenzen, vielmehr ist das konkrete Rollenverständnis und das alltägliche Führungsverhalten betroffen. Hier sind die Voraussetzungen dafür zu schaffen, dass sich die Führungsstrukturen und die alltäglich gelebte Führungspraxis weiterentwickeln kann und durch Interventionen (Qualifikationsmaßnahmen, Jobrotation, neue Führungskräfte an Bord holen, passende Führungsinstrumente entwickeln etc.) unterstützt wird (Wimmer 1999, S. 36)

Den Führungskräften kommt bei der strategischen Neuausrichtung von Organisationen eine Schlüsselrolle zu. Sowohl die weitgehende Abstinenz der Spitze in diesem Prozess als auch einsame strategische Entscheidungen der Unternehmensspitze beeinflussen die Möglichkeiten der organisatorischen Verankerung des Strategieprozesses stark. Das Verhalten der Führungskräfte beim Strategieprozess wird von MitarbeiterInnen genau beobachtet und ist daher extrem wichtig dafür, welche Bedeutung dem Thema beigemessen wird.

Nagel und Wimmer plädieren daher für eine angemessene Mischung aus der Einbeziehung von MitarbeiterInnen und nachvollziehbaren Letztentscheidungen der Führungsspitze (Nagel/ Wimmer 2002, S 342).

4.1.3 Neue und überraschende Vernetzung herstellen

Der neueren Systemtheorie folgend können Organisationen als sich selbst organisierende, soziale Systeme eigenen Typs verstanden werden, die ihre spezielle Färbung aus der Eingebundenheit in einen größeren gesellschaftlichen Gesamtzusammenhang gewinnen. Sozialversicherungsträger wie die OÖGKK sind z. B. in den Rahmen des Gesundheitswesens eingebunden.

Organisationen sind in diesem Verständnis aufgabenbezogene Systeme, die sich ihre Zwecke selbst setzen und gegebenenfalls auch verändern. Der Existenzgrund wird aus der Zugehörigkeit zu einem gesellschaftlichen Kontext geschöpft (vgl. Nagel/ Wimmer 2002, S95).

Aufgabenerfüllung in Organisationen heißt daher immer, unterschiedliche FunktionsträgerInnen mit verschiedenen Kompetenz- und Wissenshintergründen so miteinander zu koordinieren, dass auf diese Weise an sich höchst unwahrscheinliche Leistungen zustande kommen. Diese Leistungen sind für hochentwickelte Gesellschaften unbedingt erforderlich und können nur in organisierter Form erbracht werden. Die Basis für solche Koordinationsprozesse in Organisationen sind Entscheidungen, die aus einer unsicheren Situation eine sichere machen und damit für weitere Entscheidungen, in denen dasselbe passiert, eine festere Ausgangslage schaffen. Organisationen sind damit auf Aufgaben spezialisiert, die ohne die beschriebenen Koordinationsprozesse nicht zu bewältigen wären.

Bestehende Organisationen sorgen selbst für ihr Weiterbestehen und nützen dafür jede Chance, die ihnen ihre relevanten Umwelten eröffnen. Was organisationsintern mit Umweltereignissen passiert, ob sie aufgegriffen oder ignoriert werden, entscheidet sich dabei ausschließlich nach den systemeigenen Regeln, Strukturen und Mustern der Informationsverarbeitung (vgl. Nagel/ Wimmer 2002, S 95).

Die strategische Ausrichtung von Organisationen bedeutet vor diesem Hintergrund, eine Führungsleistung, die gemeinsame Vorstellungen von der eigenen Zukunft in einer sich ändernden Umwelt produziert, regelmäßig weiterentwickelt und diese mit dem eigenen Leistungsvermögen und Weiterentwicklungsnotwendigkeiten verknüpft (vgl. Nagel/ Wimmer 2002, S 97f).

In den 90er Jahren vollzog sich in vielen Organisationen ein Strukturwandel, der die bisherige Eigenkomplexität dieser Organisationen wesentlich gesteigert hat. An die Stelle der funktionalen Gliederung sind weitgehend neue – am jeweiligen Markt ausgerichtete – Baugesetze für die organisatorische Differenzierung innerhalb von Unternehmen getreten. Daraus resultieren überschaubare Organisationseinheiten, die nach Möglichkeit um ein eigenständig abgrenzbares Geschäft herum gebaut sind und wie Unternehmen im Unternehmen fungieren. Diese Organisationsarchitektur, in der die Subeinheiten nach demselben Mustern gebaut sind wie das Gesamtsystem, hat weitreichende Folgen auf die Steuerungskonzeption und bedarf eines Funktionswandels der Hierarchie (vgl. Nagel/ Wimmer/ 2002, S 101ff).

Die hierarchisch übergeordnete Ebene hat in einem solchen Modell folgende Aufgaben:

- Schaffen entsprechender Rahmenbedingungen
- Schaffen akzeptierter Spielregeln für die internen Austauschbeziehungen
- Auftretende Konflikte einer Bearbeitung zuzuführen, um sicher zu stellen, dass die notwendigen Entscheidungen für den Fortgang der Leistungsprozesse getroffen werden.

Die Hierarchie bringt dabei den jeweils übergeordneten Kontext zur Geltung. Der Rahmen, in denen Subsysteme operieren, ist dadurch begrenzt und muss selbst immer wieder neu verhandelt werden. Innerhalb des Rahmens schützt die Hierarchie die Autonomie der Systeme und sichert die übergeordneten Erfolgsvoraussetzungen ab. Dieser Funktionswandel ist gemeint, wenn von der Umstellung von strikter auf lose Koppelung in der Steuerung von Unternehmen gesprochen wird (vgl. Nagel/ Wimmer/ 2002, S 102f)

Auf Grund der Veränderungsdynamik der Umwelt steigen die Entscheidungslasten von Unternehmen in praktisch allen Branchen ständig an.

Das gilt sowohl auf der Gesamtunternehmensebene als auch für die Subeinheiten. Mit der Dezentralisierung unternehmerischer Verantwortung müssen – im Rahmen der strategischen Ausrichtung – die Strategien der Subeinheiten in die Gesamtstrategie eingebettet werden.

Die Umstellung der Organisationsarchitektur auf lose Koppelung hat einen neuartigen Integrationsbedarf entstehen lassen. Dezentrale Autonomie wird in einen übergeordneten Rahmen gesetzt. Das eigenständige Ausschöpfen von Chancen durch die Subeinheiten muss unter Berücksichtigung der strategischen Interessen der Gesamtorganisation erfolgen. Diese Konstellation erfordert Kommunikationsstrukturen, in denen das eingebaute Konfliktpotenzial immer wieder bearbeitet werden kann (vgl. Nagel/ Wimmer/ 2002, S 103f).

Führen derartige Prozesse zu gemeinsam getragenen strategischen Festlegungen, verzichten alle Beteiligten auf relevante Freiheiten zu Gunsten der Zugehörigkeit zu einem größeren unternehmerischen Ganzen. Unter den komplexen Bedingungen lose gekoppelter Organisationsverhältnisse ist gezielte Steuerung letztlich nur mehr über das Herstellen solcher Aushandlungsprozesse möglich. Das Ergebnis ist eine Selbstverpflichtung im Sinne einer Selbstbegrenzung unternehmerisch durchaus möglicher Freiräume (vgl. Nagel/ Wimmer 2002, S 103ff).

Im Veränderungsprozess kommt dem Schaffen und der Gestaltung dieser Begegnungsplattformen und Kommunikationsprozesse enorme Bedeutung zu. Überraschende Vernetzung herzustellen ist ein Hauptinstrument der Organisationsentwicklung. Es geht darum, Grenzen zwischen professionellen Gruppen, hierarchischen Ebenen, EntscheidungsträgerInnen und Betroffenen oder zwischen Subeinheiten einer Organisation ein Stück weit rückgängig zu mache und dadurch Entwicklungschancen in der Strategiearbeit zu eröffnen. Verschiedenste Kompetenzbereiche des Gesamtunternehmens und seiner Subeinheiten sollen im Strategieprozess bewusst vernetzt und genutzt werden. Es geht darum, auf unterschiedlichen Abstraktionsniveaus operierende Managementdimensionen der strategischen und operativen Steuerung so zu vernetzen, dass sie sich wechselseitig beeinflussen, ohne dadurch ihre spezifische Eigenlogik – etwa in der unterschiedlichen Art des Entscheidens und der Gestaltung des Kommunikationsgeschehens – aufgeben zu müssen. Die beteiligten organisatorischen Einheiten sind meist selbst nicht in der Lage, diese Intervention der Vernetzung zu setzen und so neue Kooperationsformen zu schaffen. Die Intervention der Vernetzung erfordert einen Blick auf das Ganze und eine unabhängige Position gegenüber den einzelnen Subsystemen. Die Art, wie solche Vernetzungen für den strategischen Prozess aufgebaut und genutzt werden, ist daher ein wesentlicher Erfolgsfaktor für das Gelingen eines solchen Prozesses (vgl. Nagel,/ Wimmer 2002, S 345).

Zentrales Element in der strategischen Ausrichtung ist die Auseinandersetzung mit Überlebensfragen der Organisation. Dies ist eine gemeinsame Führungsleistung des Linienmanagements. Die Delegation von Strategiearbeit an Projektteams birgt die Gefahr in sich, dass sich die Linienverantwortlichen von der Verantwortung für die Strategie verabschieden. Das Grundverständnis von Strategie als gemeinsame Führungsleistung des Managements muss sich im konkreten Engagement der Führungskräfte bei der Strategiearbeit äußern. Vor diesem Hintergrund können die Instrumente des Projektmanagements bei der Strategiearbeit hilfreich sein. Die Technik des Projektmanagements zielt darauf ab, die Aufmerksamkeit des Unternehmens in verschiedenen Rahmen auf ausgewählte Themen zu fokussieren. Die ausdifferenzierten Bearbeitungsformen und Rollenbeschreibungen und das Set an Arbeits- und Zeitplanungsinstrumenten lassen sich in der Implementierungsphase von Steuerungsinstrumenten für die strategische Ausrichtung von Organisationen gut nutzen (vgl. Nagel/ Wimmer 2002, S 350f).

4.1.4 Personenbezogene und strukturelle Veränderungsprozesse ausbalancieren

Die strategische Neuausrichtung mit der Balanced Scorecard bedeutet Veränderung einer Organisation und damit eines sozialen Systems. Nach der neueren soziologischen Systemtheorie besteht ein soziales System aus den Kommunikationen, die dort stattfinden. Der Begriff „soziales System" bezeichnet einen abgegrenzten Kommunikationszusammenhang und spezifische Kommunikationsmuster von Gruppen, Teams, Abteilungen oder Organisationen. Jedes System hat bestimmte Muster, Regeln und spezifische Kommunikationsmedien. Diese Muster und Medien der Kommunikation bilden den Rahmen und definieren dadurch die Möglichkeiten und Grenzen eines Systems. Sie legen darüber hinaus fest, wofür das System offen ist (vgl. Grossmann/Scala, 2001, S 31f).

Personen, als Mitglieder einer Organisation, gehören dieser Definition folgend nicht dem sozialen System an, sie partizipieren aber an der Kommunikation des Systems, was wiederum bedeutet, dass Gedanken und Ideen von Individuen so lange keinen Eingang in das System (als Input) finden, als sie nicht – in einer für das System entsprechenden und angemessenen Weise – kommuniziert und so für das System relevant werden. Das Herbeiführen eines organisatorischen Wandels hängt also großteils von der Wirksamkeit der Methoden ab, die für den Wandlungsprozess verwendet werden (Grossmann/Scala, 2001, S 32f).

Aus Sicht der systemischen Organisationsentwicklung reagiert ein soziales System auf Interventionen von außen in einer Weise, die von den internen Mustern und jeweiligen Zuständen des Systems determiniert ist. Veränderungen können daher auch nicht von außen in die Organisation eingeführt werden, sondern müssen in der Organisation selbst hervorgebracht werden. Dem Einfluss von ExpertInnen, direkt verändernd zu wirken, sind damit deutliche Grenzen gesetzt – jede Veränderung muss Selbständerung sein (vgl. Grossmann/ Scala 2001, S 51f).

Analysiert man das Vorhaben der strategischen Ausrichtung einer Organisation mit der Balanced Scorecard vor diesem Hintergrund, so wird klar, dass Effektivität und Effizienz des Instruments Balanced Scorecard davon abhängen, inwieweit es gelingt, die entsprechenden Kommunikationsprozesse in geeigneter Weise zu gestalten und Kooperation möglich zu machen.

Grossmann und Scala halten fest, dass Organisationsentwicklung immer ein doppelter Prozess ist: es geht um Veränderung von Kommunikationsstrukturen und um die Entwicklung von Personen (vgl. Grossmann/Scala, 2001, S 32).

Zentrale Bedeutung kommt dabei dem Management von Lernprozessen zu, wobei zwischen Lernen auf Personenebene und Lernen auf Organisationsebene unterschieden werden kann. Das Lernen auf Personenebene erfolgt auf grundsätzlich andere Weise als das Lernen von Organisationen.

Organisationen lernen durch Strukturen. Unter Strukturen versteht man dabei alles, was Personen zur Orientierung dient (Spielregeln, Handbücher, Organisationsstrukturen, ...). Gemeint sind daher nicht nur äußere strukturelle Bedingungen, wie sie durch Aufbau- und Ablauforganisation beschrieben werden, sondern all jene Elemente, die die Kultur einer Organisation ausmachen (vgl. Grossmann/Scala, 2001, S 53). Organisationen lernen, indem sie – durch veränderte Strukturen – neue Handlungserwartungen generieren. Veränderung von Strukturen kann in diesem Zusammenhang das Verändern von Kommunikationsstrukturen, Entscheidungsmustern und Kooperationsregeln bedeuten.

Die Veränderung auf Ebene der Kultur bedingt die Akzeptanz der Betroffenen und damit deren Einbeziehung. Da die Entwicklung von Organisationen an die Entwicklung der darin beschäftigten MitarbeiterInnen gebunden ist, muss der Prozess Gelegenheiten bieten, damit die neuen Fähigkeiten für das Erreichen der Ziele entwickelt werden können (vgl. Grossmann/Scala, 2001, S 54).

Personen lernen durch Bewusstsein. Was gelernt wird, kann nicht trivial gesteuert werden, da das Selbstverständnis der lernenden Person wesentlich dafür ist, welche Inhalte aufgenommen werden. Personen wandeln das Gelernte durch Handlungen um. Lernprozesse von Personen bewirken dabei nicht notwendigerweise eine Veränderung des Systems, auch wenn es sich um viele Mitglieder desselben Systems handelt (Grossmann/Scala, 2002, S 7)

	Personen	Organisationen
Lernen durch...	Bewusstsein	Strukturen
Wird umgesetzt durch...	Handlungen	Handlungserwartungen
Gegenstand der...	Personalentwicklung	Organisationsentwicklung

Die gelebte Praxis in Organisationen weicht oft stark vom Bewusstsein und dem Know-how der MitarbeiterInnen ab. Mängel werden zwar gesehen, Ideen für Verbesserungen sind oft reichlich vorhanden, können jedoch häufig nicht in relevante Kommunikation transformiert und damit umgesetzt werden. Organisationen haben kein Gedächtnis und lernen daher nicht über Veränderung von Bewusstsein, sondern über die Veränderung und Entwicklung von Kommunikationsstrukturen. Man geht daher von der Funktion und Aufgabenerfüllung der Organisation aus und konzipiert und realisiert notwendige und angemessene Kommunikationsstrukturen (vgl. Scala, 2003, S5).

Die strategische Neuausrichtung von Organisationen bedeutet daher, strukturelles Lernen und persönliches Lernen zu verbinden. Es geht darum, eine adäquate Kombination aus Lernprozessen der involvierten Personen und Veränderungen von Strukturen zu finden. Letztlich geht es darum, die Handlungen der Einzelpersonen an die veränderten Handlungserwartungen anzupassen. Gelingt das nicht, drückt sich das über Widerstand aus. Er ist Ausdruck von nicht übereinstimmender Handlungsbereitschaft mit den Handlungserwartungen.

Die Weiterentwicklung von Organisationen ist eng mit der Ausdifferenzierung neuer Rollen verbunden. Um einen strategischen Prozess wirksam werden zu lassen, braucht er den entsprechenden Platz in der Organisation. Dieser Platz wird über die Entwicklung entsprechender Rollen eingeräumt. In der Rolle überschneiden sich die Personen- und die Organisationsebene. Beide formen die professionelle Rolle. Eine von der Organisation definierte Rolle wird vom Rolleninhaber interpretiert. Sowohl Personen als auch soziale Systeme entwickeln sich durch die Veränderung von Rollen (vgl. Grossmann/Scala, 2001, S 58). In Veränderungsprozessen kommt es unweigerlich zu Verschiebungen im bestehenden Rollen- und Einflussgefüge und zu einer Neudefinition der gegebenen Handlungschancen seitens der beteiligten Mitglieder einer Organisation. Statusbezogene Identitäten von oft hoher persönlicher Bedeutung gehen verloren, intensive Machtauseinandersetzungen begleiten den Prozess. Darüber hinaus kann eine Veränderung bislang aufgebaute Laufbahnerwartungen eines erheblichen Teils der Organisationsmitglieder unterbrechen, obwohl sie durch neue Aufgabenfelder auch neue Karrierechancen schaffen kann (Wimmer 1999, S 37f).

Die strategische Ausrichtung einer Organisation mit dem Instrument der BSC hängt also zu einem wesentlichen Teil davon ab, inwieweit es gelingt, Transparenz über die zu erwartenden Leistungen zu schaffen, indem passende organisatorische Strukturen und passende Rollen mit entsprechenden Anforderungsprofilen definiert werden (z. B. für BSC-Verantwortliche), bzw. das Aufgabenspektrum bestehender Rollen (z. B. von DirektorInnen, Führungskräften) entsprechend zu adaptieren und zu erweitern. Die Entwicklung von professionellen Rollen bzw. deren Neudefinition ist aber nicht nur mit einer Veränderung von organisatorischen Strukturen und Kompetenzbereichen verbunden, sondern erfordert auch die Entwicklung neuer Qualifikationen, welche die Wahrnehmung der neuen Aufgaben überhaupt ermöglichen (vgl. Scala/Grossmann, 2001, S 41ff).

Grossmann und Scala gehen darüber hinaus davon aus, dass die Implementierung eines neuen Steuerungskonzeptes – wie die Einführung der BSC in der OÖGKK es auch darstellt – so umgesetzt werden muss, dass die Prinzipien dieses Konzeptes auch für die Implementierung leitend sein müssen (vgl. Grossmann/Scala, 2002, S 15). Das Steuerungsverständnis muss der Komplexität und dem Eigensinn sozialer Systeme Rechnung tragen. Es muss einen Kommunikationsprozess ermöglichen, in dem sich interaktiv in einem Hin–und–Her–Pendeln von Veränderungsimpulsen und einem Bearbeiten der jeweils ausgelösten Reaktionen das Veränderungsgeschehen selbst vorantreibt. Wimmer spricht von einer Enttrivialisierung, wenn die Organisationsveränderung als rekursiver Prozess gesehen wird, in dem die Prinzipien der Veränderung auf sich selbst angewandt werden. (vgl. Wimmer/1999, S 33).

4.1.5 Beobachtung der Veränderung durch das System

In der systemischen Organisationsentwicklung werden Unterscheidungen und das Unterscheiden in der Organisation beobachtet.

Systemische Organisationsentwicklung versteht sich demnach als Beobachtung (Kybernetik) erster und zweiter Ordnung.

Sprechen geschieht in Differenzen. Wer versucht, die Welt zu begreifen, denkt und spricht in Unterscheidungen (vgl. Luhmann 1990). Wir erfassen die Welt in begrifflichen Gegensätzen. So kann zum Beispiel ein System nicht ohne Umwelt gedacht werden. Wir blenden jedoch beim Begreifen die gegensätzliche Seite meistens aus. Heinz von Foerster (1985) nennt das den blinden Fleck. In der systemischen Organisationsentwicklung wird die Welt, in der Arbeitssysteme vorkommen, beobachtet. Systeme sind Konstrukte, die wir auf Grund unserer Beobachtungsleistungen erzeugen. Menschen sind Beobachter, die die Welt nach Oppositionen (Unterscheidungen) abtasten. Es ist schwer, auf beiden Seiten einer Unterscheidung die Welt abzutasten. Wir reduzieren für gewöhnlich diese Komplexität und finden uns in einer asymmetrischen Unterscheidung wieder. Diese nennen wir Entscheidung. Das ist oft notwendig und für das Handeln sehr brauchbar.

Die Entscheidung ist aber auch der **blinde Fleck**. Sie wird oft zu einem Code, zu einem Symbol, zu Geschichten, Legenden, Ideologien, manchmal zu einem Geheimnis oder in einem Tabu verdichtet. Systemische Organisationsentwicklung kann den **blinden Fleck** wieder sichtbar machen, kann die abgeblendeten Teile, die ausgegrenzten Unterscheidungen hervorholen. Systemische Organisationsentwicklung kann die asymmetrische Unterscheidung aufs Neue verflüssigen. Sie kann die andere Seite aufdecken und ein Symbol auf seine alte oder eine neue Weise zusammensetzen, so dass etwas anderes entsteht oder altes Vergessenes als scheinbar Neues ans Licht tritt.

Bei der Beobachtung von Systemen unterscheidet man die Beobachtung erster und zweiter Ordnung. Die Beobachtung erster Ordnung beobachtet die Welt mit den Begriffen, die ihr in den Sprachspielen zur Verfügung gestellt sind. Die Beobachtung zweiter Ordnung beobachtet den Beobachter und beobachtet, mit welchen Unterscheidungen der Beobachter erster Ordnung beobachtet. Daher können die Unterscheidungen in Frage gestellt werden, die der Beobachter erster Ordnung trifft. Die Beobachtung zweiter Ordnung vermehrt die Komplexität.

Organisationssysteme kommunizieren, sonst sind sie (nach Luhmann) keine sozialen Systeme. Sie müssen also handeln, wollen sie weiter bestehen. Sie werden die durch die systemische Organisationsentwicklung erweiterte Komplexität wieder reduzieren. Das ist brauchbar und sinnvoll. Sie treffen neue Unterscheidungen und Entscheidungen, d. h. sie konstruieren neue System-Welten (vgl. Vogel u. a. ,1994, S 41ff).

Erfolgreiche Unternehmen entdecken in ihrem Umfeld Lücken, Bedürfnisse, Problemstellungen, für die (im vorhandenen Leistungsspektrum) bisher keine adäquaten Antworten gefunden wurden. Sie sehen also, was sich sonst dem Auge entzieht. Sie bieten neue und überraschende Lösungen an, die eine Lücke schließen. Die Chance besteht darin, den blinden Fleck eingespielter Normalität zu nutzen und dort anzusetzen, wo andere bisher nicht hingesehen haben. Es gilt also, einen spezifischen Umgang mit der Ungewissheit und Unberechenbarkeit der Umwelt und künftiger Entwicklungen zu finden. Diese Ungewissheit muss nicht eliminiert werden, sondern das daraus resultierenden Chancenpotenzial genutzt werden, um so die Überlebensfähigkeit der Organisation zu stärken (vgl. Nagel/ Wimmer 2002, S 19f).

Strategieentwicklung – in Form der vorausschauenden Selbsterneuerung – ist nichts anderes, als dies in systematisierter Form zu tun. Sie bringt Entscheidungsprämissen hervor und sorgt gleichzeitig für die Korrekturfähigkeit des Unternehmens. Sie dient dazu, dem ständigen Selbsterschaffungsprozess einen bewussten Rahmen zu setzen. Es geht in der Regel darum, Festlegungen zu machen, die einen deutlichen Unterschied zum aktuellen Zustand der Organisation bedeuten. Dadurch werden bewusst Differenzen geschaffen. Im Prozess der Strategieentwicklung geht es darum, einen Spannungsbogen zwischen gegenwärtig realisiertem und künftig angestrebtem Zustand ständig wieder zu erzeugen und so die Lernfähigkeit des Unternehmens sicherzustellen. Darüber hinaus geht es darum, Erwartungshaltungen zu formulieren und diese periodisch zu überprüfen und zu korrigieren. An der Erreichung bzw. Nicht-Erreichung von aus Erwartungen abgeleitenden Zielen kann die eigene Situation – eingebettet in einer komplexen Umwelt – abgleitet werden. Im Strategieentwicklungsprozess werden daher die nötigen „Sehwerkzeuge" geschaffen, die die eigene Entwicklung in einer nicht kalkulierbaren Umwelt beobachtbar machen. Mit dem Schaffen von Vorstellungen über die Unternehmensentwicklung werden auch Sensoren für Unerwartetes, Brüche und überraschende Entwicklungen ausgeprägt. Dadurch wird das System feinfühlig für Ereignisse mit strategischer Bedeutung. Dazu ist es allerdings notwendig, dass die getroffenen strategischen Entscheidungen in ein Selbstbeobachtungsprogramm für das operative Geschehen eingebettet werden. Das Unternehmen kann dann entscheiden, welchen beobachteten Unternehmensentwicklungen es Sinn verleihen will und welchen nicht. Im Strategieentwicklungsprozess geht es also darum, den eigenen Existenzgrund als Unternehmen neu zu definieren, die wichtigsten Schritte auf dem Weg dorthin festzulegen um so die Sinn stiftende Fokussierung in einer hochdynamischen Umwelt aufrecht erhalten zu können. Gleichzeitig gilt es aber, genau diese Entscheidungsprämissen regelmässig einer Überprüfung zu unterziehen und angesichts beobachteter Veränderungen revisionsfähig zu halten. (vgl. Nagel, R., Wimmer, R.; 2002, S 20ff)

4.1.6 Führungsgetriebenheit des BSC-Prozesses

Auch bei angespannter Wirtschaftslage gibt es immer wieder Unternehmen, die sich gegenläufig zum Branchentrend entwickeln, und dort Zuwächse realisieren, wo die Branchenkurven insgesamt nach unten zeigen. Für diese Unterschiede sind offensichtlich unternehmensspezifische Faktoren ausschlaggebend. Der Qualität des Managements kommt als Erfolgsfaktor in diesem Zusammenhang eine wesentliche Bedeutung zu (vgl. Simon, 1998, S 194).

Nimmt man diesen Erfolgsfaktor ernst, dann ist Führung Teil des Problems, welches es zu bearbeiten gilt. Das Management muss die Leistungsfähigkeit der Führungsarbeit bis hin zur Unternehmensspitze prüfen. (vgl. Grossmann 2000, S 83) Gemeint sind Strukturen und Kommunikationsprozesse, in denen das Geschäft des Führens im Alltag ausgeübt wird. Sind diese adäquat gestaltet, werden die handelnden Personen die dafür erforderlichen Fähigkeiten ausprägen. Ein Austausch von handelnden Personen ist damit nicht die Lösung des Problems, es geht darum, die Andersartigkeit der Steuerungsprobleme zu erkennen und mit geeigneten Strukturen und Kommunikationen zu beantworten. (vgl. Wimmer 1996, S 5)

Führung ist in einer arbeitsteiligen Welt eine Funktion im Rahmen der Leistungserbringungsprozesse, die darauf spezialisiert ist, sich um die Funktionstüchtigkeit der jeweiligen Organisationseinheit zu kümmern. Um diese spezielle Funktion ausüben zu können, benötigt Führung ein differenziertes Modell der Überlebensfähigkeit von Organisationen, welches die Eigenart der jeweiligen Organisation berücksichtigt (vgl. Wimmer 1996, S 7)

Einer der zentralen Aspekte in diesem Zusammenhang ist die Dezentralisierung von Entscheidungskompetenzen – also die Verlagerung dorthin, wo das Geschäft tatsächlich gemacht wird und die Kundenprobleme gelöst werden. Die Entscheidungen können nicht mehr nur an der Unternehmensspitze getroffen werden – jede Führungsebene hat ihren Verantwortungsbereich wahrzunehmen und dabei die unternehmerischen Gesamtzusammenhänge zu beachten. Das gilt sowohl für die Wahrnehmung von Marktchancen als auch für den verantwortungsbewussten Umgang mit Ressourcen.

Aus diesem Blickwinkel ist es Aufgabe der Führung, das Zusammenspiel von weitgehend selbstständigen und eigenverantwortlichen Einheiten zu organisieren. Das Führen über Ziele, auf Basis gemeinsam getragener Controlling-Instrumente ist eine logische Konsequenz daraus. Selbstfestlegung als Ergebnis von Aushandlungsprozessen ist Basis für ein solches Modell, in dem die Führung für Rahmenbedingungen zu sorgen hat, die sicherstellen, dass die einzelnen Subeinheiten den autonomen Handlungsspielraum im Sinne des gemeinsamen Ganzen ausfüllen können (vgl. Grossmann 2000, S82)

Mit der Stärkung von Autonomie und Eigenverantwortlichkeit der Subeinheiten ist eine Verschiebung der Machtverhältnisse zwischen Zentrum und Peripherie unweigerlich verbunden. Ein Unternehmen, welches aus lose miteinander verbundenen Subeinheiten besteht, ist in seiner Steuerbarkeit darauf angewiesen, dass zwischen den Führungsebenen funktionierende Kommunikationsbeziehungen bestehen. Sind diese nicht gegeben, werden sich die Subeinheiten zunehmend voneinander entfernen und das gemeinsame Ganze aus den Augen verlieren. Die Dezentralisierung unternehmerischer Verantwortung verlangt daher nach passenden Führungsstrukturen für die Steuerung des Gesamtsystems (vgl. Grossmann 2000, S 83)

Ein zweiter Aspekt, an dem sich die Qualität der Unternehmensführung messen lässt, ist der Umgang mit strategischen Fragen. Das Konzept des Führens über Zielvereinbarungen ist unabdingbar mit einem gewissen Grad der strategischen Reife in allen Ebenen der Führung verbunden. Strategische Fragen zu bearbeiten, das Nachdenken über künftige Realitäten und das Erschaffen einer gemeinsamen Zukunft erfordert spezialisierte Kommunikationsgelegenheiten und ausreichend Zeit. Dieser wachsende Reflexionsbedarf steht in Kontrast zu der Beschleunigung des operativen Geschehens und der daraus resultierenden Zeitverknappung. Es gilt daher, dieses zentrale Führungsthema aufzugreifen, und so die Manövrierfähigkeit einer Organisation zu erhalten. Energiemobilisierende Zukunftsvorstellungen stellen sich nicht von alleine ein. Das Schaffen entsprechender Möglichkeiten der Reflexion und der Entwicklung einer gemeinsam getragenen Zukunftsorientierung ist daher zentrale Aufgabe der Führung (vgl. Wimmer 1996, S 9f).

Ein dritter zentraler Aspekt im Zusammenhang mit Führung ist das Management von Veränderungsprozessen. Führungskräften kommen dabei folgende Aufgaben zu (Grossmann 2000. S 85):

- die Diagnose des Veränderungsbedarfs
- die Initiierung des Veränderungsprozesses
- die Einrichtung und Beauftragung von „Projekten"
- die Entscheidung über Zwischenergebnisse
- die Implementierung der Ergebnisse
- die Auswertung des Veränderungsprozesses

Der permanente Veränderungsdruck auf der einen Seite und die größere Selbstständigkeit der Subeinheiten auf der anderen Seite vergrößern den Abstimmungsbedarf in horizontaler und vertikaler Hinsicht. Dies bedeutet wiederum eine enorme Zunahme des Kommunikationsbedarfs, und es ist Führungsaufgabe, problemadäquate Kommunikationsstrukturen und effiziente Begegnungs- und Austauschformen zu schaffen. Angesichts des Komplexitätsgrades heutiger Organisationen ist dies zum entscheidenden Engpass geworden (vgl. Wimmer 1996, S 11).

Die geänderten Steuerungsanforderungen sind weder in den Führungsstrukturen der Vergangenheit noch mit dem Selbstverständnis klassischer Vorgesetzter zu bewältigen. Blickt man in Organisationen, so passiert Steuerung im Zusammenwirken zwischen Führungskräften gleicher und unterschiedlicher Ebenen. Sie vollzieht sich in Arbeitsteams und ist damit Gemeinschaftsleistung. „So gesehen ist Führung ein Qualitätsmerkmal des Systems einer bestimmten Führungsstruktur und -kultur, die dazu passende Persönlichkeiten in Anspruch nimmt" (Wimmer 1996, S 12).

Komplexe Entscheidungssituationen stellen hohe Anforderungen an Führungskräfte – sie erfordern zum einen unterschiedlichste Wissensbereiche in einen simultanen Arbeitsprozess zusammenzubringen und zum anderen das Engagement und die Energie der Beteiligten nachhaltig zu mobilisieren. Führungsprozesse spielen sich damit vorrangig nicht mehr zwischen einem Vorgesetzten und einem Mitarbeiter ab, sie verlagern sich tendenziell in Teams, die ihrerseits wieder Teams führen. Die Verknüpfung erfolgt zumeist über Doppelmitgliedschaften. Ebenenübergreifende Führungsteams leisten damit eine Steuerungsaufgabe, die Lösungen für das jeweils größere Ganze unter Berücksichtigung der Autonomie der Subeinheiten gewährleisten. Die Schaffung geeigneter Kommunikationsstrukturen und die effiziente Steuerung von Kommunikationsprozessen ist die Antwort auf diese Herausforderung (vgl. Wimmer 1996, S12f).

4.1.7 Zeitliche und inhaltliche Struktur des BSC-Prozesses

Die Entwicklung gemeinsamer Zukunftsvorstellungen, die adäquate Einbindung von Betroffenen, die Berücksichtigung der relevanten Umwelten, die Vernetzung verschiedenster Ebenen und Systeme, Lernen auf Personen- und Organisationenebene, die laufende Beobachtung der Veränderung durch das System, die notwendigen Führungsprozesse – all diese Faktoren benötigen Zeit und Raum. Sie sind nicht im operativen Fluss des Unternehmensalltags nebenbei zu bewältigen.

Die eingespielten Routinen im Umgang mit alltäglich auftauchenden Problemen sind für den Komplexitätsgrad strategischer Themen ebenso wenig geeignet wie die Regelkommunikation. Diese üblichen Arbeitsformen zielen nämlich darauf ab, als bekannt unterstellte Probleme mit erprobten Lösungen zu beantworten. Bei Nachdenk- und Entscheidungsprozessen, die strategischen Charakter haben, muss – um zu tragfähigen Antworten zu kommen – ein gewisses Maß an Langsamkeit zulässig sein. Es braucht Zeit für alle unmöglichen Fragen, für Diskussion und für das gemeinsame Entwickeln von Sichtweisen, die es in dieser Form vorher in der

Organisation nicht gegeben hat. Es ist daher notwendig, geeignete Bearbeitungs- und Kommunikationsräume zu schaffen, und herausgelöst vom Tagesgeschehen zu institutionalisieren. Strategische Fragen unterliegen einer anderen Logik als operative. Das Heraustreten aus dem Tagesgeschäft in eine **geschützte Zone** der Reflexion ist ein notwendiger Schritt in der strategischen Ausrichtung im Sinne der vorausschauenden Selbsterneuerung. Eine klare und in Grundzügen verbindliche Prozessarchitektur schafft diese Freiräume. Gewisse qualitative Standards für den Bearbeitungsprozess in verschiedenen Subeinheiten unterstützen und fördern die Diskussion zwischen den Subeinheiten und mit übergeordneten Einheiten. Sie stellen sicher, dass ähnliche Fragen beantwortet werden, und dass alle auf ein ähnliches strategisches Grundverständnis bei ihren Überlegungen zurückgreifen. (vgl. Nagel/ Wimmer 2002, S 74f)

Neben dem Schaffen der beschriebenen Möglichkeiten für die Bearbeitung und Auseinandersetzung mit strategischen Fragen, kommt deren zeitliche Abfolge und inhaltliche Verschränkung – also der **richtigen** Abfolge und Aneinanderreihung solcher verschiedenen solcher Kommunikationsräume – große Bedeutung zu. Die entsprechende zeitliche Taktung, die sowohl die zeitgerechte Einbindung und Vernetzung der verschiedenen Ebenen und darüber hinaus auch die Verschränkung des Strategieprozesses mit anderen Steuerungsprozessen berücksichtigt, kommt – so banal sie auch rein rechnerisch zu sein scheint – der Quadratur des Kreises nahe. In vielen Unternehmen bestehen verschiedenste Steuerungsinstrumente neben einander. Nicht immer wird der Steuerungsnutzen einzelner Instrumente für die eigene Führungsarbeit erkannt. Noch seltener erschließt sich der inhaltliche Zusammenhang zwischen den Steuerungssystemen. Der mögliche Steuerungsnutzen kann aber erst maximiert werden, wenn die Steuerungsinstrumente zusammenwirken. Daher ist es für den Erfolg eines strategischen Managementprozesses auch wichtig, dass die Führungskräfte die Zusammenhänge der Steuerungsarchitektur verstehen und die Verzahnung des strategischen Diskussionsprozesses mit anderen darauf aufbauenden Managementprozessen, die das operative Tagesgeschäft steuern helfen, verstehen. Durch diese Verschränkung von mehreren Steuerungsinstrumenten wird der Fokus der Führungskräfte sowohl auf strategische Fragen als auch auf operative Umsetzungsfragen gelenkt. Die für die Überlebensfähigkeit von Unternehmen wichtigen Fragen nach Peter Drucker: **Tun wir die richtigen Dinge?**, **Tun wir die Dinge richtig?** und **Wie verändern wir die Dinge?** werden dadurch zwangsläufig zum Thema der Organisation. (Nagel/ Wimmer 2002,S 346ff).

Die inhaltliche Planung und zeitliche Taktung des Strategieprozesses und der Vernetzung mit anderen Steuerungsinstrumenten erfordert bei der erstmaligen Inszenierung große Aufmerksamkeit – eine sorgsame inhaltliche und terminliche Planung ist aber auch für die folgenden Jahre ein kritischer Faktor, dem große Aufmerksamkeit gewidmet werden muss.

4.1.8 Verhältnis zwischen Bewahren und Verändern

Die strategische Ausrichtung von Organisationen muss während des laufenden Betriebs vollzogen werden, was eine richtige Dosierung zwischen Kontinuität und Bruch verlangt (vgl. Wimmer 1999, S 35f).

Jede Veränderung bedeutet die Aufgabe von Sicherheit. Werden eingespielte Abläufe, Beziehungsmuster, Kommunikations- und Kooperationsstrukturen verändert, löst das Verunsicherung aus. Systeme müssen sehr viel Energie aufwenden, um Stabilität herzustellen und ihre Grenzen aufrecht zu erhalten. Struktureller Wandel bedeutet eine Umschichtung wechselseitig fixierter Erwartungshaltungen. Eine Neudefinition der Position und der beruflichen Identität der Betroffenen geht unweigerlich mit Veränderungsprozessen einher. Jedes System kann in einer bestimmten Entwicklungsphase daher nur ein bestimmtes Maß an Veränderung verkraften. Vieles muss aber auch bewahrt werden (vgl. Grossmann/Scala, 2001, S 60 ff).

Die Kunst in der Steuerung solcher Umgestaltungsprozesse liegt in der genauen Fokussierung der Frage, welche Aspekte der Veränderung zunächst eingeschlossen werden, weil man sich von ihnen die größte Hebelwirkung verspricht. Es bedarf einer Unterscheidung zwischen Elementen, die – um eine basale Leistungsfähigkeit aufrecht zu erhalten – weiterlaufen müssen wie bisher, und jenen Elementen, auf die sich die Veränderungsbemühungen konzentrieren. Jene Elemente die zunächst aus dem Veränderungsprozess ausgeklammert werden und Anker der Kontinuität sind, werden zu einem späteren Zeitpunkt selbst Gegenstand der Veränderungsbemühungen. Letztlich geht es um eine Verzeitlichung der Balance zwischen bewahren und verändern. Für Wimmer zeichnet sich gelungene Veränderung durch „diesen gezielten Wechsel zwischen einem in den Veränderungsprozess Ein- und Ausgeschlossenseins aus, ein Wechsel, der es ermöglicht, über die Zeitachse hinweg alle relevanten Organisationsdimensionen in Richtung der neuen Logik umzubauen, und das Ganze noch als wechselseitigen Lernprozess anzulegen." (Wimmer 1999, S. 35f)

Wenn das Bewahrenswerte gemeinsam gefunden und definiert wird, ist es auch leichter, bestimmte Dinge aufzugeben und einer Veränderung zu unterziehen. Im Zuge der Fokussierung auf die strategisch relevanten Themen gilt es zu vermeiden, allein der Veränderung positive Aspekte einzuräumen, während der Stagnation Negatives zugeschrieben wird. Die Aufspaltung der Aspekte des Veränderns und des Bewahrens in ideololgisch gute und schlechte Aktivitäten stärkt meist die Beharrungstendenzen (vgl. Grossmann/Scala, 2001, S 62).

Die strategische Ausrichtung der OÖGKK mit der BSC ist ein doppelter Prozess. Zum einen geht es darum, die BSC als Instrument zu implementieren. Zum anderen sind aber die mit dem Instrument verbunden Inhalte und die daran gekoppelte neue Ausrichtung der Organisation umzusetzen. Das

Instrument der BSC ist letztlich nur eine Krücke, mit deren Hilfe neue strategische Linien entwickelt und umgesetzt werden. Dementsprechend ist der Einführungsprozess der BSC ein Spagat, der nicht nur das Instrument selbst und dessen Implementierung, sondern auch die laufende Erarbeitung und Umsetzung der strategischen Inhalte zu berücksichtigen hat. Die Umsetzung dieser strategischen Linien führt wiederum zu laufenden Veränderungen in der Organisation und der Organisation selbst. Die BSC soll dazu dienen, diesen Veränderungsprozess zu planen, zu initiieren und die Umsetzungserfolge zu überprüfen. Im Kern geht es darum, einen neuen Steuerungsansatz im Sinne der vorausschauenden Selbsterneuerung zu implementieren, der die Leistungsfähigkeit der Organisation erhöht und einen effektiven und verantwortungsvollen Einsatz der zur Verfügung stehenden Mittel gewährleistet. Letztlich ist in diesem Kreislauf aber auch die BSC selbst Gegenstand laufender Beobachtung, Evaluierung und Veränderung. Das Vorhaben der strategischen Ausrichtung der OÖGKK mit der BSC ist damit von hoher Komplexität gekennzeichnet.

4.2 FRAGENKATALOG ZUR ANALYSE DES VERÄNDE-RUNGSPROZESSES IN DER OÖGKK

Vor dem beschriebenen Hintergrund der kritischen Erfolgsfaktoren soll der Prozess der strategischen Ausrichtung der OÖGKK mit der BSC anhand eines Fragenkataloges analysiert werden. Dieser Katalog leitet sich aus den dargestellten Erfolgskriterien ab. Die übergeordneten Fragestellungen werden durch Kriterien und Subfragen ergänzt, welche in die Analyse einfließen und Gegenstand der Betrachtungen werden. (Basis: Scala 2003, S 12ff, Wimmer 1999 S 28ff; Grossmann 1999, S 96ff; eigene Ergänzungen). Im Sinne der wechselseitigen Abhängigkeit der einzelnen Felder könnten viele Fragestellungen auch in anderen Feldern angesiedelt werden. Die Zuordnung erfolgte vorrangig in jenem Feld, zu dem der größte Bezug und die größte Hebelwirkung gesehen wurde.

Aus Gründen der Systematik folgt die Analyse dem Fragenkatalog in chronologischer Form. Diese Analyse erfolgt retrospektiv und zielt darauf ab zuzeigen, wie Zukunftsorientierung und damit strategische Ausrichtung in Form vorausschauender Selbsterneuerung auf Basis der BSC in der OÖGKK zu Stande kommt und welchen Faktoren bei solchen Vorhaben besonderes Augenmerk geschenkt werden muss.

Die Analyse der BSC-Einführung in der OÖGKK, auf Basis des hier vorgestellten Fragenkataloges, schließt jeweils an das entsprechende Kapitel der vorliegenden Arbeit an. Dadurch wird zum einen der direkte Bezug zu den beschriebenen Umsetzungsschritten hergestellt und die Möglichkeit der Beobachtung von Veränderungen im chronologischen Verlauf – von einer Umsetzungsphase zur nächsten – geschaffen.

Kritischer Erfolgsfaktor: Gemeinsame Problemsicht und Zukunftsbilder schaffen

Frage 1	Wird im Rahmen der strategischen Ausrichtung mit der BSC eine gemeinsame Problemsicht geschaffen und werden vergemeinschaftete Zukunftsbilder entwickelt?
Kriterien	Was soll die strategische Ausrichtung mit der BSC im Kern bewirken? Werden Strukturen sichergestellt, in denen eine angemessene multiperspektivische Analyse der Ausgangslage erfolgen kann und Zukunftsbilder entwickelt und verarbeitet werden können? Werden die Betroffenen und die relevanten Umwelten in die Problembeschreibung einbezogen? Wessen Know-how und Sichtweise wurde berücksichtigt? Auf welche Art und vom wem werden Veränderungsrichtung und die damit verbundenen Ziele festgelegt? Orientiert sich der strategische Prozess an zu erreichenden Zielen und werden darauf aufbauend Erfolgskriterien für den

	Veränderungsprozess definiert?
	Wurden bisherige Lösungsversuche anlässlich der Problembeschreibung und der Entwicklung von Zukunftsbildern reflektiert?
	Sind die für die Problembearbeitung verantwortlichen Entscheidungsträger mit der diagnostizierten Problemlage ausreichend identifiziert?
	Gibt es ein schlagkräftiges Team an der Spitze, das in der Frage von gemeinsamer Überzeugung getragen ist?
	Wurden Handlungsdruck und Dringlichkeit der Veränderung transparent gemacht?

Kritischer Erfolgsfaktor: Relevante Beteiligte und Umwelten identifizieren

Frage 2	Wurden die relevanten Beteiligten und die relevanten Umwelten für den Prozess der strategischen Ausrichtung der OÖGKK mit der BSC identifiziert?
Kriterien	Wer sind wichtige AkteurInnen im Veränderungsprozess?
	Wen davon muss man in den Veränderungsprozess einbeziehen, wen nicht?
	Wer sind die Betroffenen des Problems und der Veränderung?
	Ist die Form der Einbindung adäquat?
	Welche Rolle kommt den Führungskräften zu?
	Welche Rolle kommt internen BeraterInnen im Prozess zu?
	Gibt es ausreichend Möglichkeiten der Mitgestaltung?

Kritischer Erfolgsfaktor: Neue und überraschende Vernetzung herstellen

Frage 3	Gelingt es neue, überraschende und wirkungsvolle Vernetzung im Prozess der strategischen Ausrichtung umzusetzen?
Kriterien	Liegen die Vernetzungsformen quer zu bestehenden Grenzziehungen? Wird Vernetzung über verschiedene Hierarchieebenen hergestellt? Werden neue Begegnungsplattformen, Kommunikationsmöglichkeiten sowie angemessene Organisationsformen und Innovationssysteme entwickelt? Werden Instrumente und Vorteile des projektförmigen Arbeitens genutzt: Entstehen sozial, fachlich und zeitlich geschützte Ressourcen und Räume für Veränderung? Wie können Linienverantwortliche im ausreichenden Ausmaß eingebunden werden? In welcher Organisationsform werden Implementierungsschritte betreut? Wo liegen Verantwortlichkeiten?

Kritischer Erfolgsfaktor: Personenbezogene und strukturelle Veränderungsprozesse ausbalancieren

Frage 4	Gelingt die Balance zwischen personenbezogenen und strukturellen Veränderungsprozessen im Rahmen der strategischen Ausrichtung mit der BSC?
Kriterien	Personenebene: Sind hinreichendes Wissen und Qualifikationen für Veränderung vorhanden bzw. werden diese im Prozess durch begleitende Weiterbildungsmaßnahmen vermittelt? Strukturebene: Sind die Rollen, Regeln und andere Strukturen als Voraussetzungen für einen Veränderungsprozess gesi-

	chert?
	In welcher Weise werden Rollen und Aufgabenprofile verändert?
	In welcher Weise werden Kommunikationsstrukturen, Entscheidungsmuster und Kooperationsregeln verändert?
	Wie wird im Prozess Lernen auf der Organisationsebene organisiert?
	Welche Instrumente des Transfers werden entwickelt und verwendet?
	Sind die Ergebnisse in der Organisation verbindlich? (Umsetzungsstrukturen, Controlling)
	Gibt es Strukturen, die die Kontinuität von Veränderung sichern? (Rollen, neue Regeln, ...)
	Wird ein System zur längerfristigen Selbstbeobachtung etabliert? (Outcome-Indikatoren, Evaluation, Monitoring, ...)
	Sind die Prinzipien des neuen Steuerungskonzeptes auch für dessen Implementierung leitend?

Kritischer Erfolgsfaktor: Beobachtung der Veränderung durch das System

Frage 5	Beobachtet das System seine eigene Veränderung im strategischen Prozess?
Kriterien	Findet eine Steuerung des Prozesses als Antwort auf beobachtete Fehler und Widersprüche statt?
	Werden im Strategieprozess Zukunftsbilder und Ziele zirkulär entwickelt und geplant, das heißt, werden Zwischenauswertungen dazu genutzt, den Veränderungsprozess anzupassen und zu verbessern?
	Gibt es institutionalisierte Selbstreflexion?
	Wie werden Informationen relevanter Umwelten wahrgenommen und verarbeitet (Kunden, MitarbeiterInnen, andere Sozialversicherungsträger...)?

	Wird regelmäßig über das Erreichte in Bezug auf die ursprüngliche Zielsetzung Bilanz gezogen? Haben sich Veränderungsziele in ausreichendem Maß in der Unternehmenskultur niedergeschlagen?

Kritischer Erfolgsfaktor: Führungsgetriebenheit des BSC-Prozesses

Frage 6	Wie führungsgetrieben ist der Prozess?
Kriterien	Welche Entscheidungen sind durch Führungskräfte (im Vorfeld) zu treffen? Welche Vorabeiten sind dafür notwendig? Welcher Entscheidungsbedarf wird durch den Veränderungsprozess hervorgerufen? Gelingt es, die notwendigen Entscheidungen herbeizuführen? Wie viel und welche Unterstützung ist durch Führungskräfte im laufenden Prozess zu leisten? Welche Maßnahmen werden von wem zu welchem Zeitpunkt in die Wege geleitet? Findet ein zirkulärer Ablauf statt (Problembearbeitung – Erproben von Lösungen – Entscheidung – ...)? Gelingt es, die Entscheidungsträger im notwendigen Ausmaß in den Veränderungsprozess einzubinden? Wer übernimmt Verantwortung im Prozess? Welche Rolle kommt den Führungskräften (in den verschiedenen Ebenen) im Prozess zu? Wer spricht mit Führungskräften und fachlichen Schlüsselkräften, die Schwierigkeiten haben, sich auf Veränderung einzulassen?

Kritischer Erfolgsfaktor: Zeitliche und inhaltliche Struktur des BSC-Prozesses

Frage 7	Gelingt das Timing – also eine angemessene zeitliche und inhaltliche Strukturierung des Veränderungsprozesses?
Kriterien	Ist der strategische Prozess mit der BSC zeitlich und inhaltlich adäquat strukturiert?
	Welche Zeitdimensionierung ist für die einzelnen Schritte angemessen?
	Wie erfolgt die zeitliche und inhaltliche Steuerung im Strategieprozess?
	Gelingt die zeitliche und inhaltliche Priorisierung?
	Wie werden die Maßnahmenbündel aufeinander abgestimmt, dass sie sich nicht wechselseitig behindern?
	Gibt es klare Etappenziele, die in einem überschaubaren Zeitrahmen erreicht werden können?

Kritischer Erfolgsfaktor: Verhältnis zwischen Bewahren und Verändern

Frage 8	Gelingt es, das Verhältnis zwischen Bewahren und Veränderung in der Organisation zu respektieren?
Kriterien	Können Spaltungen vermieden werden?
	Kann die Organisation mit der Veränderung umgehen (wieviel Veränderung ist dem System zuzumuten?)
	Gelingt es, die Angst vor Veränderung zu nehmen und damit Veränderung zuzulassen?
	Was lösen die einzelnen Veränderungsmaßnahmen konkret an Störungen und Irritationen aus?
	Wer beobachtet diese und welche Konsequenzen werden gezogen?
	Wie lässt sich das Gefühl aufrechterhalten bzw. verstärken, dass es mit der Veränderung ernst gemeint ist?

5 Einführungsbedingungen für die BSC in der OÖGKK

Eine zentrale These der vorliegenden Dissertation ist folgende:

Die Balanced Scorecard ist ein geeignetes Mittel zur Strategieumsetzung in Organisationen. Die OÖGKK ist auf Grund der vorangegangenen Entwicklungsschritte reif für die Implementierung des Instrumentes.

Im Folgenden wird versucht, Bedingungen, unter denen die BSC-Einführung in der OÖGKK stattgefunden hat, darzustellen und im Hinblick auf diese These zu analysieren.

5.1 PROJEKT „GKK2000"

Im Jahr 1990 wurde das Projekt GKK2000 gestartet. Es handelte sich dabei um ein groß angelegtes Organsiationsentwicklungsprojekt. Anlass für die Projektarbeit waren allgemeine gesellschaftliche Entwicklungen (Demokratisierung, demographische Entwicklung, wachsende Sorge um Gesundheit und Umwelt, Diskussion um Zwangsmitgliedschaft) (Böhnisch 1992, S 2), zum anderen aber auch finanzielle Entwicklungen (Mehraufwand, Verwaltungskostenentwicklung), die Veränderungsdruck erzeugten (Mayr 2003, S 25).

5.1.1 Projektziele

Als konkrete Projektziele wurden folgende formuliert (GKK2000 – Abschlussbericht, S 1ff):

Der Vorstand der OÖGKK hat in seiner 191. Sitzung am 26.9.1990 beschlossen, durch eine Organisationsanalyse die gegebenen und seit Jahrzehnten gewachsenen Strukturen der Kasse in Hinblick auf Effizienz, ihre Effektivität und Zukunftsorientiertheit zu prüfen und darauf aufbauend ein mögliches neues Organisationskonzept vorschlagen zu lassen.

Für das Projektergebnis wurden folgende Ziele definiert:

Eine mögliche neue Organisationsform muss insgesamt zu einem erhöhten Gesamtnutzen für die Versicherten und Dienstgeber führen, klare Entscheidungsstrukturen aufweisen und damit raschere Entscheidungen und bessere Informationen gewährleisten; schließlich sollen erhöhte Effizienz und Effektivität zu einer rationelleren Leistungserbringung führen.

Neben den Zielen für das Projektergebnis wurden auch für den Projektprozess Vorgaben definiert:

- GKK2000 ist in Projektform abzuarbeiten
- Die aktive Einbindung aller MitarbeiterInnen in den Projektprozess ist sicherzustellen
- Durchführung durch Projektgruppe bestehend aus eigenen MitarbeiterInnen
- Externe Prozessberatung für die Projektgruppe

Die Ziele des Projektes waren also anfänglich nur vage und umfassend umschrieben („neue Organsiationsform ... erhöhter Gesamtnutzen ... klare, rasche Entscheidungsstrukturen ... bessere Information ... rationellere Leistungserbringung"). Dadurch konnte das Projektteam Schwerpunkte im Rahmen gewisser Freiräume selbst definieren und dringende Problemlagen vorrangig aufarbeiten (Böhnisch 1992, S 3).

5.1.2 Initiatoren und Träger des Projektes

Die Initiative zur Einrichtung eines Projektes ging vom obersten Management in Person des Obmannes der OÖGKK und der Direktoriumsmitglieder aus. Damit waren auch entsprechende Machtpromotoren vorhanden, die im Falle unbequemer Ergebnisse oder Handlungskonsequenzen das Projekt fördern und stützen, zumindest aber nicht behindern würden. Durch die Einbindung des Top-Managements erhielt das Projekt zudem eine besondere Bedeutung für die Organisation (Böhnisch 1992, S2).

Die konzeptionelle und inhaltliche Projektarbeit wurde von den internen Projektteammitgliedern geleistet (Abschlussbericht GKK2000, S1), daneben fand eine permanente Projektbegleitung durch ein professionelles externes Beraterteam statt. Es wurde die Direktive verfolgt, alles was intern geleistet werden kann, sollte auch intern getan werden. Externe sollten nur dann zu Rate gezogen werden, wenn die eigenen Grenzen erreicht waren. Diese Grundorientierung führte zu einer großen Transferwirkung in der Organisation bei gleichzeitigem Erwerb umfangreicher interner prozessbezogener Kompetenz. Ineffizienzen konnten durch das Zurückgreifen auf externes Know-how und Ressourcen im Bedarfsfall vermieden werden (Böhnisch 1992, S 3f).

Die Einbindung der Belegschaft und des Betriebsrates erfolgte auf breiter Basis in alle Prozesse der Information, der Meinungs- und der Willensbildung. Als wichtigste Kommunikationsmedien dienten Betriebsversammlungen, Informationsveranstaltungen, Meinungsumfragen, moderierte Gruppenarbeiten und schriftliche Zwischen- und Endberichte. Bei einhundertfünfzig Gruppenmoderationen, an denen von ca. 1700 eingeladenen MitarbeiterInnen immerhin 1500 teilnahmen, wurden insgesamt 3620 Verbesserungsvorschläge ausgearbeitet (Böhnisch 1992, S 5 und Abschlussbericht GKK2000, S 3a).

5.1.3 Prozess und Methoden

Böhnisch analysiert Anlage und Strukturierung des Prozesses wie folgt (Böhnisch 1992, S 6ff):

Das Gesamtprojekt lässt sich als umfassender Organisationsentwicklungsprozess begreifen, da er folgende Merkmale erfüllt

– Organisationsumfassende Fragestellung

– Komplexe Problemstellung

- Umfassende Analyse des Ist-Zustandes
- Langfristige Zeitperspektive
- Verhaltenswissenschaftliche Orientierung
- Einsatz wissenschaftlich fundierter Methoden
- Interne Orientierung bei der Projektverantwortung
- Externen Prozessunterstützung (Hilfe zur Selbsthilfe)

Zum ersten Mal in der GKK wurde ein Vorhaben an der Philosophie des Projektmanagements ausgerichtet. Die positiven Erfahrungen, die im Zusammenhang mit diesem, die gesamte Organisation umfassenden Projekt und dessen zielorientierter und strukturierter Abwicklung gemacht wurden, hatten Auswirkungen auf die weitere Verfolgung dieser Methode, welche schließlich in die flächendeckende Einführung von Projektmanagement als Instrument für das Management von Veränderungsvorhaben mündete.

Instrumentell wurde der Prozess durch standardisierte Fragebogenerhebungen einerseits und moderierte Kleingruppenarbeit andererseits dominiert. Diese Datenerhebung und Rückkoppelung bereitete den Boden für die daran anknüpfenden Kleingruppenmoderationen auf Ebene der MitarbeiterInnen, OE-LeiterInnen der Organisationseinheiten und Direktion auf, welche im Rahmen des gesamten Prozesses den massivsten Eingriff darstellten.

5.1.4 Konzepte und Verbesserungsvorschläge

Als Ergebnisse aus dem Projekt GKK2000 gingen zum einen konkrete und detaillierte Konzepte der Projektteams hervor, zum anderen Verbesserungsvorschläge aus den Gruppenarbeiten. Alle Ergebnisse zielen darauf ab, ein neues Selbstverständnis – weg vom Verwalter, hin zum Gestalter – umzusetzen und zu manifestieren.

Die von der Projektgruppe entwickelten Konzeptionen betreffen drei große Bereiche:

- Strategische Überlegungen
- Führungsgrundsätze
- Aufbauorganisation und Ablauforganisation.

5.1.4.1 Strategische Überlegungen

Die strategischen Überlegungen mündeten in folgende konkrete strategische Papiere: Mission, Leitbild und strategische Ziele.

Mission – sie gibt Auskunft über den Grund des Bestehens der OÖGKK. Was ist die ureigenste Aufgabe der OÖGKK als soziale Krankenversicherung, und wie definiert sie sich? Die Mission klärt damit die Frage der Existenzgrundlage und -berechtigung. Zentrale Fragestellungen für das Selbstverständnis der Organisation und ihrer Mitglieder.

Mission der OÖGKK

Bürgerinnen und Bürger schließen sich zusammen, um solidarisch, also gemeinsam, die mit Krankheit und Unfall verbundenen Risiken für sich und ihre Familie zu tragen.

Der Zugang zum Krankenversorgungssystem und seinen Leistungen ist abhängig von der Behandlungsnotwendigkeit und nicht vom individuellen Einkommen oder Vermögen. Jeder trägt zur Finanzierung nach seiner finanziellen Leistungsfähigkeit bei. Die Verhütung von Krankheit und Unfall hat Vorrang vor Heilung.

Leitbild – Das Leitbild enthält die handlungsleitenden Ideen und Grundsätze der OÖGKK. Es beschreibt Werte, an denen sich das Handeln der Mitglieder orientiert. Im Leitbild sind darüber hinaus die zentralen Aufgaben der OÖGKK beschrieben.

Leitbild der OÖGKK

Aufgabe der OÖGKK ist es, in der von Dienstnehmer- und Dienstgebervertretern getragenen Form der Selbstverwaltung gesetzliche Krankenversicherung zu vollziehen. Die OÖGKK ist ein modernes, leistungsfähiges und beitragsfinanziertes Dienstleistungsunternehmen. Sie bemüht sich mit ihren Versicherungsvertretern und Mitarbeitern um die Erhaltung und Wiederherstellung der Gesundheit ihrer Versicherten und deren Angehörigen. Sie sichert für diese Personengruppen die Versorgung mit Gesundheitsgütern aktuellen Standards bei angemessenem Mitteleinsatz unter sozialer Rechtsanwendung.

Die OÖGKK praktiziert einen kooperativen Führungsstil, setzt auf Kompetenz und Eigenverantwortung ihrer Versicherungsvertreter, Mitarbeiterinnen und Mitarbeiter.

Neben Mission und Leitbild wurden auch die strategischen Ziele der O-ÖGKK neu definiert.

Strategische Ziele der OÖGKK

- Dienstleistungsorientierung zu den Kunden: Versicherte und Familienangehörige, PatientInnen, Dienstgeber, Vertragspartner[1], Lieferanten und Dienstleister[2]
- Ökonomische und soziale Treffsicherheit bei den Versicherungsleistungen

---

[1] Bei Vertragspartnern handelt es sich um Partner, die im Auftrag und auf Rechnung der OÖGKK Leistungen für Versicherte und beitragsfrei mitversicherte Angehörige erbringen – sie sind daher im Sinne von Lieferanten einzustufen.

[2] Für Vertragspartner, Lieferanten und Dienstleister gilt in diesem Zusammenhang, dass sie partnerschaftlich zu behandeln sind – sie gelten nicht als Kunden der OÖGKK.

- Qualität und Ökonomie bei den Leistungen der Vertragspartner (Qualitätsmanagement, Qualitätssicherung, Behandlungsökonomie, Kontrolle)
- Qualität und Ökonomie bei den eigenen Dienstleistungen
- Gesundheitsförderung
- Eigene medizinische Dienstleistungen (Kuranstalten, Ambulante Rehabilitation, Zahnambulatorien)
- MitarbeiterInnenorientierung
- Know-how-Aufbau in den Feldern Gesundheitsökonomie, Gesundheitsmanagement, Qualität im Gesundheitswesen
- Vernetzung mit/Beratung der anderen Entscheidungsträger im Gesundheitswesen
- Selbstverwaltung durch Dienstnehmer und Dienstgeber (Ausfluss aus Risikogemeinschaft)
- Schlanke und effiziente Verwaltungsstrukturen (Bildung von operativen Geschäftsfeldern) und zentralen Dienstleistern

5.1.4.2 Führungsgrundsätze

Um das neue Selbstverständnis der OÖGKK in die Realität umsetzen zu können, war eine neue Form des Führens notwendig. Damit eine einheitliche Neudefinition des grundsätzlichen Führungsverständnisses gelingen konnte, wurden neue Führungsgrundsätze festgeschrieben. Sie sollten für die Führungskräfte als Leitlinie für ihre Führungsarbeit dienen. Das neue Führungsverständnis basiert auf dem kooperativen und mitarbeiterzentrierten Führungsstil. Das bisherige autoritäre Führungsmuster sollte damit verlassen werden. Durch diese neue Form der Führung von MitarbeiterInnen sollte es besser gelingen, die strategische Orientierung der OÖGKK umsetzen zu können. Während der autoritäre Führungsstil durchaus für die effiziente Ausübung der Verwaltungstätigkeiten geeignet ist, ist er für eine neue – gestaltungsorientierte und kundenorientierte-Ausrichtung der Dienstleistung nicht mehr geeignet.

Führungsgrundsätze: (http://int.ooegkk.at)

Kooperative Verhaltens– und Entscheidungspraktiken

Führung durch Zielvereinbarung
(qualitative und quantitative Definition des Zieles)

Gleichbehandlung auf allen Ebenen
(MitarbeiterInnen, Vertragspartner, Versicherte, Dienstgeber, Lieferanten usw.)

Wirtschaftlichkeit der Verwaltung und der eigenen Einrichtungen
(Erreichung der definierten Ziele bei optimalem Ressourceneinsatz)

Wirtschaftlichkeit bei Abschluss von Verträgen

Vor Entscheidungen sind vorweg Nutzen-Kosten-Überlegungen anzu-stellen
(Die Bewertung des Nutzens darf nicht ausschließlich nach monetären Gesichtspunkten vorgenommen werden. Es spielen Fragen wie Qualität der selbsterbrachten Leistung, des Images oder der Schutzfunktion für den Versicherten eine Rolle.)

Qualität der Dienstleistung durch qualifizierte MitarbeiterInnen
(Das erfordert die Definition der Anforderungsprofile, die Erstellung eines Personalentwicklungskonzeptes und eine objektivierbare Personalbeurteilung)

Prinzip der Selbstverantwortung

(Das Prinzip führt zu dezentralen Entscheidungs- und Verantwortungs-
strukturen.)

Kundenorientiertheit

Versichertennähe

Öffentlichkeitsarbeit ist ein strategisches Instrument der Führung
und auch im Krisenmanagement eingebunden.

Die sachlichen Zuständigkeiten sind einzuhalten

Die Führungsgrundsätze gelten nicht nur für die verschiedenen hierarchischen Ebenen des Büros, sondern auch zwischen Büro und Selbstverwaltung.
Das vorgesehene Organigramm ermöglicht die Umsetzung der Erwartungshaltung und der Führungsgrundsätze.

Eine Analyse der Erwartungshaltung ergibt, dass sie den Führungsgrundsätzen zuordenbar sind. Es decken sich somit externe Ansprüche mit
dem internen Führungsstil und der Aufbauorganisation.

5.1.4.3   *Neue Organisationsstrukturen*

Die neue strategische Orientierung und die Umsetzung der neuen Führungsgrundsätze bedurften neuer Organisationsstrukturen. Im Wesentlichen wurden Kompetenzbereinigungen durch den Zusammenschluss in Geschäftsfelder vorgenommen. Es wurden vier Geschäftsfelder gebildet:

- Strategische Führung mit den Schwerpunkten Öffentlichkeitsarbeit, Personalwesen, interne Revision, Projektmanagement, Controlling

- Ressourcensicherung mit den Schwerpunkten Finanzen, EDV, Beitragswesen

- Vertragspartnerangelegenheiten mit den Schwerpunkten Vertragspartnerrecht, Abrechnung und Behandlungsökonomie

- Dienstleistung mit den Schwerpunkten Versichungsleistungen und medizinische Dienste.

Für die Erreichung der strategischen Ziele wurden die neuen Organisationseinheiten Behandlungsökonomie, Controlling, Gesundheitsförderung, Personalentwicklung und Öffentlichkeitsarbeit geschaffen.

Das neue Organigramm der OÖGKK hat bis heute seine Gültigkeit. Veränderungen wurden seit der Umsetzung nach GKK2000 nur in Detailbereichen vorgenommen.

Organigramm 1992

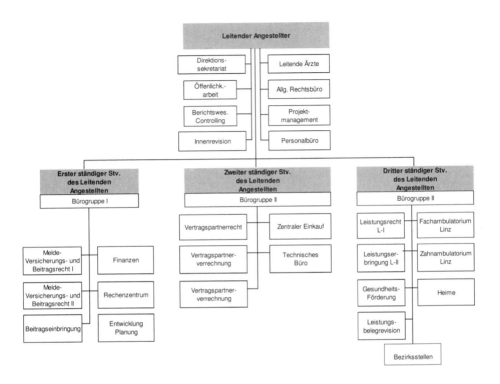

5.1.4.4   Verbesserungsvorschläge der MitarbeiterInnen

Die 3620 Verbesserungsvorschläge können nach Themengebiet und Lösungsebene differenziert werden:

66,10% der Vorschläge bezogen sich auf Verbesserungen auf Abteilungsebene, 31,63% auf OÖGKK-Ebene und 2,27% auf externe Organisationen.

Thematisch können die Vorschläge wie folgt zugeordnet werden
Organisation/Koordination: 27,46 %
Personal: 24,65%
Arbeitsumfeld: 14,45%
Information: 13,95%
Datenverarbeitung: 9,25%
Medizinischer Bereich: 6,35%
Beschaffung: 3,20%
Sonstiges: 0,69%

5.1.5 Umsetzung der Ergebnisse

Die OÖGKK hat beginnend mit September 1990 – im Rahmen der Entwicklung und Umsetzung des Organisationsentwicklungsprojektes GKK2000 und den daraus resultierenden Folgeprojekten – einen Veränderungsprozess in Gang gesetzt, der bis heute andauert. „Das Projekt GKK2000 hat neue Organisationsstrukturen gebracht, es hat das Denken und Handeln revolutioniert, es hat interne Partizipation und Kommunikation etabliert, es hat Selbstbewusstsein gebracht und als Prozess und als Ergebnis des Prozesses den Boden für den seit Ende des Projektes GKK2000 sehr konsequent eingeschlagenen Weg des Unternehmens OÖGKK von der Körperschaft öffentlichen Rechts zum serviceorientierten Dienstleister aufbereitet und nachhaltig geprägt" (Popper, 2003, S 15).

Mit GKK2000 und den darin entwickelten Konzepten wurde eine grundsätzlich neue strategische Orientierung im Haus verankert. Nicht nur die strategischen Linien wurden neu definiert, auch die notwendigen strukturellen Änderungen wurden festgelegt und realisiert. Die Implementierung neuer Instrumente, Methoden und Handlungsweisen war notwendig, um die neue strategische Orientierung auch umsetzen zu können.

Die BSC-Einführung in der OÖGKK erfolgte zu einem Zeitpunkt, zu dem weite Teile des Konzeptionsprojektes GKK 2000 bereits umgesetzt waren. Eine detaillierte Darstellung der Projektziele, Projektinhalte, eine detaillierte Beschreibung der umgesetzten Projekte und Maßnahmen und der wesentlichen Ergebnisse und Auswirkungen findet sich bei Johann Mayr und Hans Popper (vgl. Mayr, 2003 und Popper, 2003). Nachstehende Zeittafel gibt einen Überblick über die verschiedenen Methoden, Instrumente und Maßnahmen, die auf Basis der Projektergebnisse GKK2000 in der OÖ-GKK implementiert bzw. umgesetzt wurden:

Jahr	Projekt/Maßnahme
1992	Controlling/Berichtswesen
1993	Projektmanagement, Managementinformationssystem, Budgetierungskreislauf, Behandlungsökonomie und Qualitätssicherung
1994	Mitarbeitergespräch, Rationalisierungsprojekt „Minus 10 %"
1995	Elektronisches Datensammelsystem, Datenträgeraustauschprojekte
1996	MbO-System, Vertragspartnerkontrolle, Projekt Logistik
1997	FOKO I-Einsatz, Finanzcontrolling und -informationssystem Übernahme Karenzgeld-Betreuung Projekt „Kundenorientierung" Krankenstandskontrolloptimierung Geschäftsprozess-Management
1998	SAP-Finanz- und Wirtschaftspaket, Personalinformationssystem GKK-Gesundheitsförderungsprojekt „Xund" Zentraler Einkauf und dezentrale Beschaffung

1999	Projekt „Arzneidialog", Projekt „Medikom", Einführung Qualitätszirkel
2000	FOKO II-Einsatz SAP-Personalpaket
2001	Profitcenter-Heime Kundenservicecenter Projekt „Kontinuierlicher Verbesserungsprozess"
2002	Ambulante Rehabilitation Pilotprojekt „One Stop Service" Backoffice-Projekt Projekt „Wissensmanagement"

Die vorliegende Arbeit beschäftigt sich daher nur mehr mit jenen Elementen und Ergebnissen bzw. Ausflüssen aus GKK2000 und den daraus resultierenden Folgeprojekten, welche für die Themenstellung strategische **Ausrichtung von Organisationen mit der Balanced Scorecard am Beispiel der OÖGKK** von zentraler Bedeutung sind. Vorrangig werden Fragen der Voraussetzungen und Bedingungen, unter denen die BSC-Einführung in der OÖGKK erfolgte, analysiert. Wenngleich der gesamte Prozess der Organisationsentwicklung, der aus GKK2000 resultierte, für die Umsetzung und Implementierung der BSC maßgeblich ist, ist eine Fokussierung auf zentrale Elemente notwendig.

5.1.6 Neues Steuerungskonzept und Instrumente der Unternehmenssteuerung

Die Organisationsentwicklung nach dem Projekt GKK2000 hatte zum Ziel, die Leistungs- und Handlungsfähigkeit der OÖGKK zu steigern, um jene adaptiven Fähigkeiten zu entwickeln, die eine erfolgreiche Auseinandersetzung mit einer sich dynamisch verändernden Umwelt in Unsicherheit ermöglichen. Diese Leistungs- und Handlungsfähigkeit wird wesentlich von der Wahl des gewählten Steuerungskonzeptes beeinflusst (vgl. Mayr, 2003, S 46ff).

In der Festlegung neuer Führungsgrundsätze der OÖGKK manifestierte sich das Bekenntnis zu einem neuen Steuerungskonzept, welches auf Kontextsteuerung und Eigenentwicklung in Teilsystemen setzt (vgl. Mayr, 2003, S 46ff).

Dieser Steuerungsansatz sollte die Organisation OÖGKK dazu befähigen, bisherige Verhaltensmuster durch neue Operationslogiken zu ersetzen. Es ging nicht darum, Bestehendes zu optimieren, sondern gänzlich neue Verhaltensmuster zu implementieren. Hierarchisch-bürokratische Operationslogiken mussten durch solche ersetzt werden, die dazu geeignet sind, den dynamischen Veränderungen in der Organisationsumwelt – insbesondere dem steigenden Angebot auf dem Gesundheitsmarkt und den höheren Erwartungen der Versicherten und PatientInnen bei gleichzeitig knapper werdenden Ressourcen – auf geeignete Weise zu begegnen und so Effektivität und Effizienz der Organisation wesentlich und langfristig zu erhöhen.

Im Rahmen von GKK2000 wurden neue Führungsgrundsätze für die OÖGKK definiert. Sie spiegeln das im GKK2000 entwickelte Selbstverständnis der Organisation wieder.

Die Führungsgrundsätze **Führen durch Zielvereinbarung** und **Kooperative Verhaltens- und Entscheidungspraktiken** stehen für die Systemänderung im Steuerungsbereich von dem bis dahin bestehenden hierarchisch-machtorientieren System hin zu einem kooperativen und verhandlungsorientierten Steuerungssystem.

Wie die Entscheidungen der Führungskräfte in diesem neuen Steuerungssystem angelegt sein müssen, um die Veränderung der Organisation in die gewünschte Richtung (vom Verwalter zum Gestalter) umsetzen zu können, wird in den übrigen Führungsgrundsätzen definiert.

Die Führungsgrundsätze sind daher in zwei Kategorien zu unterteilen

- Führungsgrundsätze, die sich auf das Steuerungssystem selbst und dessen Anlage beziehen
- Führungsgrundsätze, die Entscheidungsrichtlinien und Verhaltensgrundsätze innerhalb des Steuerungssystems festlegen (Wirtschaftlichkeit, Gleichbehandlung auf allen Ebenen, Kundenorientiertheit, Einhalten der sachlichen Zuständigkeit, ...)

Die im Anschluss an das Projekt eingeleiteten Prozesse zielten darauf ab, die neuen Führungsgrundsätze umzusetzen. Im Rahmen der Umsetzung dieser Führungsgrundsätze wurde die Organisation aufgebrochen und eine Umorientierung in der gesamten OÖGKK in Gang gesetzt.

Die Umsetzung der neuen Führungsgrundsätze – und damit eines völlig neuen Steuerungsansatzes – erfolgte mittels verschiedener Instrumente, welche schrittweise implementiert wurden.

Folgende spielen im Zusammenhang bzw. als Basis und Erfolgsfaktoren für die spätere BSC-Einführung eine zentrale Rolle, da sie Steuerungssysteme auf Basis Zielvereinbarungen in der Gesamtorganisation verankern und die routinemäßige Abwicklung und Unterstützung der entsprechenden Prozesse in der OÖGKK sicherstellen:

Instrument	Einsatz ab
Controlling	1992
Projektmanagement	1993
MitarbeiterInnengespräch (MAG)	1994
Management by Objectives (MbO)	1996

Die Instrumente Management by Objectives (MbO), MitarbeiterInnengespräch (MAG) und Projektmanagement werden ausführlich von Mayr (Mayr, 2003) dargestellt. Auf eine detaillierte Beschreibung wird daher in der vorliegenden Arbeit verzichtet.

Das Controlling möchte ich dagegen – aus mehreren Gründen – umfassend in Konzeption und Anlage beschreiben. Zum einen, weil es eine Darstellung dieser Form noch nicht gibt, zum anderen, weil die BSC organisatorisch später im Controlling angesiedelt wurde. Als Mitarbeiterin und später ab Mitte 1996 – als verantwortliche Abteilungsleiterin habe ich den beschriebenen Controlling-Ansatz maßgeblich mitgestaltet und war für seine Umsetzung verantwortlich. Die Erfahrungen aus der Umsetzung eines flächendeckenden dezentralen Controllingansatzes waren maßgeblich mitbestimmend für mein Verständnis und meinen persönlichen Zugang zum Thema BSC-Einführung in der OÖGKK.

5.1.7 Exkurs: Controlling

Im Jahr 1992 wurde in der OÖGKK die Stabstelle Controlling und Berichtswesen eingerichtet. Seither wird das damals entwickelte Controlling-Konzept konsequent umgesetzt. Dieses Konzept basiert auf dem Leitgedanken, dass ein zur Unternehmenssteuerung geeignetes Controlling dezentral organisiert sein muss, um entsprechende Wirkung entfalten zu können. Der zentralen Stabstelle kommen dabei wichtige Funktionen und Aufgaben zu. Ein derart verstandenes Controlling ist nicht nur Datenlieferant, sondern ein Instrument der Organisations-Entwicklung, welches die Schaffung von geeigneten Strukturen und Prozessen sowie entsprechende Maßnahmen der Personalentwicklung beinhaltet (vgl. Malik mom–letter, Jg 11, 06/03).

5.1.7.1 Die Aufbauphase

Aus dem Organisationsentwicklungsprojekt GKK 2000 heraus wurde neben anderen modernen Managementinstrumenten auch die Einführung des Controllings in der OÖGKK beschlossen (vgl. Reiss, 1992).

Die OÖGKK sollte damit ein Instrument zur Unternehmensplanung und -steuerung erhalten, welches den Anforderungen moderner Unternehmensführung entspricht.

Die Grundkonzeption für den Aufbau des Controllings wurde bereits in diesem Projekt festgelegt. Die Einrichtung der Stabstelle geschah also unter genauen Vorstellungen, welche Controlling-Aufgaben entwickelt werden und in welchen Strukturen gearbeitet werden sollte (vgl. Meggeneder VOP, 6–7/96).

Folgende funktionalen Bereiche waren im Controlling vorgesehen:

- Investitionscontrolling
- Personalcontrolling
- Kosten- und Leistungscontrolling
- Finanzcontrolling

Später kam als weiterer Schwerpunkt die Balanced Scorecard – in Form des OÖGKK-Erfolgsplanes – hinzu.

Der Aufbau der verschiedenen Controlling-Bereiche erfolgte schrittweise – beginnend ab 1993 (vgl. Mair u.a. in: VOP 1/1995). Fundierte Literaturstudien und die notwendige Adaptierung von Instrumenten auf die Bedürfnisse der sozialen Krankenversicherung und der OÖGKK im Speziellen bildeten die Basis für die Umsetzung einzelner Instrumente.

Gleich zu Beginn wurde ein geeignetes Management-Informationssystem ausgewählt, welches später die Aktivitäten im Controlling unterstützen und eine solide IT-Basis darstellen sollte. Dieses Management-Informationssystem wurde allen EntscheidungsträgerInnen der ersten und zweiten Führungsebene zur Verfügung gestellt und diente bald als zentrales Informations- und Planungsinstrument (vgl. Mair u.a. in: Soziale Sicherheit 10/1994).

Für alle aufzubauenden Instrumente galt der Grundsatz, dass sie als dezentrale Controlling-Werkzeuge zu führen waren. Dieser Ansatz entspricht den Führungsgrundsätzen der OÖGKK, die auf dezentrale Verantwortung und kooperativen Führungsstil setzen.

Der Reihe nach wurden Investitionscontrolling (ab 1993), Kosten- und Leistungscontrolling in den Eigenen Einrichtungen und im Verwaltungsbereich (1994), Personalcontrolling (1995), Finanzcontrolling (1996), BSC und strategisches Controlling (1999) aufgebaut und seither ständig weiterentwickelt.

Bei der Einführung eines jeweils neuen Instruments wurden Schnittstellen und Abhängigkeiten von anderen bereits bestehenden Instrumenten berücksichtigt. Jedes neue Tool wurde in das Gesamtsystem so eingebettet, dass schließlich ein integriertes Controlling- und Managementsystem entstand, in dem alle Instrumente aufeinander abgestimmt sind und ineinander greifen.

5.1.7.2 *Das Controlling-Modell*

Im Controlling der OÖGKK sind bereits seit einigen Jahren alle im ursprünglichen Konzept vorgesehenen Bereiche umgesetzt. Neben der laufenden Weiterentwicklung von bestehenden Instrumenten wurde das Konzept in den letzten Jahren um wesentliche Elemente erweitert.

Das Controlling-Modell der OÖGKK verbindet zentrale mit dezentralen Elementen und stellt sich wie folgt dar:

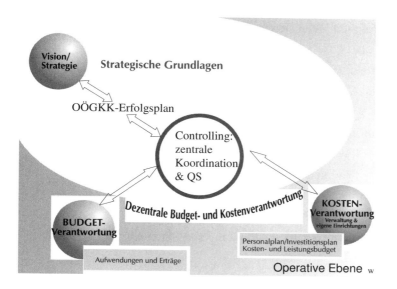

Abb. 5: Das OÖGKK-Controlling-Modell

5.1.7.3 Das zentrale Controlling

Die organisatorische Einheit Controlling und Berichtswesen versteht sich als zentrale Schalt-, Schnitt- und Koordinationsstelle für alle Controlling-Aktivitäten. Das Selbstverständnis des OÖGKK-Controlling spiegelt sich in seinem Leitbild wieder.

Controlling-Leitbild:

Controlling/Berichtswesen ist eine innerbetriebliche Servicestelle für alle Entscheidungsträger der OÖGKK zur Unterstützung der zielorientierten Planung und Steuerung.

Aus dem Leitbild leiten sich auch die Hauptaufgaben des Controlling in der OÖGKK ab:

- Aufbau, Betreuung und laufende Weiterentwicklung einer geeigneten Controlling-Infrastruktur (Instrumente, Verfahren, Strukturen, Informationssystem)
- Koordination und Qualitätssicherung im Controllingprozess
- Koordination der Zielvereinbarung
- Koordination der Planung
- Koordination des Soll-/Ist-Vergleiches, der Abweichungsanalysen und der Steuerungsmaßnahmen
- Betriebswirtschaftliche Beratung und Betreuung im Einzelfall

Zum Grundverständnis des OÖGKK-Controlling gehört aber vor allem, dass auf aktuelle Anforderungen und Herausforderungen rasch und flexibel zu reagieren ist und Neuentwicklungen im Hinblick auf Instrumente und Verfahren laufend dahingehend zu verfolgen und zu überprüfen sind, ob sie für den Einsatz in der OÖGKK – im Sinne der strategischen Grundorientierungen und Überlegungen – sinnvoll und geeignet sind.

5.1.7.4   Dezentrale Verantwortlichkeiten

Die dezentralen VerantwortungsträgerInnen sind je nach Controllingbereich unterschiedlich benannt.

Im Finanzcontrolling gibt es so genannte „Budgetverantwortliche", welche für die Steuerung bestimmter Aufwands- und Ertragspositionen verantwortlich sind. Die Positionen der Erfolgsrechnung wurden dafür im

Rahmen einer ABC-Analyse in A-, B- und C-Positionen unterteilt, je nachdem, wie hoch und dynamisch der Aufwand bzw. der Ertrag der jeweiligen Position und wie groß die Möglichkeiten der Einflussnahme sind. A- und B-Positionen werden dezentral betreut, C-Positionen (nicht dynamisch und/oder geringer Betrag und/oder nicht beeinflussbar) werden von der Finanzabteilung zentral geplant und betreut. Zu den 21 A-Positionen zählen z.b. OÖ Vertragsärzte, Heilmittel, Krankengeld und Heilbehelfe/Hilfsmittel, Zahnbehandlung und Zahnersatz, Transportkosten. B-Positionen sind beispielsweise Physiko-, Logo- und Ergotherapie, Proordinatione-Bedarf und Fahrtspesen.

Als Budgetverantwortliche wurden jene Führungskräfte (AbteilungsleiterInnen) namhaft gemacht, die im Rahmen ihres Aufgabengebietes die größte Steuerungsmöglichkeit für eine Aufwands- oder Ertragsposition wahrnehmen können. Zur Aufgabe der Budgetverantwortlichen gehört auch die Koordination und Abstimmung von Maßnahmen und Aktivitäten, die auf die „eigene" Budgetposition Auswirkungen haben. Durch diese Steuerungsverantwortung gelingt es, die funktionale Gliederung der Organisation zu überwinden und Prozesse der Leistungserbringung in den Mittelpunkt des Denkens und Handelns zu bringen.

Im Rahmen des Kosten- und Leistungscontrolling zeichnen für die Planung und Steuerung die sogenannten „Kostenverantwortlichen" in allen Organisationseinheiten verantwortlich. Es handelt sich dabei um Führungskräfte der betroffenen Organisationseinheiten und Eigenen Einrichtungen (AbteilungsleiterInnen, HeimleiterInnen, ...).

Aus dem Zusammenspiel des zentralen Controlling und den dezentralen Kosten- und Budgetverantwortlichen ergibt sich ein Controlling-Netzwerk, welches die gesamte OÖGKK umspannt und als solches eine wesentlich größere Wirkung entfalten kann als die Summe der einzelnen Elemente.

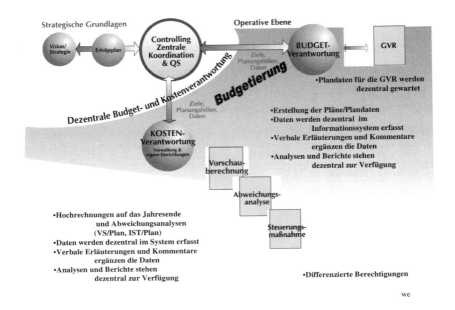

Abb. 6: Dezentrale Budget- und Kostenverantwortung

5.1.8 Hohe Akzeptanz der neuen Strategie

Die strategische Orientierung wurde mit GKK2000 neu definiert und in der Organisation kommuniziert. Als Folge daraus war die Richtung, in die sich die OÖGKK entwickeln sollte gut vorbereitet und den MitarbeiterInnen weitgehend bekannt. Als Ergebnis des Organisationsentwicklungsprojektes GKK2000 und der im Anschluss daran implementierten Instrumente sind die Ziele bzw. die Zielrichtungen den MitarbeiterInnen nicht nur bekannt, sondern werden in hohem Maße auch geteilt. Dieses Commitment, was die langfristige Entwicklung der OÖGKK betrifft, ist ein guter Boden für die Einführung der Balanced Scorecard, da dieses Instrument ja letztlich auf die bessere Operationalisierung der Strategie abzielt. Die Ergebnisse der MitarbeiterInnenbefragung 1997 spiegeln dieses Bild wider.

130

Ergebnisse MitarbeiterInnenbefragung 1997 (Market, 1997)[3]
„Die OÖGKK hat anzustrebende Unternehmensziele für das Jahr 1997 fixiert, die Sie in der Folge angeführt finden! Von welchen dieser Ziele haben Sie persönlich gewusst, dass sie als Unternehmensziel für 1997 fixiert
wurden!"

Es haben von den Unternehmenszielen

(Angaben in %)	gewusst	nicht gewusst
Finanzerfolg sichern	94	6
Kundenorientierung stärken und ausbauen	92	8
Prozesse evaluieren und optimieren	68	32
Innovationen fördern	58	42

„Und welche Ziele halten Sie persönlich für notwendig?"

Es halten die Unternehmensziele für

(Angaben in %)	nicht not-wendig	auch noch notwendig	sehr notwen-dig
Kundenorientierung stärken und ausbauen	4	22	74
Finanzerfolg sichern	3	28	69
Prozesse evaluieren und optimieren	8	39	53
Innovationen fördern	7	41	25

Die Bezugnahme auf die vier Bereiche **Kundenorientierung stärken und
ausbauen, Finanzerfolg sichern, Prozesse evaluieren und optimieren,
Innovationen fördern** zeigt, dass die strategischen Linien – obwohl nicht
schriftlich verabschiedet – bereits auf jene Felder fokussiert waren, die später in in den Erfolgsplan aufgenommen wurden. Im Hinblick auf die Be-
kanntheit der Ziele sieht man, dass die Felder **Finanzerfolg sichern** und

---

[3] Ergebnisse einer Befragung unter 658 MitarbeiterInnen der OÖGKK

Kundenorientierung stärken und ausbauen zu diesem Zeitpunkt bereits besonders gut bearbeitet und durch entsprechende Aktivitäten, Projekte und Maßnahmen weitgehend bekannt (94 % Finanzerfolg sichern; 92% Kundenorientierung stärken und ausbauen) waren. Im Gegensatz dazu waren die Unternehmensziele **Prozesse evaluieren und optimieren** nur 68% der MitarbeiterInnen und **Innovationen fördern** 58% der MitarbeiterInnen bekannt.

Ein entsprechendes Bild zeigt auch die Akzeptanz der einzelnen Unternehmensziele durch die MitarbeiterInnen: Insgesamt 74% hielten die Stärkung und den Ausbau der Kundenorientierung für sehr notwendig, die Sicherung des Finanzerfolges hielten immerhin 69% für sehr notwendig. Niedrigere Zustimmungswerte in der höchsten Ausprägung erhielten die Ziele **Prozesse evaluieren und optimieren** (53%) und Innovationen fördern (25%). Interessant ist die Beurteilung im Hinblick auf die Einschätzung, in welchem Ausmaß die angegebenen Ziele nicht notwendig sind: hier waren die Werte mit 3% (Finanzerfolg sichern) und 4% (Kundenorientierung verstärken und ausbauen) am niedrigsten – aber auch bei Innovationen fördern (7%) und Prozesse evaluieren und optimieren (8%) fiel die Beurteilung im Hinblick auf die Notwendigkeit sehr positiv aus. Aus den Ergebnissen der Befragung kann geschlossen werden, dass die Ziele (eigentlich handelt es sich ja um Zielfelder) als sinnvoll und notwendig erachtet werden.

5.1.9 Anschlussfähigkeit der Strategie und Umsetzungsergebnisse

Besonders auffällig ist, dass die strategischen Richtungen bereits in jenen Kategorien festgelegt (und daher bei der MitarbeiterInnenbefragung abgefragt) wurden, wie Kaplan und Norton sie später als Perspektiven ihres BSC-Konzeptes definierten. Das heißt, die strategischen Richtungen bzw. die Ziele wurden nicht nur akzeptiert, sie fügten sich praktisch nahtlos in das BSC-Konzept von Kaplan und Norton ein. Der von Kaplan und Norton dem BSC-Konzept implizit zu Grunde gelegte strategische Ansatz entspricht also jenem, den die OÖGKK seit GKK2000 verfolgte.

Letztlich wird ein Organisationsentwicklungsprozess an den Ergebnissen, die er bewirkt, gemessen. Ergebnisse, die in Form von Kundenzufriedenheitswerten, Finanzkennzahlen, Produktivitätskennzahlen und dergleichen dargestellt werden. Als Resultate eines erfolgreichen Organisationsentwicklungsprozesses, welcher sich seit Anfang der 90er Jahre hinzog, konnte die OÖGKK auf respektable Ergebnisse in allen (späteren) Perspektiven der BSC verweisen. Ausgewählte Ergebnisse in den Bereichen Kundenorientierung, Finanzen, Prozesse und Innovationen werden in Folge dargstellt und sollen ein Bild davon vermitteln, wie und wohin sich die OÖGKK durch das Projekt GKK2000 entwickelt hat.

5.1.9.1 Kundenorientierung

Im Jahr 1997 wurde das erste große, oberösterreichweite Kundenmonitoring im Auftrag der OÖGKK durch ein führendes Meinungsforschungsinstitut durchgeführt. Die Befragung erfolgte mittels Fragebogen. Ziel der Befragung war, ein repräsentatives Ergebnis über das Image der OÖGKK und die Zufriedenheit verschiedener Kundengruppen zu erhalten und Wahrnehmung der Dienstleistungsqualität der OÖGKK zu erheben. Da das Monitoring erstmalig durchgeführt wurde, können keine Vergleiche zu früheren Werten gezogen werden – die Ergebnisse zeigen aber, wo die OÖGKK bereits positiv beurteilt wird bzw. wo Verbesserungs- und Handlungsbedarf besteht.

Die **zusammengefassten Ergebnisse der Kundenbefragung 1997** werden im Folgenden für die Gruppen **Versicherte, DienstgeberInnen** und **VertragspartnerInnen** (die zwar nicht als KundInnen zu klassifizieren sind, aber als wesentliche SystempartnerInnen in die Befragung mit aufgenommen wurden) **dargestellt.**

Ergebnisse Versicherte

- Sehr unterschiedliche Wahrnehmungen der Gebietskrankenkasse in den einzelnen Zielgruppen.

- Je jünger die Versicherten, umso größer ist die Unzufriedenheit, umso höher ist das Kritikpotential, insbesondere bei den Dimensionen der Servicequalität (Bemühen, emotionales Gefüge, ...).

- Das Fernbild der GKK ist bei den Versicherten tendenziell besser als das Nahbild. Der Kontakt polarisiert, führt nur bedingt zu einer besseren Bewertung, zu einer höheren Zufriedenheit.

- Bei den einzelnen Dienststellen ergibt sich ein stark differenziertes Bild. Die Versicherten nehmen das gesamte Leistungs- und Servicevolumen sehr unterschiedlich wahr. Zwischen den besten und den schlechtesten Dienststellen sind große Bewertungsunterschiede festzustellen.

- Verärgerungen und Unzufriedenheiten resultieren vorrangig auf Ebene der Servicequalität und nicht auf der Produkt- bzw. Leistungsebene.

- Die Hauptstelle in Linz liegt tendenziell im Gesamtschnitt, was angesichts des urbanen Publikums eine gute Leistung ist. Allerdings wird im Umgang mit dem Kunden Verbesserungspotential geortet.

Ergebnisse DienstgeberInnen

DienstgeberInnen und SteuerberaterInnen fühlen sich in Summe recht gut aufgehoben, allerdings zeigt sich eine deutliche Zufriedenheitskorrelation mit der Betriebsgröße. Je weniger MitarbeiterInnen das Unternehmen hat, umso unzufriedener ist man mit der OÖGKK.

Je weniger man mit der OÖGKK in Kontakt steht, desto schlechter ist das Bild von der OÖGKK. SteuerberaterInnen und MitarbeiterInnen der Lohnverrechnung urteilen deutlich besser als Unternehmer, die die Lohnabrechnung über den SteuerberaterInnen abwickeln lassen. Diese Gruppe besitzt ein Negativbild von der OÖGKK. Dies kann zum einen daher kommen, dass sie weniger Informationen über die OÖGKK erhalten, zum anderen, dass die SteuerberaterInnen als verzerrender Filter wirken.

Prinzipiell wird die Lohnverrechnung als kompliziert angesehen, besonders von den Steuerberatern. Beim Thema Lohnverrechnung besteht ein großer Erklärungsbedarf. Hier geht es darum, Vereinfachungen zu schaffen und den Eindruck eines komplizierten und bürokratischen Apparates abzubauen.

Von den Informationsquellen der OÖGKK werden am häufigsten die Dienstgeber-Infos und die Rundschreiben genutzt. Am meisten Informationsbedarf besteht bei den gesetzlichen Änderungen in der Lohn- und Beitragsberechnung.

Die MitarbeiterInnen der OÖGKK werden insbesondere von den SteuerberaterInnen sehr gut beurteilt. Sie sind fachlich kompetent, drücken sich klar und verständlich aus und werden als freundlich erlebt. Aus der Sicht der Dienstgeber ergeben sich Verbesserungsansätze in der Flexibilität und Geschwindigkeit der Bearbeitung. Die MitarbeiterInnen wirken aus deren Sicht nur bedingt motiviert.

Die Beitragsüberprüfung wird im Großen und Ganzen positiv erlebt, auch wenn es zu Beanstandungen kommt. Die Beitragsüberprüfung wird als sehr korrekt, nachvollziehbar und objektiv angesehen. Die Überprüfer selbst sind sehr kompetent. Aus der Sicht der SteuerberaterInnen wird die OÖGKK bei der Überprüfung deutlich als penibler und kritischer erlebt.

Für die Zufriedenheit ausschlaggebend sind weniger die Leistungen der OÖGKK als die Beziehungsebene zwischen Dienstgebern, Steuerberatern und Mitarbeitern der OÖGKK. Denn dort, wo negative Erlebnisse auftreten, aber der Umgang mit den KundInnen als angenehm erlebt wird, wird die OÖGKK deutlich positiver wahrgenommen. Werden Beanstandungen bei der Beitragsprüfung gut erklärt, wird die Beitragsprüfung insgesamt als deutlich positiver erlebt. Im Bereich der Aufklärungsarbeit gibt es noch Verbesserungspotential.

Ergebnisse VertragspartnerInnen

- Das Fernbild der OÖGKK ist bei den VertragspartnerInnen, insbesondere bei den praktischen ÄrztInnen, deutlich schlechter als bei anderen Kundengruppen.

- Das Bild der VertragspartnerInnen von der OÖGKK verbessert sich zunehmend, wenn auf der Betreuungsebene analysiert wird. Nicht die Mitarbeiter zeichnen für das Negativbild verantwortlich, sondern das Gesamtsystem der OÖGKK.

- Das Verärgerungspotenzial ist insbesondere unter den praktischen ÄrztInnen sehr hoch. Die Kritik ist sehr emotional, die VertragspartnerInnen fühlen sich bevormundet, unter Druck gesetzt. Die Vertragspartner im Bereich Heilbehelfe/Hilfsmittel ärgern sich vor allem über die Chefarztpflicht und das Abrechnungssystem.

- Die OÖGKK wird von den VertragspartnerInnen nicht immer als ergiebige Informationsquelle angesehen. Sie informieren sich bei Kollegen, in Seminaren und Fachzeitschriften. Von der OÖGKK wünscht man sich Informationen über Vertragsänderungen und Qualitätssicherung, aber kaum über kostengünstige Behandlungsmöglichkeiten.

- Der OÖGKK wird durchaus das Recht zugesprochen, dass sie die VertragspartnInnen kontrolliert. Dies soll aber nicht über Patientenbefragungen geschehen, sondern über Informationen der PatientInnen über die abgerechneten Leistungen.

- Der Behandlungsökonomie stehen die VertragspartnerInnen kritisch gegenüber. Die Notwendigkeit dieser Einrichtung wird nur bedingt gesehen.

- Werden im Kontakt mit der Behandlungsökonomie positive Erfahrungen gemacht, so wird diese weniger in Frage gestellt. Es besteht auch ein deutlicher Zusammenhang zwischen einem positiven Erleben der Behandlungsökonomie und einer positiven Einstellung zur GKK im allgemeinem.

- Die VertragspartnerInnen stehen der OÖGKK als Institut sehr kritisch gegenüber. Es gibt aber ein Potenzial, das für die Handlungsweisen der GKK Verständnis aufbringt, das zur Kooperation mit der OÖGKK bereit ist.

5.1.9.2   Finanzen

Die Ausgangslage aus Perspektive der Finanzen war – zum Zeitpunkt des Projektstarts GKK2000 – mehr als trist. Die Kategorien Finanzergebnis und Verwaltungsaufwand als zentrale Kennzahlen, auch im Vergleich mit anderen Gebietskrankenkassen, verschlechterten sich von Jahr zu Jahr dramatisch. 1993 hatte die OÖGKK – in absoluten Zahlen – das schlechteste Finanzergebnis aller GKKs und das bei einem gleichzeitig sehr hohen Verwaltungsaufwand zu verzeichnen.

Die standardisierten Ergebnisse zeigen, wie sich die Position der OÖGKK im Hinblick auf Finanzerfolg und Verwaltungsaufwand im Vergleich zu den anderen Gebietskrankenkassen verändert hat. Der Finanzerfolg wird dabei in Relation zu den Beitragseinnahmen dargestellt, ebenso wird der Bruttoverwaltungsaufwand in Relation zu den Beitragseinnahmen dargestellt. Diese Darstellungsform erlaubt einen Vergleich der verschieden großen Gebietskrankenkassen untereinander, da dadurch Größenunterschiede neutralisiert werden und die Relativzahlen einen direkten Vergleich zulassen.

Die Standardisierung der Daten zielt darauf ab, Vergleichbarkeit der Gebietskrankenkassen herzustellen. Den Berechnungen werden folgende Annahmen zu Grunde gelegt: alle Gebietskrankenkassen besitzen im Hinblick auf Beitragseinnahmen, Anzahl der Pensionisten, Zahlungen aus und an den Ausgleichsfonds der Sozialversicherungsträger, Anzahl der beitragsfrei mitversicherten Angehörigen und Zahlungen im Rahmen der Anstaltspflege die gleiche Struktur. Strukturvorteile bzw. Strukturnachteile werden in dieser Darstellung also nicht berücksichtigt. Dies schafft eine vergleichbare Datenbasis und erlaubt die Darstellung der Ergebnisse in Relation zu einander.

Die auf diese Weise standardisieren Ergebnisse der Gebietskrankenkassen 1993 zeigen folgendes Bild:

Standardisierte Erfolgsrechnung 1993 aller Gebietskrankenkassen

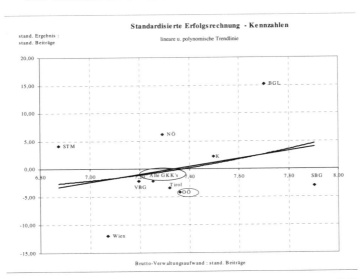

Abb. 7: Standardisierte Erfolgsrechnung aller Gebietskrankenkassen 1993

Auf der x-Achse ist der Brutto-Verwaltungsaufwand ins Verhältnis zu den standardisierten Beiträgen gesetzt, die y-Achse zeigt das standardisierte Finanzergebnis im Verhältnis zu den standardisierten Beiträgen.

138

Ein positives Finanzergebnis ist daher über der x-Achse, die die Null-Linie markiert, zu finden. Je höher das Finanzergebnis, desto weiter oben in der Grafik befindet sich die Darstellung. Die Höhe des Brutto-Verwaltungsaufwandes ist auf der x-Achse eingetragen. Je niedriger dieser ist, desto weiter links befindet sich der entsprechende Versicherungsträger in der Grafik. Ein Versicherungsträger mit niedrigem Verwaltungsaufwand und hoch-positivem Finanzergebnis (jeweils im Verhältnis zu den standardisierten Beiträgen) findet sich demnach in der Grafik links oben, umgekehrt findet sich ein Träger mit hohem Verwaltungsaufwand und negativem Finanzergebnis in der Grafik rechts unten.

Die vier Quadranten der Grafik können demnach wie folgt klassifiziert werden:

positives Finanzergebnis/niedriger Verwaltungsaufwand	positives Finanzergebnis/hoher Verwaltungsaufwand
negatives Finanzergebnis/niedriger Verwaltungsaufwand	negatives Finanzergebnis/hoher Verwaltungsaufwand

Die Trendlinien (linear und polynomisch) zeigen den statistischen Trendverlauf aller eingetragenen Werte an.

In obiger Darstellung zeigt sich, dass die OÖGKK 1993, sowohl was den Brutto-Verwaltungsaufwand im Verhältnis zu den standardisierten Beiträgen anbelangt als auch das Finanzergebnis anbelangt, unter dem Durchschnitt aller Gebietskrankenkassen (alle GKKs) lag.

Bis 1996 verändert sich die Finanzsituation der OÖGKK maßgeblich. Der Bruttoverwaltungsaufwand im Verhältnis zu den standardisierten Beiträgen liegt zwar noch immer über dem Durchschnitt aller Gebietskrankenkassen, Niveau und Abstand können aber maßgeblich verringert werden.

Das standardisierte Finanzergebnis liegt 1996 auf der Null-Linie und ist damit über das Durchschnittsniveau aller GKKs, welches im negativen Bereich liegt und das Niveau gegenüber 1993 nicht wesentlich verändert hat, angestiegen. Oberösterreich hat damit in den Jahren von 1993 bis 1996 eine Trendumkehr, was das Finanzergebnis anbelangt, geschafft und sich im Vergleich zu den übrigen Gebietskrankenkassen deutlich verbessert.

Standardisierte Erfolgsrechnung 1996 aller Gebietskrankenkassen

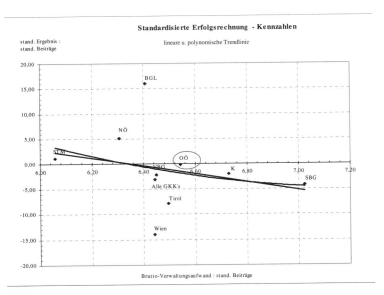

Abb. 8: Standardisierte Erfolgsrechnung aller Gebietskrankenkassen 1996

5.1.9.3   Prozesse

Im Bereich der Prozesse lassen sich Ergebnisse am ehesten über Produktivitätskennzahlen ermitteln. Im GKK2000 wurden für folgende Bereiche Produktivitätskennzahlen festgelegt: Melde-, Versicherungs- und Beitragswesen, Vertragspartner und Leistung.

Als Berechnungsgrundlagen dienen Mengenentwicklungen (lt. Angaben der Fachabteilungen) und das durchschnittlich zur Verfügung stehende Leistungspersonal in den entsprechenden Organisationseinheiten. Der Vergleich bezieht sich auf einen 3-Jahres-Zeitraum von 1993-1996.

Die Kennzahlen zeigen im Zeitraum von 2003 (Abschluss GKK2000) bis 1996 eine deutliche Verbesserung in allen Bereichen.

Die Analyse ergab, dass Produktivitätssteigerungen durch höhere Bearbeitungsmengen auf der einen Seite bei gleichzeitig reduziertem Personalstand auf der anderen Seite erreicht werden konnten. Dies ist nur bei entsprechendem Prozessmanagement möglich, welches aus dem Projekt GKK2000 heraus initiiert und – in Form entsprechender Projekte und Maßnahmen – in allen Bereichen betrieben wurde.

Die durchschnittliche Produktivitätssteigerung von 1993 bis 1996 im Bereich MVB beträgt 7,7 %, im Bereich Vertragspartner 33,2 % und im Bereich Leistung 13,3%. Insgesamt konnte die durchschnittliche Gesamtproduktivität (über alle Bereiche) in dem Beobachtungszeitraum von 3 Jahren um 18% (!) erhöht werden.

Da die Darstellungen und Berechnungen in Anlehnung an den Projekt–Abschlussbericht GKK2000 erstellt wurden, sind jene Aufgaben, die nach 1993 neu hinzugekommen sind, nicht in die Produktivitätsentwicklungen mit eingerechnet. Die Produktivitätsentwicklung würde daher – unter Berücksichtigung dieser zusätzlichen Aufgaben – noch positiver ausfallen.

Die Darstellung der Personalstandsentwicklung zeigt deutlich die Personalverringerung im Zeitraum von 1993 bis 1999. Entsprechend der Zusage im Projekt GKK2000 erfolgte die Personalreduktion sozial verträglich – d. h ohne Kündigungen. Dies gelang durch Nicht–Nachbesetzen von Pensionierungen, Karenzen usw. und durch attraktive Teilzeitangebote, die von den MitarbeiterInnen gerne in Anspruch genommen wurden. Die Darstellung der Personalstandsentwicklungen beziehen sich auf den kostenwirksamen Personalstand, ist also in Vollzeitäquivalenten ausgedrückt. Die damit verbunden Anzahl an tatsächlich anwesenden Personen liegt daher höher.

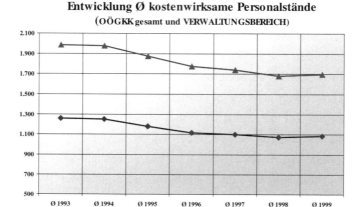

Abb. 9: Entwicklung der durchschnittlichen kostenwirksamen Personalstände der OÖGKK von 1993 – 1996

Auch die Tatsache, immer weniger Personal bei gleichbleibendem oder in vielen Bereichen sogar wachsendem Aufgabenumfang bewältigen zu müssen, zwang zur Optimierung. Geschäftsprozessoptimierung (GPO) wurde im Jahr 1997 als Instrument in der OÖGKK eingeführt. Die Erarbeitung eines standardisiertes Vorgehensmodelles an Hand einzelner Pilotprojekte, die Ausbildung von GPO-ExpertInnen und die Erweiterung der Projektmanagement-Richtlinien um die Richtlinien für Geschäftsprozessoptimierung waren die Basis für verschiedene GPO-Projekte in der OÖGKK. Diese Projekte führten in verschiedenen Bereichen der OÖGKK zu weiteren Prozessverbesserungen im Hinblick auf Effektivität und Effizienz.

GPO wurden beispielsweise in folgenden Bereichen durchgeführt: Vorsorgeuntersuchung, Ärztliche Verrechnung, Leistung, Regress, Einkauf, Finanzen.

5.1.9.4 *Innovationen*

Durch GKK2000 selbst und die daran folgenden Anschlussprojekte und Maßnahmen wurden starke innovative Impulse in der OÖGKK gesetzt. Das Projekt GKK2000 war das erste dieser Art in der österreichischen Sozialversicherung – sowohl was den gesamtheitlichen Zugang als auch die Einbindung der MitarbeiterInnen in den strategischen Prozess betrifft.

Mit diesem Projekt setzte die OÖGKK einen Prozess in Gang, der die OÖGKK vom letzten Platz gemessen am Finanzerfolg und den Verwaltungsausgaben an einen Spitzenplatz innerhalb der Sozialversicherung brachte und zwar nicht nur, was die Finanzen anbelangt, sondern auch, was das Leistungsniveau und die Kundenzufriedenheit anbelangt. Basis für diese Erfolge waren die innovativen Konzepte die aus GKK2000 resultierten und laufend umgesetzt wurden. In vielen Bereichen übernahm die OÖGKK die Themenführerschaft. (Betriebswirtschaftliche) Instrumente wie Controlling, Behandlungsökonomie, Öffentlichkeitsarbeit, Gesundheitsförderung, wurden bei der OÖGKK eingeführt, lange bevor sie bei anderen Sozialversicherungsträgern überhaupt in Diskussion waren.

Strukturen und Instrumente, die ein für Innovationen förderliches Klima schaffen, haben einen wesentlichen Anteil an der Innovationskraft der OÖGKK. Projektmanagement, Moderationstechnik, MitarbeiterInnengespräch, laufende Aus- und Weiterbildung sind nur einige Beispiele, die flächendeckend und über alle Hierarchieebenen hinweg umgesetzt wurden. Auch bei der Implementierung dieser Instrumente hat die OÖGKK innerhalb der Sozialversicherung die Themenführerschaft übernommen.

Die Einführung der Konzepte erfolgte großteils projektmäßig und vielfach mit wissenschaftlicher Begleitung. Projektmanagement, wissenschaftliche Begleitung und Evaluierung sind für die OÖGKK wesentliche Erfolgsparameter im Hinblick auf Innovationen.

Die OÖGKK beließ es nicht dabei, jene (umfangreichen) Konzeptionen umzusetzen, die in GKK2000 entwickelt und verabschiedet wurden – durch das mit GKK2000 geschaffene **veränderungs- und innovationsfreundliche** Klima gelang es, weitere Innovationen in der OÖGKK umzusetzen, die an die Ergebnisse von GKK2000 anschlossen und damit stimmig in die Gesamtstrategie eingefügt werden konnten. Konkrete Beispiele dafür sind Qualitätszirkel, kontinuierliche Verbesserungsprozesse oder auch die Balanced Scorecard. Die Ergebnisse des Projektes GKK2000 erweisen sich als extrem anschlussfähig. Sowohl die Prozessstrukturen als auch das inhaltliche Programm der Organisationsentwicklung der OÖGKK sind seit über 10 Jahren durch das Projekt GKK2000 geprägt. Auf diesem Fundament entwickelte die OÖGKK einen kontinuierlichen Lern- und Veränderungsprozess.

Wie die Ergebnisse in den Bereichen Kundenorientierung, Finanzen, Prozesse und Innovationen belegen, erfolgte die BSC-Einführung in einem Umfeld, welches durch GKK2000 neu ausgerichtet wurde. Diese Neuausrichtung verlief sehr erfolgreich, was in den Ergebnissen seinen Niederschlag fand. Die MitarbeiterInnen der OÖGKK waren sich dieser Tatsache durchaus bewusst.

5.2 ERGEBNISSE AUS DEM PROJEKT GKK2000 ALS BASIS FÜR DIE BSC-EINFÜHRUNG

BSC-Einführungen sind oftmals sehr schwierige und konfliktträchtige Prozesse. Dies spiegelt sich zwar in der Literatur kaum wider, in persönlichen Gesprächen mit Führungskräften und MitarbeiterInnen von Unternehmen, die gerade in der BSC-Einführung sind, wird diese These aber oftmals bestätigt.

Wie auch aus den prozessualen Darstellungen der BSC-Einführung in der OÖGKK hervorgeht, gab es im Zuge der Einführung kaum Konfliktpotenzial.

Grundsätzlich stellt sich die Frage, woraus Konfliktpotenzial bei der BSC-Einführung resultieren kann. Wohl kaum aus dem Instrument Balanced Scorecard an und für sich, stellt es doch lediglich einen Rahmen für die Übersetzung von strategischen Zielen in operative Ziele und Maßnahmen, sowie deren Messung durch Kennzahlen zur Verfügung (vgl. Freidag/ Schmidt, 2000).

Konflikte müssen daher aus harten Schnitten resultieren, die mit der Einführung des Instrumentes BSC ausgelöst und eingeleitet werden.

Wesentlich scheint daher die Frage, ob mit dem Instrument ein grundlegender Transformationsprozess eingeleitet wird und somit Konflikte der Veränderung mit der BSC-Einführung in Zusammenhang gebracht werden, die wiederum dem Instrument selbst zugeschrieben werden.

Die OÖGKK hat mit dem Projekt GKK2000 einen Prozess der Organisationsentwicklung eingeleitet, welcher auch Prozesse mit entsprechendem Konfliktpotenzial auslöste.

Insbesondere dort, wo es um Veränderungsprozesse im Zusammenhang mit ökonomischer Orientierung ging – also um die Umsetzung der Führungsgrundsätze **Wirtschaftlichkeit der Verwaltung und der Eigeneinrichtungen; Wirtschaftlichkeit bei Abschluss von Verträgen; vor Entscheidungen sind vorweg Nutzen-Kosten-Überlegungen anzustellen** waren die Prozesse oft sehr schmerzhaft und schwierig.[4] Plötzlich waren

---

[4] z. B: Projekt Verwaltungskostensenkung "-10%"; Einführung Vertragspartnerkontrolle – entsprechende Medienberichte dokumentieren das Konfliktpotenzial und die Konfliktlagen
(http://www.nachrichten.at/archiv?PHPSESSID=97b266b1843de4435ec08c38300 73029)

andere Handlungsprämissen und Entscheidungsschemata als bisher notwendig – das harmonische Miteinander im internen Umgang, wie auch im Umgang mit externen (Vertrags-)PartnerInnen wurde durch die begrenzte Verfügbarkeit finanzieller Ressourcen und die daraus resultierenden Änderungen im Entscheidungsverhalten massiv beeinträchtigt.

Die Umorientierung der OÖGKK ist bereits vor Einführung des OÖGKK-Erfolgsplanes gelungen. Ergebnisse aus MitarbeiterInnen-Befragungen zeigen eindrucksvoll, wie sich der Wandel in inneren Einstellungen manifestiert.

Die Einführungsbedingungen unter denen die BSC-Implementierung in der OÖGKK erfolgte lassen darauf schließen, dass mit dem Instrument nicht neue „harte Schnitte" verbunden wurden, sondern viel mehr ein strukturelles Fassen bestehender Kultur und (akzeptierter) strategischer Linien – und das ist ja das eigentliche Anliegen der BSC – Strategie in operative Ziele und Handlungen zu übersetzen und damit Strategie erst wirksam werden zu lassen. Dies wird insbesondere dadurch deutlich, dass die strategischen Richtungen aus GKK2000 sich im Hinblick auf die BSC-Perspektiven praktisch deckungsgleich übernehmen ließen. Die BSC war damit ein Instrument, das bestehende und akzeptierte strategische Linien strukturierte und transparent machte.

Durch das Projekt GKK2000 und die im Anschluss daran initiierten und umgesetzten Vorhaben wurde eine gute Basis für die spätere BSC-Einführung geschaffen. Zusammenfassend kann gesagt werden, dass sich insbesondere folgende – aus GKK2000 resultierende – Bedingungen besonders günstig auswirkten:

Die Umsetzung einer neuen strategischen Orientierung, die von den MitarbeiterInnen akzeptiert und im Hinblick auf das BSC-Konzept voll anschlussfähig war, und einen neuen Zugang zum und Umgang mit dem Thema Veränderung mit sich brachten (Stichwort: „Vom Verwalter zum Gestalter"). Neue Organisationsstrukturen, ein neues Steuerungskonzept mit entsprechenden Instrumenten der Unternehmenssteuerung und ein neuer Führungsstil, sowie postitive Erfahrungen und Ergebnisse resultieren aus dem durch GKK2000 eingeleiteten Veränderungsprozess.

6 Die Einführung der BSC in der OÖGKK

Die Einführung der BSC in der OÖGKK erfolgte beginnend im Jahr 1999 in mehreren Phasen, die an dieser Stelle grob skizziert werden sollen. Die Phasen waren nicht von vorn herein zeitlich und inhaltlich in dieser Form geplant, sondern haben sich vielmehr aus dem Einführungsprozess ergeben. Drei Phasen können unterschieden werden, wobei jede in sich abgeschlossen ist:

- Phase I: Ersteinführung OÖGKK-Erfolgsplan
- Phase II: Neuauflage OÖKGKK-Erfoglsplan
  (Umsetzung neuer Erkenntnisse von Kaplan/Norton)
- Phase III: Laufende Verbesserung des OÖGKK-Erfolgsplanes

Dieses BSC-Implementierungsmodell hat den großen Vorteil, dass jeweils nach Abschluss einer Phase Reflexion möglich war bzw. ist. So können Stärken und Schwächen des laufenden Einführungsprozesses frühzeitig erkannt und die notwendigen Maßnahmen abgeleitet werden. Die Erfahrungen aus der jeweils vorangegangenen Phase ermöglichen qualitative Verbesserungen in den nachfolgenden Phasen.

Die Phasen der BSC-Einführung dienen in weiterer Folge als Gliederungsmerkmal für die chronologische Beschreibung des Implementierungsprozesses. Eine vergleichende Darstellung, Analyse und Beurteilung einzelner Elemente aus allen Phasen und über die Phasen hinweg schließt sich daran an.Als erster Einstieg wird die Strukturierung der einzelnen Phasen im Überblick dargestellt. Zu jeder Phase werden dabei die groben Arbeitsschritte und der Zeitraum der Bearbeitung angeführt.

Phase I:	Phase II:	Phase III:
Ersteinführung O-ÖGKK–Erfolgsplan	Neuauflage OÖGKK-Erfolgsplan (Umsetzung neuer Erkenntnisse von Kaplan/Norton) 1.1.2001 – 31.12.2002	Punktuelle und laufende Verbesserung
1999/2000		1.1.2002 – 31.12.2002
1. Auftaktphase	1. Startphase	1.Standortbestimmung durchführen / Beteiligung an Benchmarking der Universität Linz
Juli/Aug. 1999	Jän./Feb. 2001	Jän. 2002
2. OÖGKK– Grundkonzept erarbeiten	2. Top-Ebene: Klärung und Herunterbrechen von Vision und Strategie	2. Ergebnisse des Benchmarking-projektes evaluieren und Verbesserungen ableiten
Aug./Sep. 1999	März – Juni 2001	Feb./März 2002
3. Inhalte (Ziele/Messzahlen) erarbeiten	3. Zweite Ebene erarbeiten (Bereichs–Erfolgspläne)	3.Schulungsmaßnahmen „Erfolgsplan" für alle Ebenen und Bereiche konzipieren und umsetzen
Okt./Nov. 1999	April – Juni 2001	März – Nov. 2002
4.Kommunikation/ Information	3. Umsetzung im Regelkreislauf	4. Erweiterung des BSC-Konzeptes / Erstellung von OE-Erfolgsplänen und Erfolgsplänen für interne Dienstleister
Jän./Feb. 2000	April – Dez. 2001	Mai – Okt. 2002
4. Umsetzung im Regelkreislauf	5. Berichterstattung/ Information	5. Berichterstattung/Information
2000	Jän. 2001 – Dez. 2002	Jän. 2002 – Dez. 2002

7 Phase I – Ersteinführung des OÖGKK-Erfolgsplanes

7.1 AUFTAKTPHASE

In der Auftaktphase für die Einführung der BSC in der OÖGKK wurden Arbeitsauftrag und Zielsetzung formuliert, Arbeitsteam und Rollen festgelegt sowie die Arbeitsorganisation und die Kommunikation definiert.

7.1.1 Arbeitsauftrag/Zielsetzung

Die Ersteinführung der BSC in der OÖGKK begann Mitte 1999. Der Auftrag für die Einführung der BSC in der OÖGKK erging durch den Leitenden Angestellten, der in Folge als Auftraggeber tituliert wird.

Im ersten Schritt wurde – nach Festlegung des Arbeitsteams – der Arbeitsauftrag geklärt und die Zielsetzung durch den Auftraggeber definiert:

Es galt das Konzept der Balanced Scorecard in der OÖGKK umzusetzen. Die erste BSC sollte bereits für das kommende Jahr 2000 erstellt werden und ab 1.1.2000 im Einsatz sein.

7.1.2 Arbeitsteam

Ein kleines Team, bestehend aus drei Personen, wurde beauftragt, die Konzeption und Umsetzung durchzuführen. Die Auswahl der Personen erfolgte – so die Einschätzung aus heutiger Sicht – nach folgenden Aspekten: Zum einen wurden Personen ausgewählt, die im direkten Einflussbereich des Leitenden Angestellten standen, zum anderen brachten diese Personen auf Grund ihrer Stellung im Unternehmen (alle entstammen der Abteilungsleitungs-Ebene), auf Grund der beruflichen Erfahrung und Aufgabengebiete und auf Grund ihrer Ausbildung die nötige Erfahrung für die Bearbeitung dieser Themenstellung mit. Darüber hinaus spielte wohl die persönliche Einschätzung des Auftraggebers über Zielorientierung, Innovationsfreudigkeit und Umsetzungskompetenz eine wesentliche Rolle bei der Auswahl des Bearbeitungsteams. Als MitarbeiterInnen im Direktionsbereich bzw. als Verantwortliche für das Controlling war eine direkte Betroffenheit durch das künftige Instrument gegeben. Die Teammitglieder brachten damit alle notwendigen Ressourcen mit, die für ein solches Vorhaben notwendig sind: Wissenskapital, Entscheidungskapital, Beziehungskapital und Kapital der Betroffenheit (vgl. Grossmann/ Scala 2001, S 96 f).

7.1.3 Arbeitsstruktur und Kommunikation

Ein Großteil der konzeptionellen Arbeit wurde in Teamsitzungen erledigt, wobei die aus der Basisliteratur von Kaplan/Norton (Kaplan/Norton, 1997) gewonnenen Erkenntnisse in konkrete Umsetzungsvorschläge für die Einführung der BSC in der OÖGKK mündeten und diese sehr zeitnah in gemeinsamen Sitzungen mit dem Auftraggeber abgestimmt und endgültig definiert wurden.

Sowohl Arbeitsteambesprechungen als auch die Sitzungen mit dem Auftraggeber wurden individuell vereinbart, wobei in beiden Fällen die Frequenz (im Vergleich zu anderen OÖGKK-Projekten) sehr hoch war. Das Arbeitsteam traf sich mindestens wöchentlich – meistens jedoch zweimal wöchentlich. Durch die räumliche Lage des Zimmers, in dem die Arbeitssitzungen stattfanden – neben dem Büro des Leitenden Angestellten – kam es auch vor, dass der Auftraggeber spontan an (Teilen von) Arbeitssitzungen teilnahm und so auch zwischen den eigentlichen Abstimmungsgesprächen Impulse und Inputs gab.

Die Sitzungen mit dem Auftraggeber erfolgten in der Regel in einem größeren zeitlichen Abstand, wurden aber bei Bedarf auch kurzfristig vereinbart und in kurzen Intervallen durchgeführt.

Die gewählte Arbeitsstruktur erlaubte ein zügiges Arbeiten und ein rasches Fortkommen in der Konzeptionsphase. Die laufende und enge Abstimmung mit dem Auftraggeber hatte dessen intensive Einbindung in die Konzeption zur Folge und erhöhte die Erfolgschancen bei der Umsetzung. Auftretende Fragestellungen konnten in dieser Arbeitsstruktur rasch geklärt und Weichenstellungen in die vom Auftraggeber gewünschte Richtung gelenkt werden.

7.1.4 Konzeption und Umsetzung außerhalb der OÖGKK-Projektmanagement-Richtlinien

Die Erarbeitung erfolgte – anders als bei vergleichbaren Vorhaben – nicht in Form eines offiziellen OÖGKK–Projektes, sondern wurde als Aufgabe vom beauftragten Team bearbeitet.

Auf Projektmanagement-Methoden im Sinne einer durchgängigen Planung der Vorgehensweise mit definierten Arbeitspaketen, einem strengen Detailterminplan und einem zugehörigen Projektcontrolling wurde bei der Ersteinführung der BSC in der OÖGKK verzichtet. Auch die Umweltanalyse und andere Elemente des in der OÖGKK fest verankerten und standardisierten Projektmanagements wurden nicht angewendet. Elemente daraus flossen aber in die Arbeit ein. Dies erfolgte implizit durch die handelnden Personen, die alle mit den Methoden des Projektmanagements vertraut waren und explizit in bestimmten Projektphasen, die eine Detailanalyse und planung erforderten.

Anders als in den Projektmanagement-Richtlinien der OÖGKK verankert, wurde bei der Ersteinführung des Erfolgsplanes nicht zuerst die Konzeption fertiggestellt und nach Entscheidung durch den Auftraggeber eine Umsetzungsphase angeschlossen, sondern konzipierte Teilbereiche gleich Zug um Zug umgesetzt.

Standardmäßig kamen Methoden der Moderationstechnik zur Anwendung, mit der ebenfalls alle Teammitglieder vertraut waren.

7.1.5 Rollenverständnis

Ob die Umsetzung der Einführung der BSC vom Auftraggeber bewusst aus dem standardisierten Projektmanagement der OÖGKK ausgenommen wurde, bleibt dahingestellt. Zweifellos ermöglichte dies jedoch ein weitgehend unbürokratisches Arbeiten und die enge Kommunikation mit dem Auftraggeber, die in dieser Form in offiziellen Projekten nicht stattgefunden hätte, da sich die Rolle des Auftraggebers im Wesentlichen auf eine Steuerungsfunktion beschränkt, nicht aber eine inhaltliche Mitarbeit in der konkreten Aufgabenstellung vorsieht.

Mögliche Nachteile, die sich aus dem Vorgehen ergeben könnten:

- Mangelnde Zielverfolgung, da keine Instrumente für Gesamtplanung und kein Projektcontrolling eingesetzt werden.
- Mangelnde Ressourcenzuteilung aus direkt mitarbeitenden Bereichen bzw. in weiterer Folge betroffenen Bereichen.
- Dem Vorhaben wird nicht das nötige Gewicht in der Organisation eingeräumt.
- Mangelnde Unterstützung durch den Auftraggeber, da das Vorhaben nicht **öffentlich** ist.
- Mangelnde systemmäßige Berücksichtigung und Einbindung der Gesamtorganisation.

Die ersten vier der angeführten Schwachstellen kamen bei der Ersteinführung der BSC in der OÖGKK nicht zum Tragen. Sie wurden durch das starke und unmittelbare Interesse des Auftraggebers an der Thematik sowie dessen umfangreiche Unterstützung und Mitarbeit bei der Erarbeitung und Umsetzung kompensiert.

Eine systemmäßige Berücksichtigung und Einbindung der Gesamtorganisation hätte bei der Durchführung als Projekt im Sinne der OÖGKK-Projektmanagement-Richtlinien sicherlich in höherem Ausmaß stattgefunden. Fraglich ist, ob diese Einbindung die Qualität der Grundkonzeption wesentlich verbessert hätte. Aus heutiger Sicht hätte eine frühzeitige Einbindung der Bereiche eventuell Vorteile für spätere Projektphasen, in denen eine intensive Einbindung aller Organisationseinheiten vorgesehen war, gehabt. Insbesondere deshalb, weil ein breiteres Grundverständnis für die Thematik durch eine Auseinandersetzung im Vorfeld erwartet werden hätte können. Fraglich bleibt jedoch, inwieweit eine solche breite frühzeitige Einbindung – ohne detaillierte inhaltliche Information (die zu diesem Zeitpunkt noch gar nicht möglich gewesen wäre) – nicht zu Unsicherheiten und Desorientierung geführt hätte und daher sogar kontraproduktiv gewesen wäre.

Durch die BSC-Einführung außerhalb der Projektmanagement-Richtlinien erfolgte auch die Definition der Rollen im Projekt nicht gemäß den Projektmanagement-Standards. Betroffen war die Rolle des Auftraggebers und jene von Projektleiter und Projektteammitgliedern.

7.1.5.1 Die Rolle des Auftraggebers

Die Rolle des Projektauftraggebers ist gemäß Projektmanagement-Richtlinien im Wesentlichen mit folgenden Kernaufgaben festgelegt (Olzinger/ Matscheko 2003, S 13):

Der Auftraggeber...

❑ hat die gesamte Projektverantwortung wahrzunehmen,

❑ nimmt projektbezogene Interessen im Rahmen der OÖGKK-Aufgaben wahr,

- ❏ nominiert gemeinsam mit dem Projektleiter das Projektteam,
- ❏ vereinbart die Projektstrategien und die Projektziele mit dem Projektleiter,
- ❏ stellt Ressourcen (Budget, Personal, Infrastruktur) zur Verfügung,
- ❏ stellt alle für die erfolgreiche Projektdurchführung relevanten Informationen zum Projektkontext zur Verfügung,
- ❏ wirkt beim Projekt-Kickoff und/oder beim Projektstart-Workshop mit,
- ❏ stimmt Projektinteressen mit dem "Projektplanungsausschuss" ab (eventuell gemeinsam mit Projektleiter),
- ❏ trifft wichtige projektbezogene Entscheidungen (gemeinsam mit Projektleiter),
- ❏ unterstützt das Projektmarketing,
- ❏ fordert periodisch Projektberichte ein,
- ❏ unterstützt das Projektteam bei Projektkrisen,
- ❏ orientiert sich an den PM-Richtlinien der OÖGKK.

Durch das Abgehen von den Projektmanagement-Standards bei der BSC-Einführung beschränkte sich die Rolle des Auftraggebers nicht auf die Wahrnehmung dieser Kernaufgaben. Dies hatte insbesondere eine stärkere Einbindung des Auftraggebers in die inhaltliche Arbeit zur Folge.

7.1.5.2   *Die Rolle des Projektleiters*

Gemäß den Projektmanagement-Richtlinien der OÖGKK ist die Rolle des Projektleiters wie folgt definiert (Olzinger/ Matscheko 2003, S 14):

Der Projektleiter...

- ❏ nominiert gemeinsam mit dem Projektauftraggeber das Projektteam,
- ❏ plant, kontrolliert und steuert das Projekt,

- ❏ koordiniert die Projektdurchführung entsprechend dem Projektauftrag,
- ❏ schafft die organisatorischen Voraussetzungen für eine effiziente Projektabwicklung,
- ❏ legt Kompetenzen und Verantwortlichkeiten im Team fest,
- ❏ grenzt Aufgaben der Teammitglieder ab,
- ❏ trifft Projektentscheidungen (gemeinsam mit Projektteam),
- ❏ trifft wesentliche Entscheidungen gemeinsam mit Projektauftraggeber,
- ❏ führt Projektstartgespräch, Projektworkshops und Projektteamsitzungen durch,
- ❏ wählt die einzusetzenden Methoden und Techniken aus,
- ❏ erstellt und adaptiert laufend die Projektpläne und Projektorganisation,
- ❏ führt im Projektteam das Projektcontrolling durch,
- ❏ ist für das Management von Projektkrisen zuständig,
- ❏ orientiert sich an den Organisationsrichtlinien zur Projektarbeit bei der OÖGKK.

In der Regel führt diese Definition des Projektleiters zu einer Verantwortungskonzentration auf die Person des Projektleiters. Die Aufgaben im Rahmen der Projektarbeit werden zwar im Projektteam verteilt – Steuerungs- und Kommunikationsaufgaben (insbesondere hin zum Auftraggeber) sowie Dokumentationspflichten sind aber in der Regel bei der Projektleitung angesiedelt. Häufig kommt es vor, dass auch die inhaltliche Projektarbeit stark von den jeweiligen ProjektleiterInnen dominiert wird.

Bei der BSC-Ersteinführung wurde die Rolle des Projektleiters anders wahrgenommen. Zwar lag die Gesamtkoordination der BSC-Einführung bei einer Person, die arbeitsbedingt und auch räumlich in einem großen Naheverhältnis zum Auftraggeber stand, dies kam aber für das Arbeitsteam nur dadurch zum Ausdruck, dass Terminvereinbarungen und Protokollführung über das Büro der benannten Person liefen. Alle übrigen Aufgaben – so auch die Kommunikation zum Auftraggeber hin – wurden im Team erledigt.

7.1.5.3   Das Arbeitsteam

Das Abweichen des Projektleiters vom Rollenverständnis im Sinne der Rollendefinition der OÖGKK-Projektmanagement-Richtlinien sowie die Gestaltung der Beziehung zwischen Auftraggeber und Arbeitsteam hatte hochgradig positive Auswirkungen auf die Motivation des Arbeitsteams sowie dessen Identifikation mit der Themenstellung – und damit auch auf die Ergebnisse. Jedes Teammitglied fühlte sich direkt und in gleicher Weise für die Ergebnisse verantwortlich. Die Wichtigkeit des Themas wurde durch die direkte Mitarbeit sowie die häufigen Abstimmungstermine mit dem Auftraggeber unterstrichen.

Als fördernder Faktor für die Arbeit im Team ist die gute persönliche Basis der Teammitglieder zu nennen, welche durch hohe gegenseitige Wertschätzung und eine ähnliche Zielorientierung geprägt ist.

In weiterer Folge wird – aus beschriebenen Gründen – nicht mehr zwischen Projektleiter und Arbeitsteam unterschieden.

Abstimmung mit dem Auftraggeber

Die Ergebnisse der einzelnen Arbeitssitzungen wurden regelmäßig – in eigenen Terminen mit dem Auftraggeber – abgestimmt. Darüber hinaus wurde in diesen Sitzungen die weitere Arbeit besprochen und geplant. Bei diesen Abstimmungsgesprächen nahm jeweils das gesamte Arbeitsteam teil.

Inhalt dieser Abstimmungstreffen war:

- Information über Arbeitsfortschritte und Ergebnisse
- Einbringen eigener Vorstellungen durch den Auftraggeber
- Abstimmung/Abgleich der Ergebnisse und „Freigabe" durch den Auftraggeber
- Festlegen der jeweils nächsten Arbeitsschritte und Terminpläne (auf Basis von Vorschlägen durch das Arbeitsteam)

7.1.6 Dokumentationspflichten

Da die BSC-Einführung kein offizielles Projekt war, musste den Formalismen und Dokumentationspflichten im Rahmen der Projektmanagement-Richtlinien nicht nachgekommen werden, was die Konzentration der zur Verfügung stehenden Ressourcen auf die inhaltliche Arbeit erlaubte.

Die Dokumentation wurde auf Ergebnissicherung beschränkt.

Das Controlling der Termine und der inhaltlichen Arbeit wurde laufend durch das Projektteam in den Arbeitssitzungen wahrgenommen. Die enge Zusammenarbeit mit dem Auftraggeber war im Zusammenhang mit der Zielerreichung förderlich.

Zusammenfassend kann behauptet werden, die Kenntnis und Anwendung von Projektmanagement-Methoden war förderlich für die BSC–Einführung, die Durchführung außerhalb der Projektmanagement-Richtlinien der OÖGKK hatte aber für das Vorhaben positive Effekte.

Inwieweit daraus Korrekturen für das Projektverständnis und den systemmäßigen Umgang mit Projekten der OÖGKK abgeleitet werden können, wird in diesem Zusammenhang nicht analysiert – sollte aber Gegenstand weiterführender Betrachtungen sein.

7.2   DAS BSC-GRUNDKONZEPT DER OÖGKK

Auf Basis der Zielsetzung und nach Definition des Zeitrahmens konnte die eigentliche Konzeptionsarbeit beginnen. In diesem Arbeitsschritt wurde das theoretische Grundkonzept von Kaplan und Norton für die OÖGKK adaptiert und nutzbar gemacht.

Ausgangspunkt war das Studium der Basisliteratur von Kaplan und Norton.

Die daraus gewonnenen Erkenntnisse über Aufbau und Inhalte flossen in Vorschläge zur Umsetzung der BSC in der OÖGKK ein, wurden konzeptionell auf die Bedürfnisse der Organisation angepasst und anschließend umgesetzt.

7.2.1 Festlegen der Grundstruktur der BSC

Im Rahmen der Festlegung der Grundstrukturen der OÖGKK-BSC wurden die für die OÖGKK bedeutsamen Perspektiven ausgewählt und deren grundsätzliche Inhalte definiert. Weiter wurden OÖGKK-spezifische Namen für die Perspektiven gesucht und der ursächliche Zusammenhang zwischen den Perspektiven geklärt. Darüber hinaus war die Detaildarstellung innerhalb der Perspektiven zu konkretisieren, um die operative Planung überhaupt erst möglich zu machen.

7.2.2 Auswahl und Definition der Perspektiven

Das Grundkonzept der BSC baut auf vier Perspektiven auf, wobei schon von Kaplan und Norton darauf hingewiesen wird, dass die Erweiterung der Perspektiven nach den Bedürfnissen der Organisation möglich ist.

Im ersten Schritt wurde daher überprüft, inwieweit die von Kaplan und Norton vorgeschlagenen Perspektiven für die OÖGKK anwendbar sind.

Dies erfolgte in Diskussionen im Arbeitsteam unter Bezugnahme auf konkrete Themenstellungen, wie sie in der Organisation zum aktuellen Zeitpunkt bearbeitet wurden.

Die Diagnose fiel wie folgt aus:

7.2.2.1 *Perspektive Kundenorientierung*

Kundenorientierung ist in der OÖGKK seit GKK2000 ein Thema. Im Rahmen dieses Organisationsentwicklungsprojektes wurde das Ziel formuliert, sich vom „Verwalter zum Gestalter" wandeln zu wollen. Seit 1997 wurde das Thema in einem groß angelegten Projekt „Orientierung Kunde" verfolgt und damit zu einem zentralen Schwerpunktthema der OÖGKK gemacht.

Ausgehend von der Ziel-Formulierung „Die Kundenorientierung stärken und ausbauen" und von den Ergebnissen eines breit angelegten Kundenmonitoring, wurde das Projekt „Orientierung Kunde" ins Leben gerufen. Das Projekt wurde von der Idee „Planung vom Kunden nach innen" geleitet, wodurch die notwendige Außenorientierung gewährleistet werden sollte (OÖGKK, Orientierung Kunde, 1998, S 4 ff). Als Ergebnisse resultierten aus dem Projekt ein Qualitätshandbuch für Kundenorientierung, welches neben zentralen Kriterien (für Kundenkontakte, Öffnungszeiten, Personalbereitstellung, Kundenzonen, Arbeitsprozesse, Infos und Beschwerden, EDV, Serviceangebot und Serviceleistung, Mitarbeiterführung und Kommunikation) auch Strukturen, Instrumente und Maßnahmen enthält (OÖGKK, Orientierung Kunde, 1998, S 6 ff).

7.2.2.2   Finanzperspektive

Schon mehrere Jahre vor Einführung des OÖGKK-Erfolgsplanes wurde der Finanzperspektive in der OÖGKK verstärktes Augenmerk geschenkt. Ausgehend von den Jahren 1993-1995, in denen die OÖGKK historisch hohe Verluste (Mehraufwände) zu verzeichnen hatte, war das zentrale Thema die Sanierung der Finanzen und die Verbesserung der Ergebnisse im Vergleich zu den anderen Gebietskrankenkassen. Gleichzeitig sollte der Verwaltungsaufwand im Vergleich zu den anderen Gebietskrankenkassen wesentlich verbessert werden.

Das Controlling der OÖGKK wurde im Jahr 1993 in Form des Referats Controlling/Berichtswesen institutionalisiert.

Als Steuerungsinstrument wurde neben dem bereits bestehenden Controlling der Eigenen Einrichtungen und im Verwaltungsbereich ab 1996 das Finanzcontrolling aufgebaut. Im Gegensatz zum in der Literatur verwendeten Begriff der Finanzplanung (Lechner/ Egger/ Schauer, 1990, S 230 ff) umfasst das Finanzcontrolling der OÖGKK die Planung und Steuerung aller Aufwände und Erträge, wobei das implementierte Steuerungskonzept auf dezentrale Verantwortungs- und Berichtsstrukturen aufbaut (Wesenauer, 1997).

7.2.2.3   Perspektive Interne Prozesse

Auch Prozesse waren in der OÖGKK zum Zeitpunkt der Ersteinführung der BSC bereits Gegenstand intensiver Betrachtungen. Im Zusammenhang mit der Erreichung der Finanzziele und der Ausrichtung der Prozesse an den Kundenbedürfnissen wurden ausgewählte Geschäftsprozesse einer Optimierung unterzogen. Ein eigens dafür entwickeltes Instrumentarium und Vorgehenskonzept zur Geschäftsprozessoptimierung bildeten die Basis. Dieses Vorgehensmodell fußt auf den Überlegungen von Hammer und Champy (Hammer/ Champy, 1997) und sollte eine auf die Bedürfnisse der

OÖGKK abgestimmte einheitliche Vorgangs- und Darstellungsweise bei der Modellierung von Prozessen sicherstellen. Dieses GPO-Instrumentarium wurde durch intensive Schulungsmaßnahmen breit in der OÖGKK etabliert und in den Folgejahren auch weiterentwickelt (Harrer u. a., 1994).

7.2.2.4   *Perspektive Lernen und Entwicklung*

Auch in diesem, in der deutschsprachigen Literatur weithin als Mitarbeiter-perspektive bezeichneten Bereich gab es in der OÖGKK bereits seit mehreren Jahren Aktivitäten. Eine organisatorisch verankerte und konzeptionell breit angelegte Personalentwicklung zeichnete für Schulungs- und Weiterbildungsprogramme und -maßnahmen, die weit über das in der Sozialversicherung übliche Maß hinausgehen, verantwortlich. Ausgehend von GKK2000 wurden in einem ersten großen Programm die Führungskräfte der ersten und zweiten Ebene im Personalentwicklungskonzept mit Schwerpunktsetzung auf zielorientiertes Führen berücksichtigt. In weiterer Folge wurde das Weiterbildungsangebot auf alle Ebenen ausgedehnt.

In allen Perspektiven nach Kaplan und Norton fanden sich also nach Einschätzung der Teammitglieder bereits umfangreiche Vorarbeiten und Aktivitäten, auf denen weitere Ziele und Maßnahmen aufbauen bzw. an denen diese anknüpfen konnten. Ein wesentlicher Vorteil für die Implementierung einer BSC war, dass die OÖGKK bereits Erfahrung und Routine mit zielorientiertem Führen besaß und in allen vier Perspektiven bereits Instrumente zur Steuerung auf breiter Basis einsetzt.

Ein wesentlicher Bereich wurde aber – aus Sicht der Teammitglieder – durch die vier Perspektiven nicht ausreichend abgedeckt. Die OÖGKK kauft einen Großteil der von ihr zur Verfügung gestellten Leistungen von Dritten – so genannten Vertragspartnern – zu. Diese Vertragspartner – zu ihnen zählen z. B ÄrztInnen, Apotheken, Bandagisten, Transportunternehmen und andere mehr – erbringen Leistungen im Auftrag und auf Rechnung der OÖGKK. Da diese Vertragspartner maßgebliche Auswirkungen in den Bereichen Kundenorientierung und Finanzen haben, sollten sie in Form einer eigenen Perspektive im BSC-Konzept der OÖGKK berücksichtigt werden.

7.2.2.5 *Perspektive Vertragspartner*

Die Perspektive der Vertragspartner stellte somit die fünfte Perspektive der OÖGKK dar und erweiterte damit das Grundkonzept von Kaplan und Norton, welches standardmäßig vier Perspektiven vorsah.

Auch in diesem Bereich der Vertragspartner gab es – neben den ohnehin routinemäßig durchgeführten Vertragspartnerverhandlungen – bereits Controlling-Aktivitäten in Form der Behandlungsökonomie, welche als eigene Organisationseinheit installiert wurde und deren Aufgabe die Steuerung der Vertragspartnerausgaben – auf Basis der ausverhandelten Verträge – ist.

Im Vertragspartnerbereich gab es daher zwei wesentliche Steuerungselemente: Die vertragliche Gestaltung der Vertragspartnerbeziehung und die Steuerung der Umsetzung des Verhandlungsergebnisses.

7.2.3 OÖGKK-spezifische Namensgebungen

Bereits während des Literaturstudiums und den anschließenden gemeinsamen Reflexionen im Arbeitsteam und später bei der Auswahl der Perspektiven und deren Inhalten entwickelte sich die Diskussion immer wieder in eine Richtung: Sind die von den Autoren Kaplan/Norton gewählten Begrifflichkeiten für unsere Organisation passend und vermitteln sie den MitarbeiterInnen jenes Bild, das wir durch die Umsetzung des BSC-Konzeptes in der OÖGKK vermitteln wollen?

Die Jahre seit GKK2000 waren geprägt von der Einführung unzähliger neuer Instrumente. Jedes weitere Instrument wurde von vorn herein als zusätzlicher Aufwand betrachtet, an den sich die Frage knüpfte: „Wozu brauchen wir denn das noch – wir haben doch ohnehin schon so viel umgesetzt?". Bei der Einführung neuer Instrumente war daher mit kritischen Reaktionen der MitarbeiterInnen und auch der Führungskräfte zu rechnen.

Aus frühen Projekten und Vorhaben wussten wir, dass insbesondere englische Bezeichnungen Abwehrreaktionen bei MitarbeiterInnen hervorriefen, die die Umsetzung von Konzepten behinderten und wesentlich erschwerten.

Anforderungen an spezifische Namensgebung

Die BSC in der OÖGKK war als umfassendes Steuerungskonzept gedacht – eine hohe Akzeptanz bei allen MitarbeiterInnen war daher Grundvoraussetzung für eine wirkungsvolle Umsetzung. Das Instrument musste für alle MitarbeiterInnen verständlich sein. Dazu kam eine ganz praktische Überlegung: Begrifflichkeiten, die nicht für sich sprechen, müssen erklärt werden – das bedeutet zusätzlichen Aufwand bzw. dort, wo entsprechende Erklärungen fehlen, Reibungsverluste durch unzureichende Information.

Diese Faktoren waren ausschlaggebend dafür, dass das Arbeitsteam in einem Brainstorming Begrifflichkeiten suchte, die zum einen die Perspektiven so übertitelten, dass sie in den Sprachgebrauch der OÖGKK passten und zum anderen bereits ein Bild davon zeichneten, wohin sich die OÖGKK in dieser Perspektive entwickeln sollte bzw. was langfristig erreicht werden sollte.

Die Bezeichnungen der Perspektiven sollten einen Bezug zu bereits laufenden Instrumenten und Projekten herstellten, um so den Eindruck zu vermeiden, es wird ein völlig neues – von allen bisherigen Instrumenten abgehobenes – Werkzeug eingeführt.

7.2.3.1 Ergebnisse in Form OÖGKK-spezifischer Namen für die Perspektiven

Das Resultat aus dem oben beschriebenen Brainstorming waren die Überschriften zu den Perspektiven der OÖGKK:

Orientierung Kunde – für die Kundenperspektive. Abgeleitet aus dem 1997 gestarteten Projekt gleichen Namens zur Verbesserung der Kundenorientierung in der OÖGKK.

Solide Finanzen – für die Finanzperspektive. Hier sollte zum Ausdruck gebracht werden, dass nicht die Erwirtschaftung eines Gewinnes als oberstes Ziel angestrebt wird, sondern die Zielsetzung darin besteht, dass dauerhaft eine solide Finanzbasis gesichert werden soll.

Optimale Geschäftsprozesse – für die Prozessperspektive. Durch diesen Titel sollte zum Ausdruck gebracht werden, worum es in der Prozessperspektive geht: Um die optimale Gestaltung der Prozesse zur Erreichung der Organisationsziele (in Form der Finanz- und Kundenorientierungsziele).

Innovationen fördern – für die Perspektive Lernen und Entwicklung. Durch diesen Titel ist nicht nur die Mitarbeiterentwicklung angesprochen. Die Perspektive wurde dadurch insgesamt weiter gefasst und umfasst alle innovativen Vorhaben – insbesondere auch neue Technologien. Innovationen fördern lenkt den Fokus auf die Bedingungen, unter denen gearbeitet werden soll. Es geht darum, ein innovationsfreundliches Klima zu schaffen und Bedingungen, die die Innovationskraft der Organisation erhöhen.

Effiziente Vertragspartner – für die Vertragspartnerperspektive. In dieser Formulierung wird der Fokus auf die Leistungserbringung der Vertragspartner gelegt. Das Verhältnis zwischen Input und Output wird in der Effizienz der Leistungserbringung ausgedrückt. Je effizienter die Vertragspartner ihre Leistungen auf Rechnung der OÖGKK erbringen, desto besser können die anderen Organisationsziele erreicht werden.

7.2.3.2 Zieldimension als Synonym für Perspektiven

Bei der Erarbeitung der Perspektiven wurden vom Arbeitsteam unbewusst immer wieder verschiedene Begrifflichkeiten für das Wort **Perspektive** verwendet. Insbesondere wurde Perspektive durch **Dimension** und **Zieldimension** ersetzt. Die daraus resultierende Problematik, dass ohne gleichlautende Termini das Modell und dessen Inhalte schwerer zu transportieren ist, wurde vom Arbeitsteam bereits in dieser Phase erkannt und die Forderung nach einheitlicher Formulierung gestellt. Man einigte sich darauf, die Perspektiven als **Zieldimensionen** zu bezeichnen. Das Team war der Meinung, der Begriff Zieldimension wäre leichter verständlich und weniger abstrakt als der Begriff Perspektive, wenngleich der Begriff Perspektive natürlich treffender die eigentliche Intention Kaplans und Nortons – das Unternehmen aus verschiedenen Blickwinkeln zu betrachten – erfüllt. Zieldimension beinhaltet als Wortteil bereits das Wort Ziel und drückt dadurch auch schon Sinn und Zweck der Dimensionen aus – geht es doch im Wesentlichen darum, Ziele zu formulieren und diese zu erreichen.

Gerade in der Phase der BSC-Ersteinführung in der OÖGKK wurde der Begriff Perspektive einheitlich durch den Begriff Zieldimension ersetzt. In späteren Phasen der BSC-Einführung und Umsetzung wurden die Begriffe wieder alternativ verwendet, was aber insofern keine Probleme aufwirft, weil die Perspektiven mit ihren spezifischen Bezeichnungen klar als solche identifiziert werden.

7.2.4 Das Zusammenspiel der Perspektiven

Kaplan und Norton gehen in ihrem ersten Buch davon aus, dass alle Perspektiven gleichwertig zu sehen sind – entsprechend sind sie in der schematischen Darstellung als Kreis angeordnet. Erst in späteren Darstellungen konkretisieren auch Kaplan und Norton, dass zwar die Perspektiven als solche gleich wichtig für die Erreichung strategischer Ziele sind, dass aber die Perspektiven im Zusammenwirken grundsätzlich aufeinander aufbauen.

In der Diskussion um die Perspektiven der OÖGKK-BSC entstand schon sehr bald das Bedürfnis nach Klärung des ursächlichen Zusammenhanges der Zieldimensionen.

Insbesondere die Perspektive **Effiziente VertragspartnerInnen** sollte in diesem Zusammenhang klar definiert werden. Die Ursachen dafür sind historisch bedingt. Die Vertragspartner spielen im Rahmen der Leistungserbringung der OÖGKK eine tragende Rolle. Dementsprechend wurde den Vertragspartnern traditionell viel Aufmerksamkeit geschenkt. Dies ging schließlich so weit, dass bei der Definition des Kundenbegriffes für die OÖGKK von vielen OÖGKK-MitarbeiterInnen (aus allen Hierarchieebenen) VertragspartnerInnen als KundInnen klassifiziert wurden. Da aber VertragspartnerInnen Leistungen im Namen der OÖGKK erbringen und diese Leistungen auch von der OÖGKK bezahlt werden, ist das Verhältnis zwischen VertragspartnerInnen und der OÖGKK als Kunden-Lieferantenbeziehung einzustufen, wobei die OÖGKK als auftraggebende und zahlende Institution als Kunde einzustufen ist und demzufolge VertragspartnerInnen Lieferantenstatus zukommt.

Die Perspektive **Effiziente VertragspartnerInnen** sollte in diesem Licht klar in das Zielerreichungsschema eingeordnet werden.

Die Perspektiven der OÖGKK wurden daher nicht – wie bei Kaplan und Norton – als Kreis angeordnet, sondern in zwei Kategorien geteilt:

- Übergeordnete Zieldimensionen
- Unterstützende Zieldimensionen

Als übergeordnete Zieldimensionen wurden **Orientierung Kunde** und **Solide Finanzen** klassifiziert. **Optimale Geschäftsprozesse, Innovationen fördern** und **Effiziente VertragspartnerInnen** dienten der Unterstützung der Zielerreichung in den übergeordneten Perspektiven und galten daher als **Unterstützende Perspektiven.**

Die grafische Darstellung der Zieldimensionen bringt die hierarchische Über- und Unterordnung zum Ausdruck.

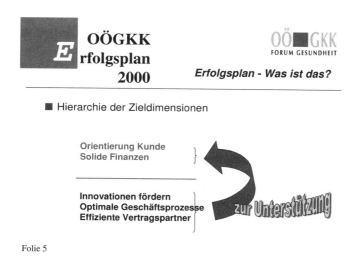

Folie 5

Abb.10: Die Hierarchie der Perspektiven im OÖGKK–Erfolgsplan

7.3   ERSTINFORMATION ÜBER DIE BSC-EINFÜHRUNG

Bereits nach Festlegung der Grundstrukturen für die OÖGKK-BSC wurde die erste und zweite Führungsebene über die Ergebnisse informiert.

7.3.1 Information an die erste Führungsebene

Nach Erarbeitung der Grundstruktur der BSC und der groben Festlegung der weiteren Arbeitsschritte sahen Auftraggeber und Arbeitsteam den Bedarf an Erstinformation für die erste und zweite Führungsebene.

Die Direktion war grundsätzlich darüber informiert, dass ein Arbeitsteam zur BSC-Umsetzung in der OÖGKK eingesetzt war. Detailinformationen hatte die erste Führungsebene bis zu diesem Zeitpunkt aber nicht erhalten. Die Information für die Direktion (erste Führungsebene) erfolgte als eigener Tagesordnungspunkt im Rahmen einer Direktionsklausur durch das Arbeitsteam. Präsentiert wurde das BSC-Konzept nach Kaplan und Norton, die Zielsetzung der Einführung in der OÖGKK, die Perspektiven der OÖGKK und die weitere Vorgehensweise, welche grob skizziert wurde.

Inhaltliche Änderungen wurden in der Klausur nicht gemacht oder veranlasst.

7.3.1.1 Aus der BSC wird der Erfolgsplan

Bereits bei der Erarbeitung der Perspektiven und deren inhaltlicher Definition wurden immer wieder Diskussionen über den Namen des Instrumentes selbst „Balanced Scorecard" geführt. Hier kamen die gleichen Erfahrungen und Befürchtungen, wie sie bei den Perspektiven beschrieben sind, zum Tragen. Eine Lösung wurde allerdings vom Arbeitsteam für dieses Problem nicht gefunden. Die Frage nach der Benennung des Instrumentes in der OÖGKK wurde auch in der Direktionsklausur artikuliert und in einem spontanen Brainstorming gelöst. Als Ergebnis wurde der Vorschlag des Auftraggebers von den anderen Direktoren akzeptiert, die BSC künftig „Erfolgsplan®"[5] zu nennen. Damit sollte der Belegschaft signalisiert werden, worauf das Instrument abzielt – nämlich durch Planung erfolgreich zu sein. Durch die Namensgebung kam auch – so waren sich die Anwesenden einig – die strategische Orientierung des Instrumentes zum Ausdruck.

---

[5] Die Marke Erfolgsplan wurde gemäss dem Markenschutzgesetz im Februar 2003 registriert.

7.3.2 Information an die zweite Führungsebene

Nach der Erstinformation an die erste Führungsebene und deren grundsätzlicher Zustimmung sollte auch die nächste Führungsebene (AbteilungsleiterInnen) über die Einführung der BSC in der OÖGKK informiert werden. Die Information erfolgte im Rahmen eines monatlich stattfindenden Führungskräfteforums, an dem die Leiter der Organisationseinheiten und die Direktion teilnehmen. Die Präsentation war ähnlich gestaltet wie jene für die Direktionsebene, wobei aber die Information durch den Leitenden Angestellten erfolgte und damit das Gewicht wesentlich erhöht wurde.

7.4 KONKRETE INHALTE ERARBEITEN

Obwohl schon im ersten Buch von Kaplan und Norton die BSC als Instrument zur Strategieumsetzung beschrieben wird (Kaplan/Norton, 1997), gibt es darin keine Hinweise darauf, wie Strategie als Basis für die BSC formuliert oder dargestellt sein sollte. Kaplan und Norton gingen anscheinend davon aus, dass in Unternehmen, die sich für eine BSC-Einführung entscheiden, eine festgelegte Strategie in geeigneter Form vorhanden ist, die es gilt umzusetzen. Da das Thema in der Basisliteratur nicht explizit angesprochen war, wurde es auch vom Arbeitsteam nicht in die Arbeit einbezogen. Die Problematik, die sich daraus ergab, sollte erst viel später zum Tragen kommen und in der zweiten Phase der BSC-Einführung in der OÖGKK korrigiert werden.

7.4.1 Arbeitsorganisation

In Anlehnung an die von Kaplan/Norton beschriebenen Elemente der BSC (Kaplan/Norton, 1997) wurde die weitere Vorgehensweise bei der Umsetzung der BSC in der OÖGKK festgelegt. Im nächsten Schritt sollten die konkreten Inhalte für alle Perspektiven definiert werden. Es galt Ziele,

Messzahlen und Maßnahmen zur Zielerreichung zu erarbeiten und diese zu fixieren.

7.4.1.1 Anforderungen an die Arbeitsorganisation

Eine Frage, die sich im Vorfeld stellte, war die nach den **ausführenden Personen**. Im Hinblick auf das enge zeitliche Korsett musste eine effiziente Arbeitsstruktur gewählt werden, die zusätzlich berücksichtigte, dass all jene, die die Ziele später umzusetzen hatten, gleich in die Erarbeitung der Inhalte mit einbezogen wurden. Durch die breitere Einbindung ergab sich der Bedarf an (Gesamt-)Abstimmung und nach Qualitätssicherung. Auch weiterhin musste die Vorgehensweise geplant und mit dem Auftraggeber abgestimmt werden. Darüber hinaus war aber nun auch sicherzustellen, dass die erarbeiteten Inhalte mit allen Führungskräften der ersten Ebene (DirektorInnen) abgestimmt waren, um ein entsprechendes Commitment für die Umsetzung zu erhalten.

7.4.1.2 Zieldimensionsverantwortliche

Organisatorisch wurde diesen Problemstellungen wie folgt begegnet: Je Perspektive wurde eine Person ausgewählt, die für den Aufbau und später für die laufende Betreuung der Zieldimensionen verantwortlich sein sollte. Diese Zieldimensionsverantwortlichen wurden bereits in dieser frühen Konzeptionsphase ernannt und eingebunden.

Bei den Zieldimensionsverantwortlichen handelte es sich um Führungskräfte der zweiten Ebene bzw. um ReferentInnen, deren eigentlicher Aufgabenbereich in einem inhaltlichen Nahebereich zu der zu betreuenden Zieldimension stand. Die Personenauswahl erfolgte implizit auch nach Kriterien wie Innovationskraft, Zielorientierung und Durchsetzungsvermögen. In der ersten Konzeptionsphase wurden vier der fünf Perspektiven von den Arbeitsteammitgliedern selbst übernommen (wobei ein Teammitglied zwei

Perspektiven betreute) und die Zieldimension **Effiziente VertragspartnerInnen** vom Leiter der Behandlungsökonomie betreut.

7.4.1.3 Das erweiterte Arbeitsteam

Der Zieldimensionsverantwortliche für **Effiziente VertragspartnerInnen** wurde – um eine vollständige Einbindung zu gewährleisten – in das Arbeitsteam aufgenommen. Das Arbeitsteam wurde so um eine Person erweitert.

Die Arbeitsweise im **erweiterten Team** wurde ähnlich weitergeführt wie im ursprünglichen Team. Die Gesamtabstimmung und die Konzeption und Vereinbarung der weiteren Vorgehensweise erfolgte wiederum im Arbeitsteam. Als neuer Aufgabenbereich kam die Qualitätssicherung hinzu.

Diese Qualitätssicherung umfasste die terminliche und inhaltliche Querabstimmung und die Bearbeitung und Lösung auftretender Probleme bei der Erarbeitung der Detailinhalte der Perspektiven.

7.4.1.4 Abstimmung mit dem Auftraggeber

Die Abstimmung mit dem Auftraggeber wurde in gleicher Weise beibehalten, wenngleich die zeitlichen Abstände zwischen den Abstimmungstreffen mit dem Auftraggeber größer wurden. Dies hatte auch damit zu tun, dass die Erarbeitung von Zielen, Messzahlen und Maßnahmen längere Zeit in Anspruch nahm und so Ergebnisse nicht so häufig zu präsentieren waren.

7.4.2 Ziele, Messzahlen und Maßnahmen

Die Detailinhalte in den einzelnen Perspektiven wurden von einzelnen Zieldimensionsverantwortlichen in enger Zusammenarbeit mit den Fachabteilungen festgelegt.

Die Erarbeitung der Ziele, Messzahlen und Maßnahmen orientierte sich an laufenden Aktivitäten und Programmen. Da implizit unterstellt wurde, dass alle in der OÖGKK laufenden Aktivitäten, Projekte und Programme aus strategischen Überlegungen heraus gestartet wurden, schien die systematische und geordnete Abbildung in Form der BSC der richtige Zugang zu sein, um eine gesamtheitliche Steuerung und einheitliche Ausrichtung dieser Aktivitäten und damit der Organisation zu gewährleisten.

7.4.2.1 *Messzahlen als Ausgangspunkt*

Als Ausgangspunkt wurden in allen Perspektiven Messzahlen definiert, die geeignet erschienen, für künftige Zielsetzungen zu dienen und dadurch die Gesamtorganisation zu steuern. Gestützt wurde dieser Zugang durch die Darstellungen von Kaplan und Norton, die als Fundament für die BSC-Umsetzung die Auswahl der **richtigen** Messzahlen in allen Perspektiven sahen.

Die Herangehensweise für die Definition dieser Messzahlen war nicht durch das Arbeitsteam normiert und differierte daher in den verschiedenen Perspektiven.

Als Ausgangspunkt wurden jedoch in fast allen Zieldimensionen Zielsetzungen und Ergebnisse konkreter Projekte herangezogen, die dann in Form von Messzahlen ihren Niederschlag fanden. Darüber hinaus fanden laufende faktische Informationsbedürfnisse der Direktion in den verschiedenen Perspektiven in Form von Messzahlen ihren Niederschlag.

Messzahlen der Perspektive Solide Finanzen

Beispielhaft soll das Vorgehen im Bereich Solide Finanzen dargestellt werden – obwohl die Vorgehensweise in anderen Perspektiven sicher nicht ident war, so gibt das dargestellte Beispiel doch Einblicke in die Herangehensweise.

Bei der Erarbeitung der Messzahlen für die Zieldimension Solide Finanzen ging man zum einen von den durchgängig dokumentierten Anforderungen der Direktion der letzten 5 Jahre aus. Aus den entsprechenden Unterlagen der Finanzabteilung konnte ermittelt werden, welche Informationen häufig oder periodisch von der Direktion angefragt wurden. Zum anderen wurden die wesentlichen Informationen, die im Rahmen des Controlling laufend an die erste Berichtsebene ergingen, im Hinblick auf die Tauglichkeit für BSC-Messzahlen geprüft. Aus diesen Grundlagen wurde dann ein Kennzahlenvorschlag für die Perspektive Solide Finanzen abgeleitet.

Ziele und Messgrößen **Solide Finanzen** 2000 (Quelle: Erfolgsplan 2000)

Ziel	Messgröße
Erträge maximieren	Entwicklung der Erträge im Vergleich zum Vorjahr
Aufwände optimieren	Entwicklung der Aufwände im Vergleich zum Vorjahr
Verwaltungsaufwand sparen	Entwicklung des Verwaltungsaufwandes im Vergleich zum Vorjahr
Effizienzgrad Heime erhöhen	Entwicklung der Kosten je Heim im Vergleich zum Vorjahr
Deckungsgrad I Zahnambulatorien und Fachambulatorien erhöhen	Deckungsgrad I (=Erlöse-Einzelkosten)

Vereinfacht gesagt wurden all jene Informationen, die von der Direktion ohnehin laufend angefragt wurden oder die in Form von erwünschten Ergebnissen in Projekten/Aufgaben und Aktivitäten im Tagesgeschäft beauftragt wurden, in Form von Messzahlen abgebildet. Dies galt für die Perspektiven Orientierung Kunde, Solide Finanzen, Innovationen fördern und Effiziente Vertragspartner.

Messzahlen der Perspektive Optimale Geschäftsprozesse
Im Bereich Optimale Geschäftsprozesse sahen der Zieldimensionsverantwortliche und auch das Arbeitsteam als Gesamtes keine geeigneten Grundlagen für Messzahlen. Die Messzahlen, welche aus Geschäftspro-

zessoptimierungen zur Verfügung standen, waren zu detaillistisch und zudem nur für wenige Prozesse vorhanden. So entschied man sich dafür, als Basis für die Messzahlenentwicklung in der Zieldimension Optimale Geschäftsprozesse Leistungskennzahlen für alle Organisationseinheiten der OÖGKK zu definieren und diese in weiterer Folge laufend zu erheben.

Diese Leistungskennzahlen wurden von den Organisationseinheiten selbst festgelegt – die Koordination und Qualitätssicherung wurde vom Controlling/Berichtswesen übernommen, ebenso die Abbildung der Leistungskennzahlen im Managementinformationssystem. Aus diesen Leistungskennzahlen erfolgte dann wiederum die Auswahl jener Kennzahlen, die in die BSC aufgenommen werden sollten.

Zusammenfassend kann gesagt werden, die Arbeit für das Team und die einbezogenen Fachbereiche bestand im Wesentlichen darin, aus den unzähligen Informationen jene herauszufiltern, die standardmäßig im Rahmen der BSC-Erstellung und laufenden Umsetzung einer regelmäßigen Betrachtung unterzogen werden sollten.

7.4.2.2   Ursachen–Wirkungskette

Ausgehend von Darstellungen in der Basisliteratur von Kaplan und Norton versuchte auch das Arbeitsteam die Ursachen-Wirkungsbeziehung zwischen den verschiedenen Zielen und Maßnahmen darzustellen.

Die Ursachen-Wirkungskette wurde (auf Basis der Messzahlen) beispielhaft für wesentliche Teile des Erfolgsplanes durch das Arbeitsteam erarbeitet und stellte nicht den Anspruch auf Vollständigkeit. Vielmehr handelte es sich um einen Versuch darauf hinzuweisen, dass die einzelnen Ziele nicht unabhängig voneinander zu sehen sind, und dass Aktivitäten in einem bestimmten Bereich Auswirkungen in ganz anderen Bereichen haben können. Darüber hinaus sollte aufgezeigt werden, dass diese Zusammenhänge erwünscht sind und bei der Beurteilung und Auswahl von Maßnahmen zur Zielerreichung mitbedacht werden müssen. Dies stellte eine neue Betrachtungsweise dar, mit der sich die MitarbeiterInnen der OÖGKK bisher nicht auseinandergesetzt hatten.

Durch die Komplexität der Darstellung einerseits und deren Unvollständigkeit andererseits blieb die Auseinandersetzung mit den Ursachen-Wirkungsbeziehungen jedoch in den Anfängen stecken. Obwohl als Anregung für weitere Analysen – auch auf der Detailebene – gedacht, wurde dieses Instrument nicht weiter angewandt und hatte für diese Phase des Erfolgsplanes keine maßgebliche Bedeutung.

Die Ursachen-Wirkungskette wurde in weiterer Folge nur mehr für Präsentationszwecke verwendet und hatte für weitere Analysen oder die inhaltliche Arbeit am Erfolgsplan keine Bedeutung.

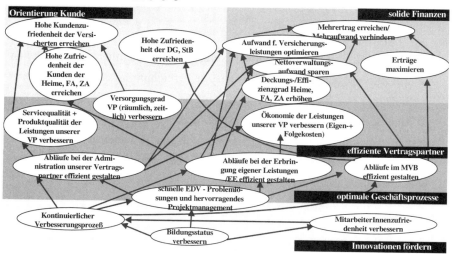

Abb. 11: Ursachen-Wirkungszusammehänge – Erfolgsplan 2000

7.4.2.3 Ziele 2000

Ausgehend von den Ist-Werten der definierten Messzahlen konnten die Zielwerte für 2000 festgesetzt werden. Der Prozess der Zielfixierung beschränkte sich also darauf, Verbesserungen im bereits laufenden System festzuschreiben – ging es doch darum, die bestehenden Ist-Werte auf ein höheres Niveau im Folgejahr zu bringen und dafür geeignete Maßnahmen zu entwickeln. Die Diskussion der strategischen Orientierung selbst oder der Zielausrichtung im Zusammenhang mit strategischer Orientierung war damit systemmäßig nicht vorgesehen.

Die Zielwerte wurden auf Basis der Ist–Werte von den Zieldimensionsverantwortlichen in Zusammenarbeit mit den betroffenen Bereichen vorgeschlagen. Die Art der Festlegung blieb den Verantwortlichen selbst überlassen. In der Regel wurde ein – aus Sicht der agierenden Personen – realistisch zu erreichender Wert vorgeschlagen. Begründungen für die Erreichbarkeit oder für die Höhe des Zielwertes wurden systemmäßig nicht verlangt und in der Regel auch nicht erbracht.

7.4.2.4 Maßnahmen

Nachdem Messzahlen und Zielwerte erarbeitet waren, ging es im nächsten Schritt darum, geeignete Maßnahmen zur Erreichung dieser Werte zu entwickeln.

Auch die Maßnahmen wurden von den Zieldimensionsverantwortlichen gemeinsam mit den Abteilungen vorgeschlagen – wobei es sich vielfach um bereits laufenden Projekte und Aktivitäten handelte, die den entsprechenden Messzahlen dann zugeordnet wurden.

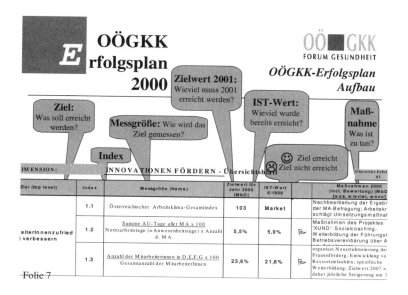

Abb. 12: Aufbau des OÖGKK-Erfolgsplanes (Ausschnitt)

7.5 DER REGELKREISLAUF

Die BSC sollte in einen fest definierten Kreislauf von Zielsetzung, Planung, Umsetzung und Kontrolle münden und so in der Organisation als Controlling-Instrument verankert werden. Entsprechende Erfahrungen mit solchen Regelssystemen bestanden bereits in der OÖGKK. Insbesondere im Controlling waren die verschiedenen Aktivitäten bereits seit längerer Zeit als Regelkreisläufe gestaltet und in der Organisation etabliert[6]. Regelkreisläufe stellten daher keine besondere Herausforderung für die Organisation dar, da das Arbeiten in diesen Kreisläufen bereits als Routine angesehen wurde. Auch was die Gestaltung eines solchen Kreislaufes anbelangte, sah das Arbeitsteam keine besondere Schwierigkeit in der Definition der Anforderungen und in der Konzeption.

---

[6] Andere Bespiele für Regelkreisläufe in der OÖGK: der Controlling-Prozess (O-ÖGKK-Planungshandbuch, 1995) oder der MbO-Regelkreis (Handbuch der OÖGKK für Management by Objectives, 1997).

177

Durch den Regelkreislauf sollte die Verknüpfung mit anderen Instrumenten der Unternehmensplanung gewährleistet sein. Wesentlich in diesem Zusammenhang sind die inhaltliche und terminliche Koordination der verschiedenen Planungsaktivitäten.

In engem Zusammenhang mit der BSC wurden folgende Controlling- und Führungsinstrumente gesehen:

- Verwaltungscontrolling und Controlling der Eigenen Einrichtungen (Investitionscontrolling, Personalcontrolling, Kosten- und Leistungscontrolling)
- Finanzcontrolling
- MitarbeiterInnengespräche (MAG)
- Management by Objectives (MbO)
- Personalentwicklung

7.5.1 Rahmenbedingungen

Im Regekreislauf galt es insbesondere, auf die terminliche Abstimmung der verschiedenen Planungsaktivitäten zu achten und das zeitgerechte zur Verfügung stellen der jeweils notwendigen Informationen aus vorgelagerten Instrumenten zu gewährleisten.

Insbesondere für die Planung in Form des Verwaltungscontrolling und des Controlling der Eigenen Einrichtungen sowie der Aufwände und Erträge (im Finanzcontrolling) benötigte man Basisinformationen in Form von Zielsetzungen für das kommende Jahr. Da diese Planungsaktivitäten für das Folgejahr routinemäßig bereits ab September beginnen, war bei den Terminen für den Erfolgsplanprozess entsprechend darauf Rücksicht zu nehmen. Ebenso musste beachtet werden, dass MbO-Gespräche bereits ab November/Dezember für das jeweilige Folgejahr geführt werden. Die MitarbeiterInnengespräche schließen sich dann an die MbO-Gespräche an und werden zu Jahresbeginn (im ersten Quartal) für das laufende Jahr geführt.

Im Bereich der Personalentwicklung war darauf zu achten, dass zum einen Informationen aus dem Erfolgsplan für die Planung des Weiterbildungsprogrammes notwendig sind und andererseits das Bildungsprogramm rechtzeitig für die MAG vorliegen muss, um konkrete Vereinbarungen zum Thema Fort- und Weiterbildung in den MitarbeiterInnengesprächen zu ermöglichen.

7.5.2 Anforderungen an den Erfolgsplan-Prozess

Bei der Planung der Erfolgsplan-Aktivitäten, die über das Jahr verteilt anfallen, waren folgende Elemente zu berücksichtigen:

- Erstellung des Erfolgsplanes (Ziele, Messzahlen, Maßnahmen für das Planjahr)
- Kommunikation des Erfolgsplanes als Basis für die Planung MbO und MAG
- Soll-Ist-Vergleiche als Basis für Steuerungmaßnahmen bei Fehlentwicklungen

7.5.3 Der Erfolgsplan-Regelkreislauf

Vom Arbeitsteam wurde – basierend auf den Anforderungen unter Berücksichtigung der dargestellten Rahmenbedingungen – folgender Regelkreislauf entwickelt, welcher sich jährlich wiederholt und Termine und Aktivitäten im Zusammenhang mit dem Erfolgsplan fix definiert.

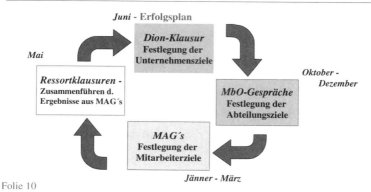

Folie 10

Abb. 13: Erfolgsplan-Planungskreislauf

7.5.4 Verbindung mit anderen Instrumenten der Zielbildung

Im OÖGKK-Regelkreislauf musste insbesondere die Verbindung des Erfolgsplanes zu anderen Instrumenten der Zielbildung und Zielvereinbarung berücksichtigt werden. Zwei Instrumente waren davon betroffen – das MitarbeiterInnengespräch und Management by Objectives.

Für beide Instrumente galt, dass sie nicht nur terminlich, sondern auch inhaltlich mit dem Erfolgsplanprozess in Einklang zu bringen waren – sollte doch die BSC das übergeordnete Instrument strategischer Zielbildung und Zielverfolgung sein.

Die terminliche Abstimmung erfolgte im Erfolgsplan-Regelkreislauf durch die entsprechende zeitliche Lagerung der verschiedenen – aufeinander aufbauenden – Aktivitäten.

Die inhaltliche Dimension wurde sowohl im MitarbeiterInnengespräch als auch im MbO-System so verankert, dass in die entsprechenden Vorbereitungs- und Dokumentationsformulare die fixe Zuordnung vereinbarter Ziele und Aktivitäten zu den verschiedenen Perspektiven standardmäßig vorgesehen wurde. Durch diese Maßnahme waren die MitarbeiterInnen bereits bei der Vorbereitung der Gespräche an die Erfolgsplan-Struktur gebunden und dadurch gezwungen, sich mit den Inhalten der Perspektiven und mit den Zusammenhängen zum eigenen Aufgabenbereich zu beschäftigen.

Da das Vorbereitungsformular zum MAG und MbO auch als Leitfaden für die Gesprächsführung dient, musste sich auch das jeweilige MitarbeiterInnen- bzw. MbO-Gespräch in wesentlichen Teilen mit den Perspektiven und den konkreten Bezugspunkten zum individuellen Aufgabengebiet bzw. mit konkreten Zielen und Aufgaben für das nächste Jahr in den verschiedenen Zieldimensionen befassen.

Gleiches galt später für die Protokollierung der vereinbarten Inhalte.

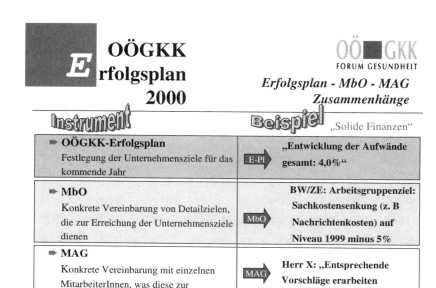

OÖGKK
*E*rfolgsplan
2000

OÖ■GKK
FORUM GESUNDHEIT
Erfolgsplan - MbO - MAG
Zusammenhänge

Instrument

Beispiel „Solide Finanzen"

Instrument	Beispiel
➡ **OÖGKK-Erfolgsplan** Festlegung der Unternehmensziele für das kommende Jahr	**„Entwicklung der Aufwände** E-Pl **gesamt: 4,0%"**
➡ **MbO** Konkrete Vereinbarung von Detailzielen, die zur Erreichung der Unternehmensziele dienen	**BW/ZE: Arbeitsgruppenziel:** **Sachkostensenkung (z. B** MbO **Nachrichtenkosten) auf** **Niveau 1999 minus 5%**
➡ **MAG** Konkrete Vereinbarung mit einzelnen MitarbeiterInnen, was diese zur Zielerreichung beitragen können	**Herr X: „Entsprechende** MAG **Vorschläge erarbeiten** **und umsetzen"**

Folie 9

Abb.: Zusammenhang Erfolgsplan – MbO – MAG

7.5.5 Abstimmung der Ergebnisse

Die Ergebnisse in den einzelnen Perspektiven mussten nun noch abgestimmt und fixiert werden. Ebenso musste der Regelkreislauf durch die Direktion genehmigt und verabschiedet werden. Eine Direktionsklausur wurde zu diesem Zweck angesetzt.

Die Tagesordnung sah folgende Punkte vor:

- Festlegen der Inhalte des Erfolgsplanes 2000
- Festlegen des Erfolgsplan-Regelkreislaufes

Die Präsentation erfolgte je Perspektive durch die jeweiligen Zieldimensionsverantwortlichen. Die vorgeschlagenen Messzahlen, Ziele und Maßnahmen wurden in einer Direktionsklausur präsentiert, punktuell geändert und letztlich als BSC für das kommende Jahr fixiert.

7.6 INFORMATION/KOMMUNIKATION (JÄNNER/FEBRUAR 2000)

In einem nächsten Schritt galt es, das neue Instrument und dessen Inhalte in geeigneter Weise zu präsentieren und zu kommunizieren. Dies erfolgte in verschiedenen Präsentationen sowie in Form einer Broschüre für alle MitarbeiterInnen.

7.6.1 Informationsveranstaltung für die zweite Führungsebene

Die Abteilungsleiterebene (OE-LeiterInnen und StellvertreterInnen) wurde in einer zweistündigen Veranstaltung zum Thema „Erfolgsplan 2000" informiert. Als Präsentationsmittel diente eine animierte Power-Point-Präsentation.

Bei den einleitenden Informationen handelte es sich großteils um eine Wiederholung aus der Erstinformation. Dies sollte eine Festigung der Inhalte bewirken. Vor allem aber sollte durch die Präsentation bereits bekannter Inhalte die Akzeptanz der dann anschließenden neuen Informationen erhöht werden. Der Präsentationsteil war wie folgt aufgebaut:

- Grundüberlegungen zur BSC-Einführung in der OÖGKK
- Perspektiven und deren Inhalte
- Zusammenspiel der Perspektiven
- Verantwortlichkeiten

Als neue Inhalte schlossen sich folgende Präsentationsteile an:

- Konkrete Messzahlen, Ziele und Maßnahmen für 2000
- BSC-Umsetzung im Regelkreislauf
- Zusammenhang mit MbO und MAG

Die Präsentation erfolgte durch den Auftraggeber gemeinsam mit den Zieldimensionsverantwortlichen und war der Startschuss für die Erfolgsplanumsetzung.

7.6.2 Information für MitarbeiterInnen

Als wesentliches Merkmal der BSC wurde von Kaplan und Norton der Aspekt der breiten MitarbeiterInneneinbindung hervorgehoben. Durch diese sollte das Strategieverständnis in der Organisation vergrößert und entsprechend positive Effekte auf die Strategieumsetzung erzielt werden. Darüber hinaus sollten die MitarbeiterInnen angeregt werden, eigene Beiträge in Form von strategischen Überlegungen einzubringen und dadurch die Strategiearbeit auf eine breite Basis in der Organisation zu stellen. Kaplan und Norton sprechen in diesem Zusammenhang von strategischem Lernen – ohne näher auszuführen, wie dieses strategische Lernen in der Organisation erreicht werden soll.

Dem Grundgedanken, die MitarbeiterInnen durch breite und umfassende Information am Erfolgsplan teilhaben zu lassen (und schließlich über den Regelkreislauf auch aktiv einzubinden), sollte durch eine umfassende Information über den Erfolgsplan und dessen Inhalte Rechnung getragen werden. Bei der Konzeption dieser MitarbeiterInneninformation spielten folgenden Überlegungen eine Rolle:

Vollständigkeit der Information: Die MitarbeiterInnen sollten über Sinn und Zweck des Erfolgsplanes, über Zusammenhänge mit anderen Instrumenten, über die Prozesse im Zusammenhang mit dem Erfolgsplan und schließlich über die konkreten Inhalte in Form von Zielen, Messzahlen und Maßnahmen informiert werden.

Verständlichkeit der Information: Die Informationen mussten so aufbereitet sein, dass sie von den MitarbeiterInnen in richtiger Weise interpretiert, im Gesamtzusammenhang verstanden und so als Basis für ihre spezifische Arbeit herangezogen werden konnten.

Verfügbarkeit der Information: Die Informationen mussten für alle MitarbeiterInnen in handhabbarer Form jederzeit zur Verfügung stehen.

Aus diesen Anforderungen heraus entschied sich die Direktion für die Auflage einer umfassenden (ca. 20-seitigen) Broschüre im A5-Format zum Thema Erfolgsplan 2000, welche an alle MitarbeiterInnen verteilt wurde.

Die Anforderungen, die das Arbeitsteam an die Broschüre stellte, waren gleichzeitig auch ihre Schwachstelle. Die einleitenden Darstellungen zum Erfolgsplan waren – wenn dies vom Arbeitsteam auch anders vorgesehen war – erklärungsbedürftig und nicht selbstredend. Die umfassende Information zu den Inhalten des Erfolgsplanes 2000 waren nicht dazu geeignet, einen Überblick zu geben – die MitarbeiterInnen interpretierten diese Informationsflut als Überforderung durch das Management und nicht im Sinne einer positiv gemeinten Informationspolitik.

Die Verteilung der Broschüre im Postweg führte in weiten Bereichen dazu, dass das Heft ungelesen zur Seite gelegt wurde, weil nach den ersten Seiten bereits die Einschätzung entstand, die Informationen sind zu komplex und unverständlich.

Obwohl diese Einschätzung der MitarbeiterInnen bereits nach der ersten Auflage der Erfolgsplan-Broschüre bestand, dauerte es noch mehrere Jahre, bis diese Problematik transparent wurde.

Die Ziele im Hinblick auf umfassende Information der MitarbeiterInnen konnten durch diese schriftliche Unterlage nicht erreicht werden. Es kann eher davon ausgegangen werden, dass diese Information auf Grund der Überforderung zu einer verstärkten Ablehnung durch die MitarbeiterInnen geführt hat.

7.7 ERFOLGSPLAN 2001

Die Bearbeitung des Erfolgsplanes 2001 erfolgte im gleichen System wie die Erarbeitung des Erfolgsplanes 2000. Die Grundstrukturen wurden beibehalten. Der Erfolgsplan 2001 setzte im Wesentlichen auf den Ergebnissen des Jahres 2000 auf. Konzeptionelle Veränderungen wurden nicht vorgenommen, die Erarbeitung der Inhalte erfolgte auf Basis der Messzahlen, die bereits für 2000 definiert wurden. Es ging darum, Zielwerte und Maßnahmen zur Erreichung dieser Werte zu erarbeiten und im Erfolgsplan 2001 zu fixieren.

Auf umfangreiche Darstellungen zum Erfolgsplan 2001 wird daher bewusst verzichtet.

8 Phase II: Neuauflage OÖGKK-Erfolgsplan

Nach der zweijährigen Phase der Ersteinführung gab neue Literatur von Kaplan und Norton den Impuls für eine grundlegende Überarbeitung der bestehenden Balanced Scorecard in der OÖGKK (Kaplan/ Norton, 2000, S 167 ff).

Der Inhalt des Artikels behandelte jene Schwachstellen der BSC, mit denen auch die OÖGKK zu kämpfen hatte (siehe dazu Analyse und Beurteilung der Phase I – Schwächen) und umfasste neben der Beschreibung der Schwachstellen auch Ansätze für Lösungsmöglichkeiten.

Der Auftraggeber formulierte daraufhin den Wunsch nach Umsetzung dieser neuen Erkenntnisse im OÖGKK-Erfolgsplan. Beauftragt wurde ein Teammitglied aus dem ursprünglichen Arbeitsteam, welches für die Konzeption und Umsetzung verantwortlich gemacht wurde.

8.1 AUSGANGSLAGE – ENTSCHEIDUNGSFINDUNG

Im ersten Schritt mussten die neuen Ansätze von Kaplan und Norton studiert werden und im Hinblick auf die Konsequenzen für den OÖGKK-Erfolgsplan beurteilt werden.

Die Analyse fiel wie folgt aus: Die Umsetzung der Vorschläge von Kaplan und Norton würde weitreichende Folgen für den OÖGKK-Erfolgsplan haben. Eine leichte Adaptierung des Bestehenden würde nicht den Anforderungen im Hinblick auf die Verbesserungen genügen. Eine umfassende Änderung des OÖGKK-Erfolgsplanes war notwendig, um die Kursänderung im Sinne der Ansätze von Kaplan und Norton vollziehen zu können.

Die Entscheidung, ob eine Neuauflage des OÖGKK-Erfolgsplanes sinnvollerweise gemacht werden sollte, war vom Auftraggeber zu treffen. Dem Risiko, einem nach zweijähriger Aufbauphase relativ neuen Instrument durch grundlegende Änderungen die Kontinuität und damit die Akzeptanz zu entziehen, stand die Chance gegenüber, durch Verbesserungen den Wirkungsgrad der BSC wesentlich zu erhöhen.

Die Erfolgschancen konnten von vornherein nur schwer beurteilt werden, auch deshalb, weil besagter Artikel von Kaplan und Norton keine Wege der Umsetzung aufzeigte. Das Risiko, durch ein Scheitern bei der Neuauflage auch bestehenden Nutzen des Erfolgsplanes zu verlieren, war relativ hoch.

Trotzdem ging der Auftraggeber das Risiko einer grundlegenden Veränderung ein und entschied sich für die grundlegende Neugestaltung des OÖGKK-Erfolgsplanes.

8.2 PLANUNG UND KONZEPTION „ERFOLGSPLAN 2002" (WESENAUER, 2001)

8.2.1 Projektmanagement

8.2.1.1 Konzeption und Umsetzung außerhalb der OÖGKK-Projektmanagement-Richtlinien

Wie die Ersteinführung erfolgte auch die Neuauflage des OÖGKK-Erfolgsplanes außerhalb der Projektmanagement-Richtlinien der OÖGKK. Die Motive des Auftraggebers für diese Vorgehensweise sind nicht bekannt, es ist jedoch zu vermuten, dass positive Erfahrungen aus der Phase I die Entscheidung beeinflusst haben.

Trotz Veränderungen in der Arbeitsstruktur sind die Konsequenzen aus dieser Vorgehensweise die gleichen wie in Phase I der BSC-Einführung in der OÖGKK (siehe dazu Phase I – Ersteinführung des OÖKK-Erfolgsplanes – Konzeption und Umsetzung außerhalb der OÖGKK-Projektmanagement-Richtlinien – Rollenverständnis).

Ein wesentlicher Unterschied zur Ersteinführung des OÖGKK-Erfolgsplanes lag darin, dass Konzeption und Umsetzung nicht Zug um Zug stattfanden, sondern zu Beginn der zweiten Phase die Gesamtplanung für diese Phase durchgeführt wurde.

8.2.1.2 Projektmanagement-Instrumente

Obwohl die Konzeption und Umsetzung der Neuauflage des OÖGKK-Erfolgsplanes außerhalb der Projektmanagement-Richtlinien erfolgte, wurden in dieser Phase die Instrumente des Projektmanagements intensiv angewendet.

Insbesondere für Umfeldanalyse, inhaltliche Planung (in Form des Projektstrukturplanes, Terminplanung, Arbeitspaketbeschreibungen) und für das Projektcontrolling wurden Instrumente des Projektmanagements herangezogen. Diese Vorgehensweise war im Wunsch der Auftragnehmerin begründet, das Vorgehen im Hinblick auf die beschriebenen Risiken möglichst vorhersehbar zu machen und bereits vor den ersten Schritten der Umsetzung detailliert mit dem Auftraggeber abzustimmen. Dazu war eine durchgängige Planung und genaue Beschreibung der vorgesehenen Schritte notwendig, die im „Handbuch – Erfolgsplan 2002" ihren Niederschlag fanden.

8.2.2 Arbeitsorganisation

Die Arbeitsorganisation wurde für diese Phase neu definiert. Verändert hatten sich die handelnden Personen bzw. die Rollenverteilung.

Unverändert blieb der Auftraggeber – auch weiterhin wurde diese Rolle vom Leitenden Angestellten wahrgenommen.

Die Projektleitung wurde nun von mir – als ehemaligem Arbeitsteammitglied und damaliger Leiterin der Organisationseinheit Betriebswirtschaft – übernommen. Der Grund für diese Veränderung lag in arbeitsorganisatorischen Aspekten, die zum einen die Entlastung des bisherigen Projektleiters ermöglichten und zum anderen zur Verfügung stehende Ressourcen der künftigen Projektleiterin nützten.

Ein fixes Arbeitsteam wie bei der Ersteinführung des OÖGKK–Erfolgsplanes gab es nicht mehr. Die intensive Einbindung des früheren Projektleiters war aber planmäßig vorgesehen.

Der Umgang mit Arbeitssitzungen, Protokollierung und die Abstimmung mit dem Auftraggeber wurde bereits in der Startphase definiert.

Für Arbeitssitzungen wurde festgelegt, dass sie nach Bedarf mit den jeweiligen MitarbeiterInnen laut Arbeitspaketspezifikationen einberufen werden. Die Festlegung der Inhalte der Arbeitssitzungen erfolgte in direkter Abstimmung mit dem Auftraggeber.

Grundsätzlich wurden nach jeder Sitzung (Foto-)Protokolle angefertigt und an die jeweiligen TeilnehmerInnen der Arbeitssitzungen (sowie bei Bedarf an weitere Personen) verschickt. Sonstige Dokumentationen erfolgten nach Vereinbarung mit dem Auftraggeber bzw. nach Vereinbarung mit den jeweiligen MitarbeiterInnen.

Es erfolgte eine laufende Berichterstattung an und Abstimmung aller Projektschritte mit dem Auftraggeber.

8.2.3 Analyse der Problemlagen

Im ersten Schritt – als Vorarbeit zur Zieldefinition – wurden jene Problembereiche dargestellt, die es galt mit dem Erfolgsplan 2002 zu beseitigen. Basis für diese Problemsammlung waren die zusammengefassten Ergebnisse aus einer Direktionsklausur zum Thema Erfolgsplan. Ausgehend von dieser Schwachstellensammlung wurden auch die Symptome aufgelistet, an denen das bestehende Problem zum aktuellen Zeitpunkt erkennbar war. Die Problemanalyse fiel wie folgt aus:

Problem 1: Das theoretisches Konzept war noch nicht optimal umgesetzt. Dies äußerte sich in folgender Form:

- Kennzahlenflut
- Bestehende Kennzahlen sind teilweise nicht strategie- und handlungsrelevant
- Wenig Auseinandersetzung mit Ursachen-wirkungszusammenhängen

Aus Problem 1 ergab sich ein weiteres Problemfeld:

Problem 2: Der Nutzen des Erfolgsplanes war insgesamt noch zu wenig transparent – dies konnte man an folgenden Symptomen erkennen:

- Sinnhaftigkeit wird hinterfragt (schon wieder ein betriebswirtschaftliches Instrument mehr!)
- Teilweise mangelnde Auseinandersetzung mit Kennzahlen

- Fehlende Akzeptanz

Darüber hinaus wurden folgende Probleme identifiziert:

Problem 3: Die Verbindung zwischen Erfolgsplan und MbO war noch nicht optimal gelöst

Problem 4: Mangelnde Kommunikation

Problem 5: Soll-Ist-Vergleiche waren teilweise uneinheitlich

Problem 6: Software*[7] – die Excel-Lösung war bereits am Limit

8.2.4 Zieldefinition

Ausgehend von der Analyse der Problembereiche konnte die konkrete Ziel-festlegung erfolgen. Das Ziel wurde wie folgt definiert:

Der Erfolgsplan 2002 soll transparenter und übersichtlicher werden und dadurch breite Akzeptanz als strategisches Unternehmenssteuerungs-instrument finden. Dies soll insb. durch folgende Änderungen erreicht wer-den:

- Neustrukturierung des Erfolgsplanes (siehe Rahmenbedingung)
- Erarbeitung nachvollziehbarer Ursachen-Wirkungszusammen-hänge
- Reduktion der Kennzahlen auf Top-Ebene

Zur eindeutigen Abgrenzung der Zielsetzung wurde auch definiert, was nicht als Zielsetzung im Zuge der Neuauflage des Erfolgsplanes war. Fol-gendes Nicht-Ziel wurde fixiert:

Nicht-Ziel

Die Konzeption und Umsetzung einer neuen EDV-Lösung wird nicht im Rahmen dieser Aufgabe erfolgen. Diesbezügliche Vereinbarungen sind

---

[7] Dieses Problem sollte nicht im Rahmen dieser Aufgabe gelöst werden und wurde in weiterer Folge als Nicht-Ziel formuliert.

(vom verantwortlichen Fachbereich) direkt mit dem Auftraggeber zu treffen.

8.2.5 Erfolgsplan-Struktur

Im Rahmen der Erarbeitung der Aufgabenstellung wurde eine wesentliche Rahmenbedingung für die Neuauflage des OÖGKK-Erfolgsplanes festgelegt – eine neue Erfolgsplan-Struktur. Diese ist in folgender Grafik schematisch dargestellt:

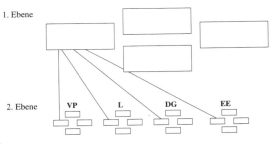

Folie 3

Abb. 15: Die Struktur des Erfolgsplanes

Die neue Struktur sah einen Erfolgsplan auf oberster Ebene vor, in dem strategische Aussagen für das gesamte Unternehmen in Form von Zielen, Kennzahlen und Maßnahmen abgebildet werden.

Auf der zweiten Ebene werden dann Erfolgspläne für die vier großen Unternehmensbereiche (Vertragspartner, Leistung, Dienstgeber, Eigene Einrichtungen) abgeleitet.

Diese Struktur brachte folgende Änderungen:

- Einführen einer zweiten Betrachtungsebene und
- Reduzierung der Perspektiven

8.2.5.1 Einführung einer zweiten Betrachtungsebene

Der Erfolgsplan, wie er bisher in der OÖGKK angewendet wurde, stellte alle Teilbereiche auf eine gemeinsame Ebene und sah keine Kaskadierung vor.

Dies führte zu einem großen Problembereich – der Erfolgsplan wurde durch eine Fülle von Zielen, Kennzahlen und Maßnahmen, die alle die gleiche Wertigkeit hatten, unübersichtlich und schwer erfassbar.

Das Einführen einer zweiten Betrachtungsebene sollte – ausgehend von den Unternehmenszielen auf oberster Ebene – eine Verfeinerung und Konkretisierung der Ziele für die einzelnen Unternehmensbereiche sicherstellen. Davon erwartete man sich nicht nur eine konsequente Ableitung aller Bereichsziele von den Unternehmenszielen, sondern auch eine Reduktion der Kennzahlenflut. Je nach Betrachtungsebene und -bereich sollte die Anzahl von Zielen, Kennzahlen und Maßnahmen überschaubarer werden.

8.2.5.2 Wegfall der Perspektive Effiziente VertragspartnerInnen

Die neue Form der Kaskadierung und die damit verbundene neue Form der Zielableitung machte die Perspektive **Effiziente VertragspartnerInnen** überflüssig. Dadurch ergab sich eine Reduktion der OÖGKK-Perspektiven auf die vier ursprünglichen Perspektiven, die auch von Kaplan und Norton verwendet werden.

So wie für alle anderen Unternehmensbereiche sollten künftig auch für den Vertragspartnerbereich die Bereichsziele aus den Unternehmenszielen abgeleitet werden. Darin sah man den Vorteil, dass auch im Vertragspartner-Bereich alle vier Erfolgsplan-Perspektiven standardmäßig Berücksichtigung finden konnten.

Das System sollte so als Ganzes stimmiger und logischer werden – die einheitliche Ausrichtung aller Bereiche an der Unternehmensstrategie besser gelingen.

8.2.5.3 *Verbesserungen durch die neue Struktur*

Zusammengefasst sollte die beschriebene Neustrukturierung also folgende Vorteile bringen:

- Erhöhung der Übersichtlichkeit durch Einschränkung der Informationen je nach Betrachtungsebene bzw. Betrachtungssegment (Unternehmensbereich)
- Systembedingte Berücksichtigung aller vier Dimensionen in jedem Unternehmensbereich durch konsequentes Ableiten der Bereichsziele aus den OÖGKK-Unternehmenszielen
- sowie die **Entlastung** der Top-Ebene durch die Konzentration auf die strategischen Ziele für die gesamte Organisation in der ersten Ebene

8.2.6 Planung

Ausgehend von der Zieldefinition und der neuen Struktur konnte die Planung in Angriff genommen werden. Der Zeitrahmen musste so gewählt werden, dass der Erfolgsplan für das Jahr 2002 pünktlich mit Jahresbeginn in die Umsetzung münden konnte. Für die Neuauflage des OÖGKK-Erfolgsplanes stand somit ein Jahr (Jänner bis Dezember 2001) zur Verfügung.

8.2.6.1 *Planungsinstrumente*

Als Instrumente zur Planung der Aufgabe wurde ein Strukturplan gewählt, welcher – nach Phasen gegliedert – die einzelnen Arbeitspakete (inkl. Zeitangaben) darstellt.

194

Darüber hinaus wurden die einzelnen Arbeitspakete noch schriftlich spezifiziert – für jedes Arbeitspaket wurden Inhalt, TeilnehmerInnen und (angestrebtes) Ergebnis bereits in der Planungsphase festgelegt. Durch die Berücksichtigung der angestrebten Ergebnisse wurde somit – implizit – auch ein Objektstrukturplan erstellt (eine vollständige Darstellung aller Arbeitspaketbeschreibungen findet sich im Anhang).

Im Balkenplan wird die zeitliche Abfolge der einzelnen Arbeitspakete übersichtlich dargestellt. Er wird aus dem Strukturplan abgeleitet (siehe Abb. Balkenplan).

Die gesamte Projektplanung mit den Detailinhalten wurde am Ende der Startphase mit dem Auftraggeber abgestimmt und zur Umsetzung freigegeben.

Bsp. für Arbeitspaketspezifikation (Wesenauer 2001, S 8 ff):

Vision und strategische Aussagen für alle Dimensionen definieren

Inhalt

Vorbereitung:

Die Direktoren sollen in schriftlicher Form (auf einem einheitlichen Formular) die – aus ihrer Sicht – 3 wesentlichen strategischen Aussagen für die einzelnen Dimensionen des Erfolgsplanes festhalten. Diese Aussagen werden für die Klausur zusammengefasst. Auf Basis dieser Vorarbeit und eines exemplarischen Beispiels sollen nun die wesentlichen strategischen Aussagen für die Dimensionen des Erfolgsplanes auf oberster Ebene festgelegt werden. In weiterer Folge sollen für die Erfolgspläne auf der zweiten Ebene ebenfalls die wesentlichen strategischen Aussagen festgelegt werden.

TeilnehmerInnen

Direktoren, Direktionssekretär

Gesamtprozessverantwortliche (ModeratorIn)

Zeitrahmen/Termine

1-tägige Direktionsklausur – 1.Teil (2.Teil siehe 1.2.2)

Tagesordnung:

Einführung, Bsp.: Mobil-Oil

Erarbeitung der strategischen Aussagen für die OÖGKK-Dimensionen (Basis Vorarbeit)

Erarbeiten der Teilstrategien für die 4 Felder auf nachgelagerter Ebene

Erstellung der Wirkungszusammenhänge

Ggf. Kennzahlen auf Top-Ebene definieren

Ergebnis

Die strategischen Aussagen auf Top-Ebene liegen in schriftlicher Form vor.

Die strategischen Aussagen für die Erfolgspläne auf 2. Ebene liegen in schriftlicher Form vor.

8.2.6.2 Der Vorgehensplan

Der Vorgehensplan determiniert zum einen Arbeitsinhalte und legt zum anderen Termine und Bearbeitungszeiten für die Arbeitspakete fest.

Inhaltliche Planung

Der Vorgehensplan war als Phasenmodell konzipiert, dessen Phasen sich am logischen Zusammenhang der Arbeitsinhalte und nicht an der chronologischen Abfolge der Arbeitsschritte orientierte.

Der Vorgehensplan sah folgende Arbeitsphasen vor, deren Inhalte an dieser Stelle kurz skizziert werden:

- Startphase – In dieser Phase war die Erledigung folgender Aufgaben geplant: Durchführung des Auftaktgespräches mit dem Auftraggeber, die Aufgabenabgrenzung und die Zieldefinition und die Konkretisierung der Arbeitsinhalte in Form einer Vorgehensplanung.

- Top–Ebene – Klärung und Herunterbrechen von Vision und Strategie – In dieser Phase sollten Vision und Strategie für alle Zieldimensionen definiert werden. Darüber hinaus war die Festlegung der Ursachen-Wirkungszusammenhänge und die Definition der Kennzahlen auf Top-Ebene (auf Basis von Vorschlägen aus der zweiten Ebene) vorgesehen.

- Zweite Ebene – In der dritten Arbeitsphase sollten die Ursachen-Wirkungszusammenhänge kommuniziert und deren Bedeutung für die verschiedenen Unternehmensbereiche geklärt werden. Kennzahlen für die zweite Ebene und Kennzahlenvorschläge für die erste Ebene sollten entwickelt werden.

- Umsetzung im Regelkreislauf – Für diese Phase war die Überprüfung und die Adaptierung des bestehenden Erfolgsplan-Regelkreislaufes im Bedarfsfall vorgesehen. Darüber hinaus sollten die Ergebnisse aus den ersten Phasen im (adaptierten) Regelkreislauf umgesetzt werden und so der Erfolgsplan 2002 erstellt werden.

- Berichterstattung – Die laufende Information und Berichterstattung an den Auftraggeber über Umsetzungsschritte und -erfolg war begleitend über die gesamte Dauer der Neuauflage des OÖ-GKK-Erfolgsplanes vorgesehen.

Terminplan

Die zeitliche Abfolge der einzelnen Arbeitspakete wurde so geplant, dass nach der Startphase die Bearbeitung der Top-Ebene vorgesehen war. Die zweite Ebene war parallel zur Top-Ebene vorgesehen, weil Ergebnisse aus der zweiten Ebene in die erste Ebene zurückfließen sollten. Die Arbeit in der zweiten Ebene setzte aber bereits konkrete Ergebnisse aus der Top-Ebene voraus, wodurch der Start für die zweite Ebene nicht gleichzeitig mit der Top-Ebene, sondern zeitlich nach hinten versetzt vorgesehen war.

Die konzeptionellen Arbeiten für die Umsetzung im Regelkreislauf sollten bereits frühzeitig (kurz nach Beginn der Arbeit an der Top-Ebene und vor Beginn der zweiten Ebene) beginnen. Die Resultate sollten nach Abschluss der Arbeiten in der Top-Ebene und in der zweiten Ebene im Regelkreislauf bis zum Jahresende 2001 umgesetzt werden.

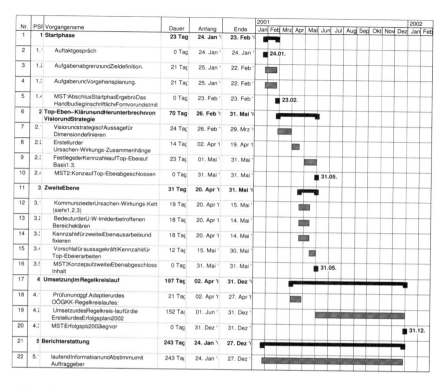

Nr.	PSP	Vorgangsname	Dauer	Anfang	Ende	2001 Jan Feb Mrz Apr Mai Jun Jul Aug Sep Okt Nov Dez	2002 Jan Feb
1	1	**Startphase**	**23 Tag**	**24. Jan '**	**23. Feb '**		
2	1.	Auftaktgespräch	0 Tag	24. Jan '	24. Jan '	24.01.	
3	1.2	AufgabenabgrenzungundZieldefinition.	21 Tag	25. Jan '	22. Feb '		
4	1.3	AufgabenundVorgehensplanung.	21 Tag	25. Jan '	22. Feb '		
5	1.4	MST1:AbschlussStartphaseErgebniDas HandbuchlieginschriftlicheFormvorundistmit	0 Tag	23. Feb '	23. Feb '	23.02.	
6	2	**Top-Eben–KlärunundHerunterbrechevon VisiorundStrategie**	**70 Tag**	**26. Feb '**	**31. Mai '**		
7	2.1	VisiorundstrategischAussagefür Dimensiondefinieren	24 Tag	26. Feb '	29. Mrz '		
8	2.2	Erstellurder Ursachen-Wirkungs-Zusammenhänge	14 Tag	02. Apr '(	19. Apr '(		
9	2.3	FestlegederKennzahlaufTop-Eberauf Basis1.3.	23 Tag	01. Mai '	31. Mai '		
10	2.4	MST2:KonzeaufTop-Eberabgeschlossn	0 Tag	31. Mai '	31. Mai '	31.05.	
11	3	**ZweiteEbene**	**31 Tag**	**20. Apr '**	**31. Mai '**		
12	3.1	KommunizierderUrsachen-Wirkungs-Kett (sieht1.2.3)	19 Tag	20. Apr '(	15. Mai '		
13	3.2	BedeuturderU-W-Imiderbetroffenen Bereicheklären	18 Tag	20. Apr '(	14. Mai '		
14	3.3	Kennzahldürzweite Ebenausarbeitund fixieren	18 Tag	20. Apr '(	14. Mai '		
15	3.4	Vorschlafür aussagekräftiKennzahldür Top-Eberarbeiten	12 Tag	15. Mai '	30. Mai '		
16	3.5	MST3:Konzeraufzweite Ebenabgeschloss Inhalt	0 Tag	31. Mai '	31. Mai '	31.05.	
17	4	**UmsetzunqimRegelkreislauf**	**197 Tag**	**02. Apr '**	**31. Dez '**		
18	4.1	Prüfunundggf.Adaptierurdes OÖGKK-Regelkreislaufes:	21 Tag	02. Apr '(	27. Apr '(		
19	4.2	UmsetzurdesRegelkreis-laufürdie ErstellurdesErfolgsplan2002	152 Tag	01. Jun '	31. Dez '		
20	4.3	MSTErfolgspl2002liegvor	0 Tag	31. Dez '	31. Dez '	31.12.	
21	5	**Berichterstattung**	**243 Tag**	**24. Jan '**	**27. Dez '**		
22	5.1	laufendInformatiananundAbstimmurmit Auftraggeber	243 Tag	24. Jan '	27. Dez '		

Abb. 16: Balkenplan „Erfolgsplan 2002"

Parallel zu allen Phasen sollte die laufende Information und Berichterstattung an den Auftraggeber erfolgen.

Die Darstellung im Balkenplan zeigt die geplante Abfolge und Verschachtelung der einzelnen Arbeitspakete.

8.3 UMSETZUNG „ERFOLGSPLAN 2002"

8.3.1 Vorgehensplanung als Basis

Die in der Startphase erstellten Planungen waren ein taugliches Mittel, um das Vorhaben zu strukturieren und zu terminisieren und so Unsicherheiten im Hinblick auf Konzeption und Umsetzung subjektiv einzuschränken. In der Umsetzung zeigte sich aber, dass die Planung in Teilbereichen nicht den Erfordernissen entsprach bzw. durch spezifische Projektergebnisse andere Notwendigkeiten entstanden, auf die flexibel reagiert werden musste.

Das Abgehen von den ursprünglich erstellten Plänen bei der Umsetzung ist aber nicht als Schwäche der Planung zu interpretieren – denn zum Zeitpunkt der Planerstellung war der beschriebene Weg der aus den vielen Möglichkeiten als am sinnvollsten erscheinende. Vielmehr ist dieses Abweichen von der Planung als Stärke der Umsetzung zu sehen – im Sinne einer schrittweisen Entwicklung und einer laufenden Verbesserung des Systems (vgl. Grossmann/ Scala 2001, S 87 ff).

Die einzelnen Schritte der Umsetzung werden in weiterer Folge detailliert beschrieben – eine Analyse der Differenzen zwischen Plan und Wirklichkeit ist in die Darstellung inkludiert und beschreibt die wesentlichen Planabweichungen, ihre Gründe und Auswirkungen.

8.3.2 Vision und strategische Aussagen definieren

Bei der Vorbereitung der Direktionsklausur zur Erarbeitung von Vision und Strategie orientierte ich mich an den Darstellungen von Kaplan und Norton am Beispiel Mobil Oil (Kaplan/ Norton, 2000). Sie gaben eine Vorstellung davon, welche Ergebnisse am Ende des Prozesses vorliegen sollten. Die verschiedenen strategischen Elemente (Strategische Positionierung, strategische Stoßrichtung, strategische Ziele usw.) und ihre wechselseitige Abhängigkeit wurde anhand des Beispiels bereits in der Einladung zur Direktionsklausur erläutert. Als konkrete Vorarbeit und Input für die Direktionsklausur wurden die Direktoren aufgefordert, in schriftlicher Form (auf einem einheitlichen Formular) die – aus ihrer Sicht – drei wesentlichen strategischen Aussagen für die einzelnen Dimensionen des Erfolgsplanes festzuhalten. Die Zuordnung der strategischen Statements zu den Perspektiven sollte das spätere Herunterbrechen der Vision in Form der Strategie (und hier wieder getrennt nach Perspektiven) erleichtern.

Auf Basis dieser Vorarbeit und des exemplarischen Beispiels von Mobil-Oil wurden dann die wesentlichen strategischen Aussagen für die Dimensionen des Erfolgsplanes auf oberster Ebene festgelegt. Dafür wurden die Aussagen – in der Regel wurden nicht drei sondern nur eine Aussage je Perspektive von den Direktoren abgegeben – für die Klausur auf Kärtchen vorbereitet, damit sie für weitere Arbeitsschritte zur Verfügung standen.

Dies erwies sich auch deshalb als hilfreich, weil die vorbereiteten Aussagen auf unterschiedlichen Niveaus angesiedelt waren – zum Teil waren sie für die Vision verwendbar, zum Teil handelte es sich aber um strategische Stoßrichtungen, um strategische Ziele oder sogar um Maßnahmen. In der Diskussion über Vision und Strategie wurden die verschiedenen strategischen Ebenen bewusst und sichtbar.

Die konkrete Strategie-Arbeit in der Direktionsklausur begann nach dem einleitenden Vorstellen und Erläutern der Zielsetzung und des Beispiels von Mobil-Oil.

Die von der Moderatorin vorbereiteten Fragestellungen wurden der Reihe nach abgearbeitet.

Als erster Punkt wurde die Frage nach der Strategischen Positionierung bearbeitet.

Wie ist der Status der OÖGKK 2005[8]? war die Ausgangsfrage, wobei von der Moderatorin darauf hingewiesen wurde, dass die strategische Posi-

---

[8] Der Zeitbezug in der Vision wurde mit dem Auslaufen der aktuellen Selbstverwaltungsperiode in Gleichklang gebracht. Dies kam zum einen der Forderung nach einer 3-

tionierung nicht nur den angestrebten Zustand der Organisation beschreiben sollte, sondern auch Bezüge (zu Mitbewerbern, zeitlicher Bezug, ...) zu berücksichtigen sind und damit eine relative Position der Organisation in ihrem Umfeld beschrieben wird.

Diese Frage beantworteten die Direktoren im ersten Schritt in Einzelarbeit, wobei sie zum Teil auf die vorbereiteten Statements zurückgriffen, zum Teil aber auch neue Antworten formulierten.

Die auf Kärtchen festgehaltenen Antworten wurden anschließend auf der Pinwand gesammelt, von den Autoren erläutert und geclustert.

Aus diesem Statement wurde spontan eine Vision formuliert und niedergeschrieben, die auch in dieser Form – also unverändert im Wortlaut – beibehalten wurde:

Unter den Krankenversicherungsträgern Österreichs sind wir jener, der die höchste Kundenzufriedenheit hat – und das beim besten Finanzergebnis. Wir sichern das über die Optimierung der Produkt- und Servicequalität bis 2005. Die OÖGKK-Vision war damit geboren.

Im nächsten Schritt galt es, die strategischen Stoßrichtungen festzulegen, welche zur Erreichung der Vision geeignet sein sollten. Gesucht wurden also jene Felder, die in den nächsten Jahren verstärkt bearbeitet werden sollten, um die Vision auch erreichen zu können. Die Fragestellung „Was ist zu tun, um den angestrebten Status 2005 zu erreichen?" wurde je Perspektive gemeinsam erarbeitet, wobei auf aktive Formulierung der strategischen Hebel geachtet wurde. Als Ziel galt, dass je Perspektive max. fünf strategische Stoßrichtungen festgelegt werden sollten, um sich so zum einen auf die wesentlichen zu konzentrieren und andererseits die Strategie überschaubar zu halten.

5-jährigen Vision nach und entspricht dem Bedürfnis nach einheitlicher Ausrichtung innerhalb einer Selbstverwaltungsperiode.

Zum Teil war es schwierig, das richtige Mittelmaß zwischen zu abstrakten und zu konkreten (und daher zu einengenden) Formulierungen zu wählen. Die strategischen Hebel sollten ja für einen längeren Zeitraum jene Bereiche definieren, in denen vorrangig angesetzt werden muss, um den angestrebten visionären Zustand der Organisation auch zu erreichen. Sie mussten also so formuliert sein, dass sie ein Ableiten von Jahreszielen über einen längeren Zeitraum zuließen. Der Diskussionsprozess war wiederum sehr wichtig für das Entwickeln von gemeinsamen Vorstellungen als Basis für eine spätere Zielableitung.

8.3.3 Erstellen der Ursachen-Wirkungszusammenhänge

Die so definierten strategischen Hebel waren nach diesem Arbeitsschnitt zwar den einzelnen Perspektiven zugeordnet, aber noch in keinen ursächlichen Zusammenhang gebracht. Die Strategie sollte aber für den neuen Erfolgsplan – wie von Kaplan und Norton vorgezeigt – in einer Strategy–Map dargestellt werden (Kaplan/ Norton, 2000, S 168). Diese Strategie-Landkarte zielt darauf ab, Strategie in einer verständlichen Form als Ursache-Wirkungs-Kette der einzelnen strategischen Hebeln anschaulich darzustellen. Die Ursache-Wirkungs-Beziehungen zwischen den einzelnen Elementen werden durch Pfeilverbindungen angedeutet, wobei die Pfeilspitze die Wirkungsrichtung symbolisiert.

Der Nutzen von solchen Ursachen-Wirkungs-Ketten kann wie folgt beschrieben werden (Horvath und Partner, 2000):

- Sie zeigen die Zusammenhänge und Abhängigkeiten von strategischen Feldern und den daraus abgeleiteten Zielen auf
- Sie machen die gegenseitigen Effekte bei der Zielerreichung klar
- Sie schaffen beim Management Bewusstsein über Zusammenhänge und Bedeutung von strategischen Feldern und den daraus abgeleiteten Zielen
- Sie fördern ein gemeinsames Verständnis von Strategie
- Sie verdeutlichen die Steuerungsgrößen

- Sie machen die Logik der strategischen Überlegungen nachvollziehbar und damit kommunizierbar.

Wesentlich für die Erarbeitung der Strategy-Map ist eine Klarstellung darüber, wie die einzelnen Perspektiven grundsätzlich aufeinander aufbauen. Kaplan und Norton schlagen dafür eine "Standardhierarchie" der Perspektiven vor (Kaplan/ Norton, 2001). Sie gehen davon aus, dass die Basis für alle Ansätze die MitarbeiterInnen sind. Daher bildet die entsprechende Perspektive **Lernen und Entwicklung** die Basis der Strategie. Aufbauend auf der MitarbeiterInnenperspektive können die strategischen Hebel in der Prozessperspektive ihre Wirkung entfalten und finden sich daher als nächste Ebene über der Perspektive **Lernen und Entwicklung.** Da die Strategie bei Profit-Unternehmen in der Regel auf Gewinnmaximierung hinausläuft, laufen alle strategischen Anstrengungen in der Finanzperspektive als oberste Ebene zusammen.

Dazwischen liegt die Kundenebene – da schließlich nur über die KundInnen und der Erfüllung deren Bedürfnisse die Finanzziele erreicht werden können.

Ausgehend von diesen grundsätzlichen Überlegungen zur Hierarchie der Perspektiven und vom konkreten Anwendungsbeispiel Mobil-Oil (Kaplan /Norton, 2000, S 171), wurde vor Erarbeiten des Ursache-Wirkungs-Zusammenhangs für die OÖGKK eine grundlegende Diskussion über die Rangordnung der Perspektiven geführt. Dabei wurde kontroversiell über die obersten zwei Zieldimensionen „Solide Finanzen" und „Orientierung Kunde" diskutiert. Zum einen waren die Finanzen der OÖGKK in den davor liegenden Jahren zentraler Ausgangs- und Ansatzpunkt für Veränderungen. Zum anderen ist das oberste Ziel einer Sozialen Krankenversicherung sicherlich nicht die Maximierung von Gewinn oder ein sonstiges – wie auch immer formuliertes – Finanzergebnis. Sehr wohl aber ist eine dauerhaft gesicherte Finanzbasis die Grundlage für das langfristige Erfüllen der Unternehmensmission. Die Finanzperspektive konnte somit – und das war das Ergebnis des Diskussionsprozesses – nicht an oberster Stelle stehen, sondern musste in die vorletzte Ebene gestellt werden. In die oberste Ebene wurde die Perspektive „Orientierung Kunde" gerückt. Sie wurde damit zur zentralen „Ergebnisperspektive", in der sich alle Bemühungen und Aktivitäten aus den vorgelagerten Perspektiven positiv niederschlagen sollten.

Nachdem die Rangordnung der Perspektiven geklärt war, konnte die Verbindung und die ursächliche Beziehung zwischen den strategischen Stoßrichtungen hergestellt werden. Die strategischen Hebel wurden dazu den einzelnen Perspektiven in der gewählten hierarchischen Abstufung zugeordnet und die Verbindung zwischen den strategischen Hebeln mit Pfeilen eingezeichnet, wobei die Wirkungsweise der einzelnen Stoßrichtungen aueinander vor Festlegung der Pfeile gemeinsam diskutiert wurde.

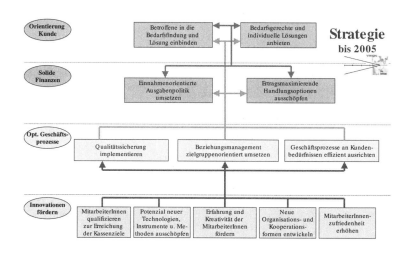

we

Abb. 17: Strategie der OÖGKK in Form der Strategy-Map

Die Entscheidung, welche Felder durch Pfeile verbunden werden sollten, wurde konsensual getroffen. Bei der Erarbeitung der Ursachen-

205

Wirkungszusammenhänge wurde die deduktive Vorgehensweise gewählt (Horvath und Partner, 2000). Im Gegensatz zur induktiven Vorgehensweise wird dabei ausgehend von der untersten Perspektive (Innovationen fördern) nach oben gearbeitet.

8.3.4 Strategische Ziele erarbeiten

Aus den einzelnen strategischen Stoßrichtungen galt es nun die strategischen Ziele für das Jahr 2002 abzuleiten und zu fixieren.

Dies sollte unter folgenden Prämissen erfolgen:

- Mit maximal fünf Zielen je Zieldimension sollte das Auslangen gefunden werden: Dies sollte die Überschaubarkeit und die Konzentration auf das Wesentliche ermöglichen.
- Die Ziele sollten möglichst spezifisch und nicht all zu pauschal sein.
- Die Ziele sollten aktionsorientiert formuliert werden (Substantiv und Verb).
- Die Messbarkeit der Ziele spielte zunächst keine Rolle – die Definition von Zielen sollte nicht von Überlegungen im Hinblick auf geeignete Messzahlen dominiert werden.
- Die TeilnehmerInnen sollten zu den vorgeschlagenen Zielen jeweils darlegen, was sie unter diesem Ziel verstehen, und warum sie gerade diesem Ziel besondere Bedeutung beimessen.

Zur Orientierung und Entscheidung darüber, ob ein strategisches Ziel tatsächlich in die BSC aufgenommen werden sollte, ist folgende Matrix hilfreich (Horvath und Partner, 2000):

Wettbewerbs–
relevanz

hoch	Nur bei Abwei- chung wichtig	FOKUS der BSC
niedrig	Niedrige Priorität	Punktuelle Aufmerksamkeit
	niedrig	hoch

Handlungs-
notwendigkeit

Die Beurteilung darüber, ob ein Ziel ein strategisch wichtiges – innerhalb einer strategischen Stoßrichtung – ist, wird mit Hilfe der Faktoren Handlungsnotwendigkeit und Wettbewerbsrelevanz beurteilt. Ist die Handlungsnotwendigkeit gering und auch die Wettbewerbsrelevanz als gering einzustufen, so kommt dem Ziel eine niedrige Priorität zu und ist damit nicht in die BSC aufzunehmen.

Die zweite Stufe im Hinblick auf die Beurteilung von Zielen bezüglich deren Aufnahme in die BSC bilden jene Fälle, in denen einer der zwei Faktoren hoch ausgeprägt ist und der jeweils andere niedrig. Zielen mit hoher Handlungsnotwendigkeit aber niedriger Wettbewerbsrelevanz ist nur punktuell Aufmerksamkeit zu schenken. Ziele, die hohe Wettbewerbsrelevanz aber geringe Handlungsnotwendigkeit besitzen, sind nur bei negativer Abweichung (also bei Gefährdung der Zielerreichung) in die BSC aufzunehmen. In jedem Fall in die BSC aufzunehmen sind all jene Ziele, bei denen sowohl Handlungsnotwendigkeit als auch Wettbewerbsrelevanz hoch sind.

Die im Kreis der Direktoren gemeinsam erarbeiteten strategischen Ziele 2002 wurden so überprüft und nach diesem Schema fixiert.

Die strategischen Ziele wurden in Form einer Zieldokumentation festgehalten und kurz erläutert.

Strategische OÖGKK-Unternehmensziele 2002 am Beispiel „Orientierung Kunde" (OÖGKK, Dokumentation der Unternehmensziele 2002, S 1ff):

Orientierung Kunde

Ziel 2002	Anmerkung, Hintergrund, Erläuterung
Kundenzufriedenheit erhöhen	Unsere Vision ist es, der KV-Träger Österreichs mit der höchsten Kundenzufriedenheit zu sein. An der Kundenzufriedenheit können wir unseren Unternehmenserfolg messen und sehen, ob wir unsere Vision auch umgesetzt haben.
Kundennahe Versorgungsformen schaffen/verhandeln	Unser oberstes Ziel im Bereich Kundenorientierung ist es, bedarfsgerechte Problemlösungen für unsere Kunden anzubieten. Für unsere Serviceleistungen bedeutet das – differenziert nach Zielgruppen-, kundennahe Versorgungsformen zu schaffen, – d. h sie an den Bedürfnissen der Kunden auszurichten.
Koordinations- und Vernetzungsmanagement sichern	Um für unsere Kunden optimale Serviceleistungen anzubieten, ist sowohl interne als auch externe Koordination und Vernetzung notwendig.
Fallmanagement konzipieren und umsetzen	Ein großes Betätigungsfeld zu Optimierung unserer Serviceleistungen ist die Konzeption und die Realisierung eines Fallmanagements – d. h. die Betreuung von Patienten, die bei der OÖGKK versichert sind, zu managen.

In Ausgabenfeldern evidenzbasierte Medizin konkretisieren	Bedarfsgerechte Problemlösungen für unsere Kunden anzubieten, ist oberstes Ziel im Feld Orientierung Kunde. Für unsere Produkte heißt das, moderne evidenzbasierte Medizin anzubieten, also Medizin, deren Ergebnisse nachweislich gesichert sind. In verschiedenen Ausgabenfeldern soll diese evidenzbasierte Medizin konkrete Formen annehmen.

8.3.5 Bereichs-Erfolgspläne erarbeiten

Der neuen Struktur des OÖGKK-Erfolgsplanes folgend mussten die strategischen Unternehmensziele im nächsten Schritt auf die Unternehmensbereiche Leistung, Vertragspartner, Dienstgeber und Eigene Medizinische Einrichtungen herabgebrochen werden. In vier halbtägigen Klausuren – an denen jeweils der Leitende Angestellte als Promotor der BSC, der jeweilige Ressortdirektor und die LeiterInnen der Organisationseinheiten aus dem betroffenen Bereich teilnahmen – wurde diese Aufgabe erledigt. Die Moderation wurde vom Leiter des Personalbüros übernommen.

Das Design der Workshops wurde von mir – als Verantwortlicher für die BSC-Einführung – in Absprache mit dem Auftraggeber entwickelt und einheitlich auf alle Workshops angewandt (Wesenauer, Vorgehensweise – Erarbeitung der 2. Ebene, S 1ff).

In den einzelnen Workshops wurde zuerst das neue Konzept des OÖGKK-Erfolgsplanes vorgestellt und anschließend die Ergebnisse aus der Direktionsklausur (also Vision, Strategie, strategische Ziele 2002) präsentiert. Diese Präsentation wurde vom Leitenden Angestellten selbst durchgeführt und sollte die Dringlichkeit und Wichtigkeit der durchzuführenden Workshops und des Vorhabens insgesamt unterstreichen.

Danach wurde ein Vorschlag für strategische Ziele für den jeweiligen Bereich abgeleitet und Kennzahlenvorschläge zur Messung der strategischen Ziele erarbeitet.

Tagesordnung zur Bereichsklausur

1. **Vorstellen des Konzeptes zur Erarbeitung des OÖGKK-Erfolgsplanes 2002**
2. **Vorstellen der strategischen Eckpfeiler (Ergebnisse aus der Direktionsklausur):**
   Vision, Strategische Ziele 2002, Ursachen-Wirkungs-Zusammenhang
3. **Bedeutung des Ursachen-Wirkungs-Zusammenhangs für den eigenen Unternehmensbereich klären**
4. **Strategische Ziele für den eigenen Unternehmensbereich (=2. Ebene) erarbeiten (Endauswahl durch Direktion)**
5. **Kennzahlenvorschläge zur Messung der strategischen Ziele sammeln**

Auszug aus der Einladung zu den Bereichsklausuren Leistung, Vertragspartner, Dienstgeber, Eigene Einrichtungen vom 22. April 2001.
Auf Basis der strategischen Unternehmensziele wurde die Frage gestellt:

Was kann unser Unternehmensbereich dazu beitragen, dass wir die strategischen Unternehmensziele 2002 erreichen?

Als Grundlage für die Diskussion diente die Kurzdokumentation der strategischen Ziele mit Anmerkung, Hintergrund, Erläuterung (OÖGKK, Dokumentation der Unternehmensziele 2002, S 1ff).

Bei der Erarbeitung der strategischen Ziele auf zweiter Ebene (welche zugleich die Maßnahmen auf Top-Ebene darstellen) war darauf zu achten, dass sie nicht zu konkret sind. Die Bestimmung des richtigen Konkretisierungsgrades könnte als **Einstellen der richtigen Flughöhe** bezeichnet werden.

Bei den vorgeschlagenen Zielen war jeweils zu hinterfragen, ob das Ziel dem Konkretisierungsanspruch der BSC genügt. Zu pauschale Ziele waren zu konkretisieren bzw. zu präzisieren – d.h. auf folgende Fragen hinzu überprüfen. Worin liegt die eigentliche Chance? bzw. Welches ist das eigentliche Problem? Zu konkrete Ziele dagegen haben den Charakter strategischer Aktionen und konnten damit gleich auf die Maßnahmenseite der zweiten Ebene gestellt werden. Sollten sie weiterhin als Ziel dienen, mussten sie – mit Hilfe der Fragestellung: Was wollen wir damit erreichen?- verallgemeinert werden.

Als Regel galt, es sind nur handlungs- und strategierelevante Ziele in die BSC aufzunehmen, die vom jeweiligen Unternehmensbereich ganz oder zumindest großteils beeinflussbar sind.

Wiederum wurden ähnliche Zielvorschläge geclustert und durch gemeinsame Überbegriffe zusammengefasst.

Auch für die Bereichsklausuren galt, dass während der Erarbeitung des Zielsystems nicht über Messgrößen und Kennzahlen diskutiert wurde – dieser Schritt wurde separat – nach Fertigstellung der Bereichsziele – behandelt.

Als Fragestellung zur Erarbeitung der Messzahlen wurde folgende gewählt: Woran würden wir erkennen, dass wir das Ziel erreichen? Diese Fragestellung ist nicht so stark mit dem Makel des Messens und des Kontrollierens behaftet, wie die Frage: Wie können wir das Ziel messen?

Zur Überprüfung, ob die Messzahl geeignet ist, können folgende Kriterien herangezogen werden (siehe dazu Abb. 5.21, Anhaltspunkte zur Messgrößendefinition, Horvath und Partner, 2000):

- Kann an der Messgröße das Erreichen des gewünschten Zieles abgelesen werden?
- Wird mit der Messgröße das Verhalten der MitarbeiterInnen in die gewünschte Richtung beeinflusst?
- Wie gut bildet die Messgröße das betreffende Ziel ab?
- Inputgrößen sollen nur dann verwendet werden, wenn keine geeigneten Outputgrößen vorhanden sind
- Ist eine eindeutige Interpretation der Messgrößen möglich?
- Ist eine prinzipielle Erhebbarkeit gewährleistet?
- Liegt die Messgröße im überwiegenden Einflussbereich des Zielverantwortlichen?
- Ist die Messgröße kurzfristig oder langfristig beeinflussbar?

Bei der Definition der Messgrößen im Rahmen der Bereichsklausuren wurden folgende Kriterien berücksichtigt: (Wesenauer, Vorgehensweise – Erarbeitung der zweiten Ebene, S5):

- Vorhandensein der Messgröße
- Kosten der Messung
- Akzeptanz der Messgröße
- Formalisierungsmöglichkeit der Messgröße
- Frequenz der Erhebung

Beispiel für Ziele und Messzahlen im Bereich eigene Einrichtungen (Quelle: Soll-Ist-Vergleich Erfolgsplan 2002, Nov. 2002)

Bereich - eigene mediz. Einrichtungen

ORIENTIERUNG KUNDE

Index	Ziel	Messzahl		Vorschau November 02	Ziel 2002
OK 16.4.1	Leistungsangebot erhöhen (Prophylaxe, Halteelemente (16)	2 Konzepte liegen vor (Zahnmedizin, FA-Bereich)		FA 1 ZA 0	1

SOLIDE FINANZEN

Index	Ziel	Messzahl		Vorschau November 02	Ziel 2002
SF 12.0.1	Zusatzmaßnahmen zur Erreichung SRÄG-Ziel suchen (falls notwendig)	SRÄG-Ziel erreicht		1	1
SF 13.4.1	ZA-Eigenfinanzierung sichern (13)	Deckungsgrad 1 erreichen		132,0 %	141,0 %
SF 13.4.2	FA: Betriebswirtschaftliche Effizienz steigern (13)	FA: Deckungsgrad 1 in %			
		Physiko Linz		81,0 %	80,4 %
		Physiko Steyr		80,2 %	84,9 %
		Physiko Vöcklabruck		84,6 %	84,6 %
		Physiko Wels		89,0 %	89,9 %
		Psychotherapie		61,5 %	65,0 %
		Radiologie		149,0 %	148,0 %
		Schmerztherapie		102,0 %	113,0 %
		VU		134,2 %	145,0 %
SF 13.4.3	Auslastungsgrad Heime optimieren (13)	Heime (Auslastung in %)			
		Tisserand		97,3 %	98,0 %
		Hanuschhof		98,5 %	98,0 %
		Linzerheim		99,0 %	98,0 %

Abb. 18: Soll-Ist-Vergleich Erfolgsplan 2002, Nov. 2002 (Auszug)

8.3.6 Querabstimmung der Bereichserfolgspläne

Nachdem im Rahmen der Bereichsklausuren die Ziele für die Bereiche Leistung, Vertragspartner, Dienstgeber und Eigene Medizinische Einrichtungen abgeleitet und entsprechende Messzahlen vorgeschlagen waren, wurde die Gesamtabstimmung aller Ziele im Kreis der Direktoren vorgenommen. Darüber hinaus sollten die Rückmeldungen zu den strategischen Grundlagen – Vision, Strategie und strategische Unternehmensziele – aus den Bereichsklausuren zurück in die Dirktion fließen, um gegebenenfalls in die entsprechenden Unterlagen Eingang zu finden.

Eine ganztägige Klausur diente dazu, die strategischen Grundlagen zu überarbeiten und die Bereichsziele zum einen horizontal – d. h. quer über die Bereiche – und zum anderen vertikal – d. h in Abhängigkeit zum jeweils übergeordneten Unternehmensziel – abzustimmen und eine endgültige Festlegung der Ziele vorzunehmen.

Darüber hinaus wurde ein weiterer Arbeitsschritt im Rahmen dieser Klausur erledigt. Die noch offenen Messzahlen für die strategischen Unternehmensziele mussten ergänzt werden. Die Vorgehensweise war analog zur Erarbeitung der Messzahlen für die Bereichsziele. Die Erfahrungen, die im Rahmen der Bereichsklausuren im Zusammenhang mit der Definition von Messzahlen gesammelt werden konnten, waren hilfreich bei der Festlegung der Kennzahlen für die OÖGKK-Ziele.

8.3.7 Ziele der internen Dienstleister

Neu hinzugekommen im Rahmen der Erarbeitung des Erfolgsplanes 2002 war auch die Definition von Zielen für die internen Dienstleister. Auf Basis der abgestimmten Unternehmens- und Bereichsziele wurde im Rahmen einer Klausur der internen Dienstleister die Frage gestellt: Welchen Beitrag können wir – als interne Dienstleister – leisten, damit die Bereichsziele und die OÖGKK-Ziele optimal erfüllt werden?

Die Ziele der internen Dienstleister beziehen sich also in erster Linie auf Unterstützungsleistungen, die sie für die Umsetzung und Erreichung der Unternehmens- und Bereichsziele erbringen sollten. Auch diese Ziele wurden wieder mit Messzahlen versehen. Die Vorgehensweise entsprach dabei jener, die in den Bereichklausuren zu Anwendung kam.

8.3.8 Prüfung und Adaptierung des OÖGKK-Regelkreislaufes

Der bei der Ersteinführung des OÖGKK-Erfolgsplanes konzipierte und bereits umgesetzte Regelkreislauf konnte in seiner Grundkonzeption erhalten bleiben. Zu ändern bzw. zu ergänzen war der neu hinzugekommene Strategieprozess im Kreis der Direktion und die Berücksichtigung der verschiedenen Klausuren zu Erarbeitung der Bereichsziele sowie der Ziele der internen Dienstleister.

Die Umsetzung des Regelkreislaufes erfolgte im Rahmen der Erarbeitung des Erfolgsplanes 2002 eher zufällig idealtypisch und wurde in der Form als Regelkreislauf für die Erarbeitung folgender Erfolgspläne fixiert.

Regelkreislauf – Übersicht Termine:

Aktivität	Termin
Bereichsklausuren zur strukturierten Zusammenfassung der Rückmeldungen aus den MAG´s – als Input für die Strategieklausur der Dion	Mai
Strategieklausur der Dion	Juni/Juli
Bereichsklausuren der Bereiche	September – Mitte Oktober
Querabstimmung in der Direktion	Mitte Oktober
Klausuren der internen Dienstleister	Ende Oktober
Gesamtabstimmung Erfolgsplan in der Direktion	November
MbO–Gespräche (Direktion- OE-LeiterInnen) – Zielvereinbarungen auf Basis Erfolgsplan für Folgejahr	Dezember
MitarbeiterInnengepsräche – Individuelle Zielvereinbarung auf Basis Erfolgsplan und Anregungen für nächsten Erfolgsplan (Bottom up)	Jänner – März

8.3.9 Information an die MitarbeiterInnen

8.3.9.1 Broschüre „Erfolgsplan 2002"

Als Informationsmedium für die MitarbeiterInnen wurde eine neue Erfolgsplan-Broschüre gestaltet, welche eine umfassende Darstellung des Instrumentes selbst, der grundlegenden Zielsetzungen, die mit der Einführung des Instrumentes verbunden waren, alle strategischen Grundlagen und die Inhalte des Erfolgsplanes 2002 enthielt. Die Broschüre war aufwändig gestaltet und mehrfarbig gedruckt – sie sollte ansprechend und vor allem selbsterklärend sein, sodass die MitarbeiterInnen in die Lage versetzt würden, sich selbst einen Überblick über den Erfolgsplan und dessen Inhalte zu verschaffen, und sollte insbesondere zur Vorbereitung für das MitarbeiterInnengespräch genutzt werden. Die Broschüre war daher als **Arbeitsheft** angelegt, welches genügend Platz für persönliche Vermerke und Notizen bot. Diese Unterlage zum Erfolgsplan 2002 wurde allen MitarbeiterInnen im Postweg übermittelt.

8.3.9.2   *Beilage in der MAZ (Zeitung für MitarbeiterInnen der O-ÖGKK)*

Der Erfolgsplan 2002 und dessen Inhalte sollte stärker kommuniziert werden und laufend für alle MitarbeiterInnen präsent sein. Das Medium der MitarbeiterInnenzeitung der OÖGKK (MAZ) konnte für eine laufende Berichterstattung genutzt werden. Dafür wurden im Jahr 2002 in jeder der vier Ausgaben eine doppelseitige Beilage zum Erfolgsplan in der Blattmitte plaziert, welche sich auch farblich vom restlichen Druckwerk abhob.

Das Medium wurde genutzt, um wichtige Themenbereiche zur und rund um die OÖGKK-BSC zu thematisieren und zu erläutern. Information über den Erfolgsplan selbst und dessen Inhalte sowie über erzielte Ergebnisse im Rahmen der Umsetzung von Erfolgsplan-Zielen waren die Kernthemen, die in den MAZ-Beilagen behandelt wurden.

9   Phase III: Punktuelle und laufende Verbesserung

Die dritte Phase der BSC-Einführung in der OÖGKK beschäftigt sich mit der Optimierung des Erfolgsplanes 2002. In dieser Phase ging es nicht um eine konzeptionelle Neugestaltung, sondern um die Verbesserung im bestehenden System und um dessen konsequente Weiterentwicklung.

9.1 BEITEILIGUNG AN BENCHMARKING-STUDIE DER UNI-VERSITÄT LINZ

Zur Beurteilung der BSC-Einführung in der OÖGKK und als Ausgangspunkt für die Weiterentwicklung und Optimierung des Bestehenden war eine Standortbestimmung sinnvoll. Das Angebot der Universität Linz, sich an einem entsprechenden Benchmarking-Projekt zu beteiligen, war eine willkommene Möglichkeit diese Standortbestimmung durch externe Experten durchführen zu lassen und so einen unvoreingenommenen Blick auf den Erfolgsplan und die damit verbunden Prozesse und Ergebnisse werfen zu lassen. Die Durchführung des Benchmarking an der Universität Linz war für uns darüber hinaus deshalb begrüßenswert, weil es sich um eine **neutrale** durchführende Stelle handelte und eine wissenschaftliche Herangehensweise mit dem nötigen theoretischen Hintergrund und methodischer Sorgfalt gewährleistet war. Im Rahmen des Benchmarking-Projektes sollte der OÖGKK-Erfolgsplan mit anderen BSCs verglichen werden und eine Überprüfung und Beurteilung im Hinblick auf Übereinstimmung mit dem theoretischen Konzept von Kaplan/Norton sowie auf das lfd. BSC-System der OÖGKK gemacht werden.

Die Benchmarking-Studie wurde von Studierenden an der Johannes-Kepler-Universität Linz im Rahmen eines Seminars der speziellen Betriebswirtschaftslehre Personalwirtschaft (P4) am Institut für Unternehmensführung, Forschungsschwerpunkt Personalwirtschaft – unter Leitung des Insitutsvorstandes Prof. Dr. Wolf Böhnisch gemeinsam mit Fr. Mag. Elisabeth Krennhuber- im Wintersemester 2001/2002 durchgeführt. Die Benchmarking-Ergebnisse wurden im Rahmen eines Workshops im Jänner 2002 präsentiert und diskutiert.

9.1.1 Definition und Ziele des Benchmarkings

Es gibt international kein einheitliches Begriffsverständnis von Benchmarking, dessen Unterarten und Ablauf.

Einem umfassenden Begriffsverständnis von Benchmarking kommen folgende Definitionen am nächsten, auf die sich unter Führung des American Productivity and Quality Center (APQC) 100 amerikanische Unternehmen geeinigt haben: „Bei der Durchführung einer Benchmarking-Studie werden Arbeitsabläufe ständig überwacht und mit denen marktführender Unternehmen auf der ganzen Welt verglichen, um Informationen zu erhalten, die dem Unternehmen dabei helfen, die entsprechenden Schritte zur Verbesserung seiner Arbeitsabläufe zu veranlassen." (Watson, 1992, S. 21).

Daraus lässt sich ableiten, dass Benchmarking die Suche nach **den Besten** in der Industrie, wodurch – relativ zur Konkurrenz – eine überlegene Leistung erzielt werden soll, umfasst. Weiter handelt es sich um einen Zielsetzungsprozess, der nicht nur die Festsetzung von Zielgrößen (Benchmarks) beinhaltet, sondern auch den richtigen Weg dorthin (Benchmarking) zeigt. Dies basiert auf den Erfahrungen anderer, verknüpft mit eigener Kreativität und unternehmensspezifischer Adaption. Darüber hinaus ist Benchmarking eine Lerntechnik, die es ermöglicht, von anderen Menschen zu lernen (vgl. Meyer (Hrsg.), 1996, S. 7).

In andern Worten ist Benchmarking ein kontinuierlicher Prozess, bei dem man Produkte, Dienstleistungen und insbesondere Prozesse und Methoden betrieblicher Funktionen über mehrere Unternehmen hinweg vergleicht. Dabei sollen die Unterschiede zu anderen Unternehmen offen gelegt und die Ursachen für die Unterschiede sowie Möglichkeiten zur Verbesserung aufgezeigt werden (vgl. Horvath/Herter, 1992, S. 59).

Anders als beispielsweise bei der Wettbewerbsanalyse soll man die Benchmarking-Partner direkt ansprechen und Vergleichsdaten mit Hilfe eines Fragebogens offen austauschen (vgl. Kienbaum (Hrsg.), 1997, S 6). Ein schlichtes Kopieren ist aber nicht Sinn der Methode, vielmehr soll das gewonnene Wissen für das eigene Unternehmen adaptiert werden. Auf diese Weise können beim Benchmarking langfristig alle beteiligten Unternehmen profitieren, da beide Benchmarking-Partner zu einer Durchleuchtung des Prozesses, der Gegenstand des Benchmarking ist, veranlasst werden (vgl. Werner, 1996, S 172ff).

Durch die Erkennung der Hintergründe, die für eine überlegene Leistung eines anderen Unternehmens verantwortlich sind, ist es möglich, Defizite im eigenen Unternehmen zu identifizieren und zu beseitigen, das heißt, eine aktive Veränderung der Marktkonstellation durch die analysierende Unternehmung ist in diesem Instrument enthalten (vgl. Werner, 1996, S 172ff).

Abschließend wird nochmals angemerkt, dass die Begriffe **Benchmarking** und **Benchmark** nicht ident sind. Während es sich beim Benchmarking um den Vergleichsprozess handelt, steht Benchmark für den Referenzpunkt einer gemessenen Bestleistung.

Mit Benchmarking können folgende Ziele im Unternehmen verfolgt werden (Leibfried/McNair, 1993, S 35).

- Identifikation leistungsentscheidender Prozesse im eigenen Unternehmen

- Verbesserung des Verständnisses von unternehmensinternen Prozessen

- Erkennen überlegener Leistungen des Benchmarking-Partners (externer Maßstab)

- Erkennen der Hintergründe dieser überlegenen Leistungen

- Initiierung eines Verbesserungsprozesses in der eigenen Unternehmung

- Steigerung der Effektivität und Produktivität des eigenen Unternehmens
- Steigerung des Unternehmenswertes für die Anteilseigner
- Operative Zielerreichung, also die Umsetzung der Unternehmensziele und operative Verbesserungen
- Setzen oder Verändern von strategischen Zielen
- Erreichen von Quantensprüngen und die dramatische Verbesserung der Performance
- Erreichen einer lernenden Organisation

9.1.2 Der Benchmarkingprozess

Die Durchführung einer Benchmarking-Studie und die Implementierung der Ergebnisse ist ein anspruchsvolles und komplexes Vorhaben. Systematisches und geplantes Vorgehen ist daher unbedingt notwendig, um effizient und effektiv zu den gewünschten Ergebnissen zu kommen.

Ziel des Projektes war der Vergleich der Balanced Scorecard dieser Unternehmen hinsichtlich verschiedener Bereiche auf formaler und prozessualer Ebene, um mögliche Schwächen und Verbesserungspotenziale zu identifizieren. Die Balanced Scorecard entsprach den Erfordernissen eines Benchmarking-Objektes, da sie einen hohen Beitrag zum Unternehmenserfolg leistet und ein einwandfreies Funktionieren sicher als kritischer Erfolgsfaktor zu bezeichnen ist.

Die Darstellung über den konkreten Ablauf des BSC-Benchmarking-Projektes folgt dem Abschlussbericht zum Seminar Kritische Erfolgsfaktoren in der BSC (Böhnisch/Krennhuber (LVA–Ltg), 2002a, S 12 ff).

Das Benchmarking-Projekt wurde in folgende Phasen gegliedert:

- Identifikation der Benchmarking-Partner
- Festlegung der Benchmarking-Bereiche
- Datenerhebung
- Datenauswertung
- Firmeninterview
- Datenanalyse und Interpretation
- Präsentation der Ergebnisse

9.1.2.1 Festlegen der Benchmarking-Partner

Im Falle dieses Projektes handelt es sich um ein branchenübergreifendes Prozessbenchmarking, bei dem inhaltliche Aspekte der Balanced Scorecard, wie zum Beispiel die durch die BSC verfolgte Strategie des Unternehmens, bewusst nicht Gegenstand der Untersuchung waren. Die Untersuchung beschränkte sich auf eine formale und prozessuale Ebene. Die Entscheidung für die Art des branchenübergreifenden Benchmarking wurde deshalb getroffen, da hier mit einer höheren Teilnahme- und Auskunftsbereitschaft seitens der Benchmarking-Partner zu rechnen war. Darüber hinaus sind Unternehmen aus unterschiedlichen Branchen eher dazu geeignet eine breitere Sichtweise zu eröffnen (Böhnisch/Krennhuber (LVA–Ltg), 2002a, S 33f).

Für die Teilnahme am Benchmarking-Projekt kamen nur Unternehmen in die engere Auswahl, die die BSC bereits vollständig umgesetzt hatten. Neben der OÖGKK beteiligten sich drei große – zum Teil international tätige – Unternehmen aus Deutschland und Österreich am BSC-Benchmarking. Die Organisationen gehören sehr unterschiedlichen Branchen an und sind – mit Ausnahme der OÖGKK – dem Profit-Bereich zuzurechnen.

Um sich ein erstes Bild der Balanced Scorecard des jeweiligen Unternehmens machen zu können, wurden von den Firmen allgemeine Firmen- und BSC-Informationen angefordert. Diese Daten dienten als Ausgangsbasis für die weitere Analyse.

9.1.2.2 *Festlegen der Benchmarking-Bereiche*

Das Festlegen der Benchmarkingbereiche wurde zum einen basierend auf Literaturrecherchen durch StudentInnen vorbereitet, andererseits wurden die Benchmarkingpartner um die Bekanntgabe interessierender Bereiche gebeten. Aus diesen Informationen wurde eine Schnittmenge gebildet und folgende Benchmarking-Bereiche definiert (Böhnisch/Krennhuber (LVA-Ltg), 2002a, S 34 f):

- Strategie (Umsetzung der Strategie mit Hilfe der BSC)
- Reviewprozess (strategischer und operativer Review)
- Perspektiven der BSC
- Ziele und Kennzahlen innerhalb der BSC
- Ursache-Wirkungskette
- Kommunikation/Information der und durch die BSC innerhalb des Unternehmens
- IT-Tools als Unterstützung der BSC
- Schnittstellen (wie Entgeltsysteme, BSC–Betreuung, etc.)
- Allgemein (Akzeptanz, Zufriedenheit, Auswirkungen, etc.)

222

9.1.2.3   Datenerhebung

Das Projektteam der Studierenden entschied sich für eine Primärerhebung der Daten zu den ausgewählten Benchmarking-Bereichen mittels Fragebogen. Zu jedem Benchmarking-Bereich wurde ein Spzialistenteam innerhalb der Projektgruppe installiert, dessen Ziel es war einerseits Inhaltsexpertise aufzubauen, andererseits dieses Wissen in der Fragebogenentwicklung und -auswertung und Interpretation zur Verfügung zu stellen. Da die Qualität und der Aufbau des Fragebogens wesentliche Erfolgsfaktoren für das Gelingen des Benchmarking-Prozesses darstellen, wurde dem Projektteam für die endgültige Fragebogenentwicklung und die fachliche Unterstützung im Bereich empirische Erhebungen Dr. Harald Meyer, Dozent an der Otto-Friedrich-Universität Bamberg, zur Seite gestellt. Die Projektgruppe entschied sich, zwei verschiedene Fragebögen auszusenden. Einen für Führungskräfte und einen weiteren für die Mitarbeiter der Unternehmen. Der Fragebogen an die Führungskräfte enthielten zusätzliche Fragen zu den Themenbereichen Strategie, Review, Perspektiven, Ziele und Kennzahlen. Dies ermöglichte einerseits, dem unterschiedlichen Informationsstand von Führungskräften und Mitarbeitern Rechnung zu tragen, und andererseits konnten so auch die unterschiedlichen Sichtweisen und Informationsstände von Mitarbeitern und Führungskräften herausgefunden werden. Um die Verständlichkeit und Angemessenheit der Fragen zu überprüfen, wurde ein Pretest mit den Verantwortlichen der Benchmarking-Partner durchgeführt. Aufgrund dieses Pretests wurde der Fragebogen überarbeitet, wobei hier besonders auf die Verständlichkeit der Fragen und Begrifflichkeiten geachtet wurde (Böhnisch/Krennhuber (LVA-Ltg), 2002a, S 35 ff).

Parallel zur Fragebogenerstellung wurde die Stichprobengröße und die Zielgruppe (d. h die zu Befragenden) festgelegt. Von einer Vollerhebung wurde aus Zeit- und Ressourcengründen Abstand genommen. Um ein möglichst breites Bild über die Benchmarking-Bereiche und Besonderheiten in den Organisationen zu erhalten, wurden per Zufallsprinzip aus jeder Abteilung möglichst eine Führungskraft und ein Mitarbeiter ausgewählt. Die Wahrung der Anonymität war ein zentrales Anliegen der Projektgruppe.

Die Anzahl der ausgesendeten Fragebögen bewegte sich – je nach Unternehmensgröße und individuellen Wünschen der Benchmarkingpartner – zwischen 19 und 30, die Rücklaufquote bewegte sich zwischen 37% und 92% (OÖGKK) (Böhnisch/Krennhuber (LVA–Ltg), 2002a, S 37).

9.1.2.4   Datenauswertung
Die Datenauswertung erfolgte in einem zweistufigen Verfahren: im ersten Schritt wurden die Daten der einzelnen Benchmarking–Teilnehmer ausgewertet und interpretiert, im zweiten Schritt erfolgte eine Darstellung, Analyse und Interpretation der Ergebnisse im zwischenbetrieblichen Vergleich (Böhnisch/Krennhuber (LVA-Ltg), 2002a, S 37).

9.1.2.5   Firmeninterviews
Im Anschluss an die Datenauswertung wurden mit den verantwortlichen Ansprechpartnern der Benchmarking-Teilnehmer vertiefende Interviews geführt, um Auffälligkeiten und Unterschiedlichkeiten zwischen den einzelnen Unternehmen, die sich aus der Fragebogenauswertung ergaben, kritisch zu hinterfragen und zu durchleuchten. Diese Interviews wurden nach einem einheitlichen Interviewleitfaden geführt (Böhnisch/Krennhuber (LVA-Ltg), 2002a, S 37).

9.1.2.6   Datenanalyse und Interpretation
In diesem Schritt der Auswertung wurden die Fragebogenergebnisse in Zusammenhang mit den Interviewergebnissen gebracht und in einem ersten

Endbericht die Ergebnisse festgehalten. Mit Hilfe der Expertise der bereits genannten Spezialistenteams wurde eine Optimallösung für diesen Bereich festgelegt und die Lösung der Unternehmen damit verglichen. Unter der Optimallösung wurde seitens des Projektteams jene Lösung verstanden, die den theoretischen Modellen nach Kaplan/Norton und anderen Autoren am ehesten entsprach. Je nach Annäherung an den Idealtypus wurde eine Bewertung vorgenommen. Die Ergebnisse dieser Themenbereiche wurden in einer Ergebnismatrix zusammengefasst und dargestellt. Ziel der Datenanalyse war zum einen Besonderheiten bei einzelnen Unternehmen aufzuzeigen und zu beschreiben, zum anderen Verbesserungspotenziale und Ansatzpunkte für Optimierungen darzustellen (Böhnisch/Krennhuber (LVA-Ltg), 2002a, S 38).

9.1.2.7 *Präsentation der Ergebnisse*

Die Präsentation der Ergebnisse erfolgte im Rahmen des Workshops „Kritische Erfolgsfaktoren in der Balanced Scorecard" an der Johannes-Kepler-Universität Linz im Jänner 2002, zu dem – neben StudentInnen als Projektverantwortliche, Lehrende und VertreterInnen der Benchmarking-Partner – auch eine begrenzte Auswahl von externen BSC-ExpertInnen persönlich eingeladen wurden.

Das Hauptaugenmerk lag auf der Vorstellung des gesamten Benchmarkingprozesses und der Detailergebnisse sowie auf der eingehenden Diskussion der Ergebnisse. Die Diskussionsergebnisse wurde protokolliert. Die Umsetzung der Ergebnisse und das Aufgreifen konkreter Verbesserungsvorschläge lag im Verantwortungsbereich der Benchmarking-Teilnehmer und war nicht mehr Gegenstand des Benchmarking-Projektes (Böhnisch/Krennhuber (LVA-Ltg), 2002a, S 38f).

9.1.3 Ergebnisse des Benchmarkingprojektes als Basis für weitere Verbesserungen

Die Ergebnisse der Studie wurden detailliert dokumentiert und dienten im Rahmen der Ergebnispräsentation als Diskussionsgrundlage. Die Darstellung der Ergebnisse orientierte sich am Fragebogen. Die Ergebnisse wurden auch grafisch aufbereitet. Mit farblichem Hintergrund wurde jeweils markiert, welcher der Benchmarkingpartner den Anforderungen der Literatur in der Praxis am ehesten ensprach und welches Unternehmen damit mit „Best Practice" bewertet wurde. War kein Unternehmen eindeutig besser als die anderen, wurde die Bewertung gar nicht durchgeführt, es konnte aber auch vorkommen, dass zwei Unternehmen gleich gut bewertet wurden und damit zwei Unternehmen im gleichen Feld mit „Best Pracice" beurteilt wurden.

Ein Überblick über die Benchmarkingbereiche zeigt, dass Unternehmen eins bei drei Themenschwerpunkten (Reviewprozess, Perspektiven und Schnittstellen in der BSC) das Prädikat „Best Practice" erhielt, Unternehmen drei bei einem Bereich (Schnittstellen in der BSC) und Unternehmen zwei bei gar keinem Feld mit „Best Practice" beurteilt wurde. Die OÖGKK erhielt in insgesamt vier Benchmarkingbereichen (Strategische Ausrichtung der BSC, Perspektiven der BSC, Kennzahlen der BSC und Ursache-Wirkungskette in der BSC) die Best-Practice-Beurteilung und war damit erfolgreichster Benchmarking-Teilnehmer.

Die Überblicksmatrix über die Gesamtergebnisse zeigt damit folgendes Ergebnisprofil (Böhnisch/Krennhuber (LVA-Ltg), 2002a, S 39):

	Unter-nehmen 1	Unter-nehmen 2	Unter-nehmen 3	OÖGKK
Strategische Ausrichtung der BSC				■
Reviewprozess in der BSC	■			
Perspektiven in der BSC	■			■
Kennzahlen der BSC				
Ursache-Wirkungsketten in der BSC				■
Kommunikation und Information durch die BSC				
IT-Tools				
Schnittstellen in der BSC	■		■	

9.1.4 Ausgewählte Detailergebnisse aus dem Benchmarking-Prozess

Die Darstellung von Ergebnissen in jenen Benchmarking-Bereichen, in denen die OÖGKK mit „Best-Practice" bewertet wurde, möchte ich auf einige wenige Kernaussagen beschränken. Strategische Ausrichtung der BSC, Perspektiven der BSC und Kennzahlen sind im Benchmarking als Erfolgsfaktoren des OÖGKK-Erfolgsplanes identifiziert worden. Bei den zitierten Aussagen handelt sich dabei um Originalzitate aus dem Benchmarking-Abschlussbericht (Böhnisch/Krennhuber (LVA-Ltg), 2002a, S 39ff).

Strategische Ausrichtung der BSC:
Der OÖGKK gelingt es, die Strategie mit Hilfe der BSC auf allen Ebenen umzusetzen. Dies zeigt sich dadurch, dass auch die MitarbeiterInnen wis-

sen, welche Strategie im Unternehmen verfolgt wird. Zusätzlich finden sowohl alle Führungskräfte als auch alle MitarbeiterInnen die Strategie in den Perspektiven abgebildet.

Durch die BSC der OÖGKK schätzen alle Führungskräfte und MitarbeiterInnen ihren Arbeitsbeitrag als zielgerichteter ein.

Perspektiven der BSC:
Anzahl, Inhalt und Bedeutung der Perspektiven entsprechen den Erfordernissen. Es kann die Strategiebezogenheit der Perspektiven nachvollzogen werden.

Kennzahlen in der BSC:
Die Aussagekraft der Kennzahlen wird positiv bewertet. Die OÖGKK hat als einziges Unternehmen Kennzahlen eigens für die BSC entwickelt.

Ursachen-Wirkungs-Kette:
Die OÖGKK nimmt in diesem Aspekt eine herausragende Stellung ein. Hier werden die Ursachen-Wirkungs-Ketten schriftlich festgelegt und ausreichend kommuniziert. Der Informationsstand der Führungskräfte und MitarbeiterInnen ist dementsprechend hoch.

Die OÖGKK sieht eine laufende Überprüfung der Ursachen-Wirkungs-Kette vor.

In weiterer Folge möchte ich jene Benchmarking-Bereiche im Hinblick auf Detailergebnisse detaillierter analysieren, deren Bewertung nicht mit „Best-Practice" für die OÖGKK ausfiel. Betroffen sind der Review-Prozess in der BSC, Kommunikation und Information sowie Schnittstellen in der BSC. Diese Ergebnisse des Benchmarking-Prozesses sind in weiterer Folge auch die Ansatzpunkte für Verbesserungen und gezielte Maßnahmen.

228

9.1.4.1 Reviewprozess in der BSC

Im Blickpunkt dieses Benchmarking-Bereichs standen die Zuständigkeiten im Reviewprozess, die Arten des Reviews und der Problemlösungsprozess bei Soll-Ist-Vergleichen.

Die Zuständigkeiten sind bei allen vier Unternehmen sehr unterschiedlich geregelt. Bei allen Unternehmen liegt die Verantwortung für die Zielerreichung bei Linienverantwortlichen unterschiedlicher Hierarchieebenen (AbteilungsleiterInnen, Center-LeiterInnen, ...), Stabstellen und unterstützende Teams (Controlling, Koordinationsteam...) servicieren und unterstützen den Prozess. Bei einem Unternehmen wird besonderer Wert auf die Einbeziehung der MitarbeiterInnen bei der Zielkontrolle gelegt, bei den übrigen sind die MitarbeiterInnen nur indirekt einbezogen.

Das ausschlaggebende Kriterium im Zusammenhang mit Zuständigkeiten im Reviewprozess ist, dass Verantwortung und Zuständigkeiten klar geregelt und transparent sind, sodass alle Beteiligten wissen, was von ihnen erwartet wird, und was von ihnen zu tun ist.

Bei der OÖGKK konnte aus dem Fragebogen abgelesen werden, dass Unklarheiten bezüglich der Verantwortung für Kontrolle der Zielerreichung bestehen, da sich aus dem Vergleich mit dem Interview unterschiedliche Angaben ergaben.

Im Hinblick auf die Arten des Reviews trennen alle Unternehmen operative und strategische Reviews. Strategische Reviews werden bei allen Unternehmen einmal jährlich durchgeführt und betreffen die grundsätzliche Unternehmensstrategie. Operative Reviews beziehen sich dagegen auf die unterjährige Zielerreichung und werden in unterschiedlicher Frequenz (monatlich oder quartalsweise) durchgeführt. Der Bekanntheitsgrad der verschiedenen Arten von Reviews differiert von Unternehmen zu Unternehmen. Die Trennung in die zwei Arten der Reviews wird von Führungskräften verschiedener Ebenen z. T. unterschiedlich wahrgenommen.

Ausschlaggebend dafür ist der Grad der Einbeziehung in die Prozesse. Jenes Unternehmen, welches mit „Best-Practice" in dieser Detailfrage bewertet wurde, trennt klar zwischen strategischen und operativen Reviews, welche monatlich durchgeführt werden, und es besteht hohe Transparenz über Inhalte und Prozesse der Reviewprozesse.

Die OÖGKK hat zum Zeitpunkt des Benchmarking-Projektes noch keinen strategischen Review durchgeführt. Hinsichtlich der operativen Reviews, welche zu diesem Zeitpunkt noch quartalsweise durchgeführt wurden, bestand aber Transparenz.

Als dritter Punkt im Bereich der Review-Prozesse, wurde der Problemlösungsprozess bei Soll/Ist-Abweichungen einem Benchmarking unterzogen. Allen Unternehmen gemeinsam ist, dass es keine klaren Regelungen für diesen Prozess gibt, dies gilt sowohl für einbezogene Personen als auch für die Reaktionszeit. Als wesentliche Beurteilungsfaktoren kristallisierten sind die rasche Reaktionszeit und klare Verantwortlichkeiten heraus.

Wie aus den Fragebögen der OÖGKK hervorging, sind die Führungskräfte nicht einig, welche Personen am Problemlösungsprozess beteiligt sind, jedoch konnte anhand des Interviews eruiert werden, dass die AbteilungsleiterInnen und die Direktion daran beteiligt sind.

9.1.4.2 Kommunikation und Information

Kommunikationswege und Zufriedenheit mit der Kommunikation bilden die Schwerpunkte dieses Teils den Benchmarkings.

Kommunikationswege sind in allen Unternehmen unterschiedlich gestalten. Unterschiedliche Medien werden in unterschiedlicher Intensität genutzt. Bei allen Unternehmen werden mehrere Informationswege eingesetzt. Folgende Kommunikationswege wurden bei der Befragung genannt:

Intranet, MitarbeiterInnenzeitung, Executive Briefings, Aushängen in Büros, Abteilungs- und Teambesprechungen, Meetings, MitarbeiterInnengespräch, Mails, Betriebsversammlungen, Vorträge, Plakate, Info-Blätter, EDV-Lösungen, Newsletter.

Die OÖGKK arbeitet mit Workshops und Präsentationen auf der Managementebene, stellt den Führungskräften Informationen über eine EDV-Lösung zur Verfügung und informiert alle MitarbeiterInnen über eine jährlich erscheinende Broschüre zur BSC sowie über die quartalsweise MitarbeiterInnenzeitung.

Die Erhebungen im Zusammenhang mit der Zufriedenheit über die Kommunikation und Information. Generell wurde festgestellt, dass die MitarbeiterInnen aller Unternehmen in allen Spekten der Kommunikation und Information weitaus weniger zufrieden sind als die Führungskräfte. Kein Unternehmen sticht besonders positiv hervor.

Für die OÖGKK wurde im Rahmen des Benchmarkings festgestellt, dass versucht wird, die Informationen über viele verschiedene Kanäle und Medien zu transportieren. Dieses Bemühen wird von den MitarbeiterInnen jedoch nicht eindeutig honoriert. Die Zufriedenheit der Führungskräfte wird als positiv bewertet, nur bei Informationen in Bezug auf die Zielerreichung variiert auch die Beurteilung der Führungskräfte. Der Dialog zwischen verschiedenen Bereichen wird als positiv empfunden.

9.1.4.3   Schnittstellen in der BSC

Im Zusammenhang mit Schnittstellen in der BSC wurde im Rahmen des Benchmarking die Betreuung der BSC-Systeme analysiert. Die Betreuung der BSC wird in einem Unternehmen als gut bewertet, in allen anderen Unternehmen als durchschnittlich. Die Beurteilung im Hinblick auf die Betreuung fiel auch bei der OÖGKK mit durchschnittlich aus, wobei die bestehende Zuordnung der Betreuung zum Controlling als **richtig** gesehen wird und das Controlling als **am besten geeignet für die Systembetreuung** bewertet wird.

Die Detailergebnisse zeigen zum einen, wo die einzelnen Unternehmen bereits erfolgreich das theoretische BSC-Konzept in die Praxis umgesetzt haben, es gibt aber insbesondere darüber Auskunft, wo Ansatzpunkte für Verbesserungen liegen, da das Konzept suboptimal umgesetzt wurde. Ergebnisse des Benchmarking-Projektes sollten Schwachpunkte erkennen lassen. Die Evaluierungsergebnisse boten Ansatzpunkte für Verbesserungen des Erfolgsplan-Systems. Auf Basis dieser Ergebnisse wurden die Verbesserungen konzipiert und im lfd. Jahr 2002 umgesetzt. Diese Verbesserungen betrafen schwerpunktmäßig zwei große Themenbereiche: Das Kommunikations- und Schulungskonzept auf der einen Seite und die Erweiterung der Erfolgsplan-Architektur um eine zusätzliche Ebene.

Mit Maßnahmenbündeln in diesen Schwerpunkten wurde auf die Benchmarking-Ergebnisse in den Bereichen **Information und Kommunikation** und **Schnittstellen** reagiert. Der Themenbereich **Review** und hier insbesondere das strategische Review wurde im Jahr 2003 erstmalig durchgeführt und entsprechend in den Planungskreislauf eingebaut. Dies erfolgte (auch) unter dem Blickwinkel der Eindrücke und Erfahrungen im Austausch mit den Benchmarking-Partnern.

9.1.5 Kommunikations- und Schulungsmaßnahmen „Erfolgsplan" für alle Ebenen und Bereiche konzipieren und umsetzen

Eine wesentliche Erkenntnis aus dem Benchmarking war jene, dass die Information und Kommunikation in weiten Bereichen noch nicht den Ansprüchen und Anforderungen der MitarbeiterInnen entsprach. Das gesamte Kommunikationskonzept musste daher einer Überprüfung unterzogen werden. Durch unterschiedliche Maßnahmen – vor allem aber durch ein entsprechendes Schulungskonzept für alle Ebenen und Bereiche der OÖGKK – sollte der Bekanntheitsgrad des Erfolgsplanes und das Wissen über seine Bedeutung und Wirkungsweise sowie aller damit in Verbindung stehenden

Prozesse erhöht werden. Daneben galt es, durch diese Weiterbildungsmaßnahmen die Zielidentifikation aller MitarbeiterInnen zu erhöhen.

9.1.5.1 *Erfolgs-Plan-Spiel für die erste und zweite Führungsebene*

Die Diskussion um die Ergebnisse des Benchmarking-Projektes, sowohl im
Rahmen des Abschluss-Workshops an der Universität Linz, als auch mit
dem leitenden Angestellten als Entscheidungsträger im Haus, führte zu einer zentralen Erkenntnis: je besser das System der BSC verstanden wird, je
mehr Nutzen mit diesem Instrument verbunden wird, desto bessere Wirkung kann es entfalten. Eine zentrale Rolle nehmen in diesem Zusammenhang die Führungskräfte der ersten Ebene (Direktion) und der zweiten E-
bene (AbteilungsleiterInnen) ein. Neben der Überlegung, welche Inhalte es
zu vermitteln gab, stand auch die Wahl einer geeigneten Methode im Vordergrund.

Vorträge über die BSC im Allgemeinen waren insofern nicht das Mittel
der Wahl, weil es nicht darum ging, die Führungskräfte zu BSC-Experten
auszubilden. Vorträge zum OÖGKK-Erfolgsplan und dessen Inhalten gab
es in diesem Kreis bereits mehrere. Ein weiterer Vortrag zu diesem Thema
würde keine wesentliche Veränderung der Einstellung bewirken können.
Externe Experten würden zwar den Stellenwert einer entsprechenden Veranstaltung erhöhen, konnten aber das BSC-Konzept nur allgemein beleuch-
ten, interne ReferentInnen (Direktion, BSC-Verantwortliche) kamen zum
Erfolgsplan in dem angesprochenen Kreis bereits oft zu Wort und hätten
nicht mehr den Anspruch des **Neuen** und **Überraschenden.**

Im Zuge der Überlegungen stieß ich im Rahmen eines Seminars an der
Universität Linz auf die Methode der Planspiele – in Form des Business-
Navigators[9], die ich dort auch aktiv ausprobieren konnte. Es handelt sich

---

[9] Business Navigator http://www.simulationcompany.at/

dabei um eine Simulationsmethode, die in einer Spielsituation die Unternehmens-Realität in zeitlich und inhaltlich verkürzter Form darstellt und den TeilnehmerInnen die Möglichkeit gibt, sich aktiv zu einzubringen. Das **Spiel** entspricht der Logik eines Brettspiels (wie z. B. DKT) und wird unter Anleitung eines Spielleiters mit festgelegten Spielregeln durchgeführt. Zusammengefasst geht es darum, bestimmte Unternehmesziele zu erreichen. Die Maßnahmen, die zur Erreichung der Unternehmensziele gesetzt werden, werden dabei von den MitspielerInnen (aus einer vorgegebenen Auswahl) festgelegt. Beschränkte zur Verfügung stehende Ressourcen (MitarbeiterInnen, Geld, ...) zwingen dabei die TeilnehmerInnen zu Verhandlungsprozessen, in denen sie die Auswahl der Maßnahmen vornehmen. Die Evaluierung der Maßnahmen erfolgt in regelmäßigen Abständen im Spielverlauf.

Dafür werden alle Aktivitäten der SpielteilnehmerInnen (durch einen Spielbetreuer) in einem EDV-Simulationsmodell erfasst und in verschiedenen Spielzyklen ausgewertet, sodass die Effekte des eigenen Handelns sofort sichtbar werden und als Entscheidungsgrundlage für weitere Aktivitäten im Rahmen des nächsten Spielzyklus dienen können. Das Plan-Spiel bietet so die Möglichkeit des Erfahrungslernens.

Das Plan-Spiel kann auf die Unternehmensgegebenheiten abgestimmt werden, das heißt, man operiert nicht mit abstrakten Zielen und Maßnahmen, sondern mit den eigenen Unternehmenszielen und konkreten Maßnahmen, die auch im Unternehmen durchgeführt werden (können).

Das dahinterliegende Lernmuster ist denkbar einfach: Im Spiel werden Aktivitäten gesetzt und in diesem Rahmen natürlich auch Fehler gemacht. Im Rahmen der Reflexionsphasen können diese Fehler erkannt werden, um in der nachfolgenden Spielphase den Fehler beseitigen zu können.

Die Rahmenbedingungen für ein Führungskräftetraining zum Thema Erfolgsplan wurden wie folgt formuliert:

Es sollten alle Führungskräfte der ersten und zweiten Ebene gemeinsam daran teilnehmen – dies sollte auch der Teambildung in diesem Kreis förderlich sein.

Diese Vorgabe bedingte allerdings, dass die Durchführung in einem möglichst kurzen Zeitraum statt finden sollte, da für die Dauer der Veranstaltung die gesamte erste und zweite Führungsebene gebunden war.

Das Erfolgs-Plan-Spiel, wie wir die Veranstaltung als Kombination aus **Erfolgsplan** und **Plan-Spiel** benannten, wurde so konzipiert, dass es an einem Workshop-Tag unter Beteiligung aller Führungskräfte der ersten und zweiten Ebene (ausgenommen jene, die bereits langfristig ihren Urlaub für den entsprechenden Tag geplant hatten) durchgeführt wurde. Die Konzeption erfolgte zwischen einer externen Beratungsfirma, die auf diese Art der Plan-Spiele spezialisiert ist, und mir als Erfolgsplan-Verantwortliche. Der Workshop wurde von drei externen Beratern begleitet und moderiert. Als Ansprechpartnerin für konkrete Fragen zum Erfolgsplan bzw. dessen Inhalten stand ich während der gesamten Veranstaltung zur Verfügung.

Die Ziele der Veranstaltung wurden wie folgt formuliert und mit der Einladung auch für die TeilnehmerInnen transparent gemacht:

- den Nutzen des Erfolgsplanes für die OÖGKK transparent aufzuzeigen und somit die Identifikation und Akzeptanz zu fördern
- durch das Erleben der spezifischen strategischen Ursachen-Wirkungszusammenhänge ein gemeinsames Bild der Strategie-Umsetzung zu schärfen
- Sensibilisierung, Kommunikation und Teambildung als Basis für den permanenten Diskussionsprozess zum Erfolgsplan zu fördern

- zu erleben, wie Management auf verschiedenen Ebenen messbar gemacht wird

Das Erfolgs-Plan-Spiel wurde in zwei parallelen Gruppen durchgeführt. Dies machte transparent, dass je nach gewählter Taktik und unterschiedlichen Maßnahmen auch die Ergebnisse der Zielerreichung anders ausfielen. Es erhöhte darüber hinaus den Spaß am Spiel, weil natürlich jede Gruppe als **Sieger** hervorgehen wollte und der Wettbewerb die SpielerInnen motivierte.

Im Anschluss an das Spiel wurde abschließend noch versucht festzuhalten, was das Erfolgs-Plan-Spiel für die OÖGKK bringen kann. Die Ergebnisse zu den vorgegebenen Fragen sind nachstehend zusammengefasst:

Wesentliche Erkenntnisse aus dem Erfolgs-Plan-Spiel:
- Investitionen in jenen Bereichen mit den größten Hebeln und Treibern
- Hinterfragen der eigenen Entscheidungsgewohnheiten
- Ausgeglichene Finanzentwicklung im Auge behalten
- Geduld haben und in die Basis investieren
- Langfristiger Denken
- Noch mehr in Ursachen-Wirkungsketten denken
- Erfolgsfaktor MitarbeiterInnen
- Gesamtsicht beachten
- Strategie ist unabdingbar
- Teamgeist legt Ressourcen in einen Topf
- Erfolg erleichtert weiteren Erfolg

Erfolgsfaktoren für unsere Zukunft mit dem Erfolgsplan (inhaltlich/wie müssen wir damit umgehen?):

- Ständige Reflexion und Anpassung wenn notwendig
- Maßnahmen bereichsübergreifend kommunizieren – was kann der Bereich von einem anderen lernen?
- Prioriäten nach Ursache-Wirkung setzen
- Weniger ist mehr
- Genauere Definition (weniger Schlagworte)
- Messbarkeit beachten
- Kommunikation bis zur Basis
- Maßnahmen ernst nehmen
- Ressourcen dafür sichern
- Innovationen zulassen
- Täglich mit Erfolgsplan arbeiten
- Permanentes Überprüfen notwendig/laufende Evaluation
- Prioritär Innovationen fördern und Prozesse optimieren
- Gemeinsame Teamausrichtung
- Gruppeninteresse zurückstellen
- Klare Verantwortlichkeiten

Wie werde ich konkret in meiner Abteilung mit den gewonnenen Erkenntnissen vorgehen?

- Bottom-up-Prozess in Teamabstimmung vornehmen
- Verantwortlichkeiten klar kommunizieren
- Erkenntnisse aus Erfolgs-Plan-Spiel an MitarbeiterInnen weitergeben
- Überprüfung der eigenen Maßnahmen
- Schulung Erfolgsplan auf allen Ebenen

9.1.5.2 Workshops für GruppenleiterInnen

Im Zusammenhang mit der Information an die MitarbeiterInnen kommt den GruppenleiterInnen als dritte Führungsebene und direkte Vorgesetzte der meisten MitarbeiterInnen der OÖGKK zentrale Bedeutung zu. Im Erfolgs-Plan-Spiel wurde von den TeilnehmerInnen Schulungen auf allen Ebenen der OÖGKK angeregt.

Wesentliche Erfahrungen für die Umsetzung dieser Forderung konnten im Erfolgs-Plan-Spiel selbst gewonnen werden. Die Methode des Erfahrungslernens wurde von den TeilnehmerInnen sehr positiv bewertet. Das Erfolgs-Plan-Spiel selbst sollte jedoch – aus Kostengründen – nicht für alle Ebenen zum Einsatz kommen.

In den Workshops für GruppenleiterInnen sollte nicht nur das Verständnis für das Instrument und dessen Wirkungsweise erhöht werden, es sollten auch die konkreten Inhalte der strategischen Grundlagen und der Jahresziele des Erfolgsplanes so bearbeitet werden, dass sie den MitarbeiterInnen in geeigneter Weise kommuniziert werden konnten. Auf Grundlage dieser Zielsetzung konzipierte ich einen Workshop für GruppenleiterInnen, den ich schließlich auch selbst als Trainerin durchführte. Die Teilnahme der GruppenleiterInnen war verpflichtend vorgesehen, darüber hinaus wurde der Workshop auch im Rahmen des Nachwuchs-Führungskräfte-Training (GKK-Akademie) und im Rahmen des Bildungsprogrammes als frei zugängliche Bildungsveranstaltung für alle interessierten MitarbeiterInnen der OÖGKK angeboten. Innerhalb von zwei Jahren besuchten an die 150 MitarbeiterInnen der OÖGKK einen dieser Workshops.

Design des Workshops

Der zweitägige Workshop gliedert sich in zwei große Blöcke – Grundlagen und OÖGKK-Erfolgsplan und ist wie folgt konzipiert.

Nach der allgemeinen Begrüßung, dem gegenseitigen Kennenlernen (die

TeilnehmerInnen kommen aus verschiedensten Bereichen der OÖGKK) und dem Klären der Rahmenbedingungen (Seminarzeit, Pausen, Mittagessen, ...) werden gemeinsam die Grundlagen für den OÖGKK-Erfolgsplan erarbeitet. Dazu wird das BSC-Konzept nach Kaplan und Norton von der Trainerin kurz anhand einiger Folien erläutert.

Im nächsten Schritt erstellen die TeilnehmerInnen – angeleitet von der Trainerin – eine persönliche **Lebens-BSC**. Die Arbeit erfolgt in Kleingruppen zu drei bis fünf Personen und beginnt mit der Entwicklung einer mittelfristigen Zielvorstellung. Auf Basis der Fragestellung **Stellen Sie sich ihr Leben im Jahr 2009 vor** wird im ersten Schritt die Vision erarbeitet, welche in einem einzigen Satz zu formulieren ist. Die TeilnehmerInnen werden darauf hingewiesen, dass sich die Vision deutlich vom heutigen Zustand unterscheiden muss – die Fortschreibung des heutigen Zustandes würde keiner BSC bedürfen.

Im Anschluss werden die verschiedenen Perspektiven von der Trainerin vorgestellt, die für die BSC-Erstellung verwendet werden. Es handelt sich dabei um die Blickwinkel, aus denen die neue Zielsetzung zu betrachten ist. Vier Perspektiven – abgeleitet aus den Perspektiven nach Kaplan und Norton – werden für diesen Beispiel verwendet:

- Lernen und Entwicklung – gemeint ist hier insb. die persönliche Entwicklung
- Prozesse – hier geht es um Tagesablauf, Lebensrythmus usw.
- Finanzen – finanzielle Situation, Einnahmen, Ausgaben
- Beziehungen (an Stelle der Kundenperspektive) – hier geht es um Beziehungen zu PartnerIn, Familie, Freunden,...

Ausgehend von diesen Perspektiven sind nun die strategischen Handlungsfelder in den einzelnen Perspektiven festzulegen, die in den nächsten Jahren bearbeitet werden müssen, um die Vision zu erreichen.

Diese Handlungsfelder werden im Anschluss in einen logischen Ursache-Wirkungs-Zusammenhang gebracht. Als Ergebnis dieses Arbeitsschrittes liegt die Strategie vor.

Nun geht es darum, die Gesamtstrategie in Jahresziele zu übersetzen und so zu operationalisieren. Jedes Jahresziel ist mit einer geeigneten Messzahl zu versehen, um letztlich auch den Erfolg überprüfen zu können.

Die Gruppen erhalten zwischen den einzelnen Arbeitsschritten jeweils die Anleitung für den nächsten Schritt.

Diese Methode soll die TeilnehmerInnen nicht dazu befähigen, eine BSC, die den Anforderungen von Theorie und Praxis gerecht wird, erstellen zu können. Der Sinn liegt im Erfahren und Erleben der Prozesse, die bei einer BSC-Erstellung ablaufen. Welche Verhandlungen sind notwendig, um sich auf ein Ziel zu einigen, welche Hebel müssen bewegt werden, um ein mittelfristiges Ziel überhaupt erreichen zu können. Wie werden Ziele so formuliert, dass sie von allen Gruppenmitgliedern getragen werden, wie kommt man zu geeigneten Messzahlen? All diese Fragen werfen sich im Rahmen der Bearbeitung eines solchen Beispiels auf. Durch die Bezugnahme auf das **eigene Leben** und damit vertraute Inhalte gelingt es, diese Übung in relativ kurzer Zeit (ca. drei Stunden) durchzuführen und somit den gesamten BSC-Erstellungs-Prozess erlebbar und begreifbar zu machen. Der Prozess (nicht die Ergebnisse) wird anschließend in der Gruppe reflektiert und sich ergebende Fragen diskutiert bzw. beantwortet.

Mit den Erfahrungen aus dem Beispiel geht es anschließend in die Bearbeitung des OÖGKK-Erfolgsplanes. Dies geschieht wieder in Gruppen – jedoch in veränderter Zusammensetzung. Die Gruppen werden beauftragt, die Inhalte des OÖGKK-Erfolgsplanes so durchzuarbeiten und zu diskutieren, dass sie anschließend in der Lage sind, die Vision, Strategie und die Ziele des Erfolgsplanes im Plenum zu präsentieren.

Es wird dabei nicht festgelegt, wer später präsentieren soll. So müssen alle TeilnehmerInnen damit rechnen, später einen Teil der Präsentation zu übernehmen. Die Trainerin steht für die Beantwortung von Fragen zur Verfügung, beobachtet den Prozess und regt gegebenenfalls durch gezielte Fragestellungen die Gruppendiskussionen an.

Die anschließende Präsentation aller Teile des Erfolgsplanes durch einzelne TeilnehmerInnen dient zum einen dem Training, den Erfolgsplan im Bedarfsfall auch vor einer größeren Gruppe präsentieren zu können. Im Rahmen der Präsentationen sind falsche Formulierungen und Fehlinterpretationen kein Problem – sie dienen im Gegenteil dazu, diese aktiv bearbeiten zu können und die Inhalte eingehend zu klären.

Den vorletzten Programmpunkt bilden konkrete Beispiele von MitarbeiterInnengesprächen. Auf Basis einer konkreten Aufgabenstellung führen zwei freiwillige TeilnehmerInnen ein (fiktives) MitarbeiterInnen-Gespräch – und zwar unter Einbeziehung und auf Basis des Erfolgsplanes. So kann erprobt werden, in welcher Weise der Erfoglsplan bei der Argumentation und bei der persönlichen Standortbestimmung und Zielbesprechung hilfreich sein kann.

Abschließend werden im Rahmen von Gruppenarbeiten noch Transferfragen beantwortet:

- So werde ich den Erfolgsplan künftig in meinem Arbeitsbereich/in der Arbeit mit meiner Gruppe nutzen ...
- So werde ich meine MitarbeiterInnen über den Erfolgsplan informieren ...

Die Workshops werden durchwegs sehr positiv angenommen. Die Stimmung ist entspannt und – gefördert durch die persönlichen BSC–Beispiele, die in der Regel sehr kreativ werden – meist heiter. Die Rückmeldungen zeigen, dass die TeilnehmerInnen nach dem Workshop den Erfolgsplan besser verstehen und daher besser für die Arbeit im Rahmen ihrer Führungsaufgabe einsetzen können. Besonders positiv bewerten die TeilnehmerInnen fast in allen Seminaren die Möglichkeit, aus **erster Quelle** Informationen aus der Direktion zu erhalten und so die Möglichkeit zu erhalten, auch hinter die Kulissen zu blicken.

Einige Antworten aus einem Erfolgsplan-Workshop zur Fragestellung **So werde ich den Erfolgsplan künftig nutzen...**[10]

- quartalsweise Kontrolle, ob meine Arbeitsinhalte noch zur Strategie passen
- persönliche Motivation
- zur Erklärung für meine MitarbeiterInnen
- zur Motivation meiner MitarbeiterInnen
- als Fixpunkt im MitarbeiterInnengespräch
- als ständiges Nachschlagewerk

Einige Rückmeldungen aus einem Erfolgplan-Workshop zur Fragestellung **Nach dem Workshop Erfolgsplan ist der Erfolgsplan für mich....**[11]

- viel durchschaubarer
- ein verständliches Managementinstrument
- Managementwerkzeug
- effektiv einsetzbar
- kein spanisches Dorf mehr
- sehr transparent gewordenes Tagesgeschäft der OÖGKK

9.1.5.3   Kommunikation und Information

Insbesondere die im Benchmarking identifizierten Defizite in Bezug auf die Information der MitarbeiterInnen und deren Einbindung in die Kommunikationsprozesse wurde neu gestaltet.

Die Standardisierung der Kommunikationswege erfolgte im Rahmen der Neugestaltung des Erfolgsplan-Prozesses, der eine wesentliche Stärkung

---

[10] Ergebnisse der GKK-Akademie II, 2002

[11] Ergebnisse der GKK-Akadmeie II, 2004

242

des Bottom-up-Prozesses vorsieht (siehe dazu: Neugestaltung des Erfolgsplan-Prozesses). Die strukturelle Einbindung der Abteilungen in das Erfolgsplan-System in Form von Abteilungs-Erfolgsplänen (siehe dazu: Erweiterung der BSC-Architektur – Erfolgspläne auf Abteilungsebene) schafft darüber hinaus eine standardisierte Schnittstelle von den Abteilungszielen zu den MitarbeiterInnenzielen und damit eine wesentlich transparentere Basis für die Ableitung von Individualzielen, aber auch für Information und Kommunikation auf MitarbeiterInnen-Ebene.

Eine zentrale Verbesserung in diesem Zusammenhang stellt das neue schriftliche Medium dar, welches im Zuge der Verbesserungen auf Grund des Benchmarking-Ergebnisses entwickelt wurde. Es handelt sich dabei um Mäppchen im Postkartenformat, die Karten mit den strategischen Grundlagen (Vision, Strategie und OÖGKK-Ziele) sowie mit den Zielen der eigenen Organisationseinheit enthalten. Die Ziele werden dabei jeweils in den strategischen Ursachen-Wirkungszusammenhang eingetragen und zeigen so, welchen strategischen Hebeln die jeweiligen Abteilungsziele zugeordnet sind. Die MitarbeiterInnen können so leicht erkennen, zu welchen übergeordneten Unternehmenszielen sie durch die Verfolgung der eigenen Abteilungsziele einen positiven Beitrag leisten können. Diese Kärtchen werden im Rahmen einer Auftaktveranstaltung für die MitarbeiterInnengespräche durch den bzw. die jeweilige(n) AbteilungsleiterIn übergeben. In diesen Veranstaltungen werden auch Vision, Strategie und Unternehmensziele für das kommende Jahr erläutert und diskutiert. Die Kärtchen dienen später als Basis für das MitarbeiterInnengespräch. Die persönlichen MitarbeiterInnenziele werden aus den Abteilungszielen abgeleitet. Durch die grafische Unterstützung kann so der eigene Beitrag zum Gesamterfolg des Unternehmens nicht nur den Abteilungszielen, sondern auch den strategischen Treibern im Rahmen der Gesamtstrategie zugeordnet werden. Dies dient der Orientierung und verdeutlicht, in welchen Feldern das eigene Handeln strategisch wirksam wird.

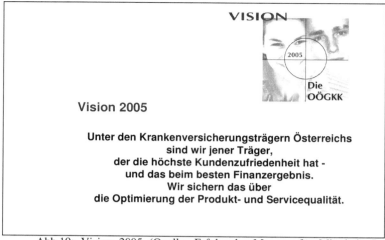

Abb.19: Vision 2005 (Quelle: Erfolgsplan-Mappen für MitarbeiterInnen 2003)

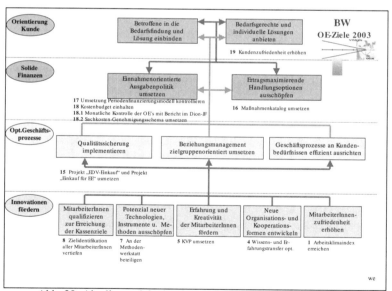

Abb. 20: Abteilungsziele der Organisationseinheit Betriebswirtschaft (Quelle: Erfolgsplan-Mappen für MitarbeiterInnen 2003)

9.1.6 Erweiterung der BSC-Architektur – Erfolgspläne auf Abteilungsebene

Als Reaktion auf das Benchmarking-Ergebnis und aus der eigenen Erfahrung mit dem Erfolgsplan 2002 entstand das Bedürfnis nach einer weiteren Integration des Erfolgsplanes und einer schlüssigen Anbindung an die nachfolgenden Systeme der Zielvereinbarung. Durch das Abschneiden des BSC-Prozesses auf der Bereichsebene, wie dies im Erstentwurf des Erfolgsplanes 2002 vorgesehen war und auch umgesetzt wurde, konnte zwar eine bessere Integration und Anschlussfähigkeit der BSC in der Organisation erreicht werden. Ein nahtloser Anschluss der Folgesysteme MbO und MAG war aber mit diesem System noch nicht möglich. Es traten insbesondere dabei Schwierigkeiten auf, die Bereichsziele im MbO-Gespräch (das zwischen RessordirektorIn und AbteilungsleiterIn geführt wird) auf einzelne Abteilungen aufzuteilen und so Transparenz im Hinblick auf die Aufgabenverteilung zwischen den Abteilungen zu schaffen. Das Dokumentationssystem im MbO war nicht dazu geeignet, die Zielableitung und Maßnahmenplanung auf Abteilungsebene transparent zu machen und eine Querabstimmung und Rückkoppelung auf das Gesamtzielsystem durchzuführen.

Die Nahtstellen bedurften daher einer Neuregelung, um so die Anschlüsse stimmig zu machen und strukturell die Zielableitung bis auf MitarbeiterInnen so zu unterstützen, dass einerseits die konsequente Überführung der jeweils übergeordneten Ziele und Maßnahmen auf der operativen Ebene erfolgen kann und umgekehrt eine laufende Überprüfung der Zielerreichung möglich ist. Im Wesen ging es darum, die Operationalisierung der Unternehmensziele bis auf MitarbeiterInnenebene strukturell so zu unterstützen, dass die Umsetzung der Ziele konsequent geplant und über Rückmeldeschleifen überprüft werden kann.

Als Problembereich wurde der Anschluss von der Bereichs-BSC zum MbO-Gespräch erkannt. Hier lagen die Probleme insbesondere in der Top-down-Ableitung der Ziele als auch in der laufenden Evaluierung und Rückkoppelung der Ergebnisse auf die übergeordneten Bereichsziele.

Das fehlende Element in der Kette waren Abteilungserfolgspläne, die zum einen die konsequente Ableitung der Abteilungsziele aus den überge-ordneten Bereichzielen ermöglichten als auch eine permanente Zielkontrol-le auf Abteilungsebene zulassen.

Der logische Anschluss liegt dann im MbO-Gespräch, welches auf den Abteilungserfolgsplänen aufsetzt und im Wesentlichen zur Konkretisierung der Inhalte und vor allem der Zielwerte dient.

Das bestehende BSC-Konzept der OÖGKK wurde um eine weitere Ebe-ne erweitert: Aus den Bereichs-Erfolgsplänen werden nun OE-Erfolgspläne (Erfolgspläne für Organisationseinheiten) und Erfolgspläne für interne Dienstleister abgeleitet.

Ableitung der Bereichs- und OE-Ziele
(Schematische Darstellung)

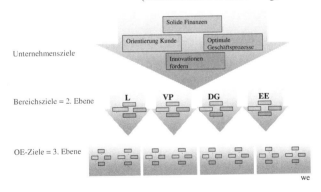

Abb. 21: Ableitung der Bereichsziele und der Ziele der Organisations-einheiten

9.1.7 Neugestaltung des Erfolgsplanprozesses

Die neue Struktur erfordert auch ein neues Vorgehen bei der Ziel-Erarbeitung und eine Neuausrichtung des Bottom-up/Top-down-Prozesses. Die Neugestaltung berücksichtigt nun auch den strategischen Reviewprozess, der bislang in dieser Form nicht stattgefunden hat.

Die Gestaltung dieser Prozesse ist das wesentliche Element im Zusammenhang mit Zielakzeptanz, die schließlich für die Umsetzungswahrscheinlichkeit das ausschlaggebende Moment ist.

Überblick: Erfolgsplan-Prozess

Zeitplan	Prozessschritt	Wer	Inhalte/Ergebnis
Jän.–März	MitarbeiterInnengespräche	Alle MitarbeiterInnen mit jeweiliger Führungskraft	Anregungen/ Vorschläge im Hinblick auf Vision, Strategie und Ziele
Mai–Juni	Bereichs-Vorbereitungsklausuen für kommenden Erfolgsplan (je Erfolgsplanbereich und interne Dienstleister)	RessortdirektorIn AbteilungsleiterInnen u. StellvertreterInnen des jeweiligen Bereiches	Vorschläge im Hinblick auf Vision, Strategie, Ziele sowie für den Erfolgsplan-Prozess selbst
Juli	Strategieklausur	Direktion	Überarbeitete Vision und Strategie, Ziele und Messzahlen auf Unternehmens- und Bereichsebene, Änderungen im Erfolgsplan-Prozess
Aug.–September	Bereichsklausuren (je Erfolgsplan-Bereich)	RessortdirektorIn AbteilungsleiterInnen u. StellvertreterInnen des jeweiligen Bereiches	Ableitung der Abteilungserfolgspläne aus den Bereichserfolgsplänen (Ziele und Messzahlen)
Oktober	Direktionsklausur Querabstimmung	Direktion	Querabstimmung aller Abteilungserfolgspläne

			(horizontale Abstimmung) und vertikale Abstimmung der Abteilungserfolgspläne mit den übergeordneten Erfolgsplänen
Oktober	Klausuren der internen Dienstleister	RessortdirektorInnen AbteilungsleiterInnen u. StellvertreterInnen der Internen Dienstleister–Abteilungen	Ableiten der Erfolgspläne der internen Dienstleister aus den Bereichserfolgsplänen und dem Unternehmenserfolgsplan (Ziele und Messzahlen)
November	Direktionsklausur – Gesamtabstimmung	Direktion	Gesamtabstimmung aller Detailerfolgspläne und endgültige Fixierung und Verabschiedung
Dezember	MbO-Auftaktveranstaltung	Direktion, AbteilungsleiterInnen u. StellvertreterInnen	Information über strategische Grundlagen (Vision, Strategie) und Gesamterfolgsplan
Dezember	MbO-Gespräche	Leitender Angestellter mit RessordirektorInnen, anschließend RessortdirektorInnen mit den unterstellten AbteilungsleiterInnen	Fixierung der konkreten Zielwerte für jeweiligen Bereichserfolgsplan
Dezember	MbO-Gespräche	RessortdirektorInnen mit den unterstellten AbteilungsleiterInnen	Fixierung der konkreten Zielwerte für jeweiligen Abteilungserfolgsplan
Dezember	MAG-Auftaktveranstaltungen	AbteilungsleiterInnen mit MitarbeiterInnen der jeweiligen Abteilung	Information über strategische Grundlagen (Vision, Strategie) Unternehmenserfolgsplan und Abteilungserfolgsplan
Jän.–März	MitarbeiterInnengespräche	Alle MitarbeiterInnen mit jeweiliger Führungskraft	Besprechung der Individualziele auf Basis des Abteilungserfolgsplanes

			des laufenden Jahres, An-regungen/ Vorschläge im Hinblick auf Vision, Strategie und Ziele für nächsten Erfolgsplan

9.1.7.1 Ideenfindung – Bottom-up-Prozess

Der Prozess zeigt seit Einführung der Abteilungs-Erfolgspläne folgendes Design:

Ausgehend von den MitarbeiterInnengesprächen werden Vorschläge der MitarbeiterInnen für den Erfolgsplan des kommenden Jahres gesammelt. Gleichzeitig werden Anregungen im Hinblick auf die strategischen Grundlagen (Vision und Strategie) von den MitarbeiterInnen eingefordert. Diese Rückmeldungen werden je Abteilung gesammelt und dienen als Grundlage für Vorbereitungsklausuren, die entsprechend der Erfolgsplangliederung in den Bereichen Vertragspartner, Dienstgeber, Vertragspartner und Eigene Einrichtungen, sowie mit den internen Dienstleistern durchgeführt werden.

In diesen Vorbereitungsklausuren werden die strategischen Grundlagen überprüft und Anregungen für eine Überarbeitung im Rahmen der Strategieklausur gesammelt sowie Vorschläge für Ziele, die in den Erfolgsplan des nächsten Jahres einfließen sollen. Für diese Klausuren wird eine einheitliche Tagesordnung verwendet, welche sicherstellen soll, dass alle relevanten Fragestellungen auch von allen Bereichen bearbeitet werden. Die Ergebnisse bilden die Basis für die Direktionsklausur im Juli.

Tagesordnung für Vorbereitungsklausur Erfolgsplan 2005

1. Rückblick: Erarbeitung Erfolgsplan 2004 (Prozess der Erstellung, Inhalte, ...)

   Wo gab es Stärken?

   Wo gab es Schwächen?

2. Welche Verbesserungspotenziale ergeben sich daraus für die Erstellung des Erfolgsplanes 2004?

(ausgehend von den Stärken und Schwächen des Erfolgsplanes 2004)

3. Inhaltliche Vorbereitung – Erfolgsplan 2005

3.1 Überprüfung der strategischen Grundlagen:

- Vision: Passen Inhalte und Formulierungen noch?
- Strategie: Passen Inhalte und Formulierungen der strategischen Handlungsfelder noch?

3.2 Vorbereitung der strategischen Ziele 2005

Welchen Beitrag kann unser Bereich leisten, um die Strategie umzusetzen.

(Zuordnung der Beiträge zu den strategischen Handlungsfeldern; jeweils Haupt- und Zeitwort verwenden)

Auszug aus der Tagesordnung für die Vorbereitungsklausuren der Bereiche im Mai 2004.

Wie die Tagesordnung zeigt, geht es nicht nur um inhaltliche Vorschläge für den Erfolgsplan des kommenden Jahres, sondern es wird auch der Prozess selbst in diesen Klausuren einer kritischen Überprüfung unterzogen und so zum Thema laufender Verbesserung und Optimierung gemacht.

Die Klausuren werden – auf Basis dieser einheitlichen Tagesordnung – von den Bereichen selbst organisiert und durchgeführt. Die Ergebnisse werden von den RessortdirektorInnen individuell gesammelt und dienen – neben eigenen Ideen und Vorstellungen – als deren Input für die Direktionsklausur.

Als zweite Schiene der Vorbereitung des Strategischen Reviews und der strategischen Zielfindung wird seit 2004 ein Team eingesetzt, welches alle relevanten Ergebnisse aus verschiedensten Quellen eruiert, in Kernaussagen verdichtet und als Input in der Strategieklausur einbringt. Das Team besteht aus MitarbeiterInnen, die Zugang zu den Informationen aus den verschiedenen Instrumenten haben. Die MitarbeiterInnen kommen aus den

Bereichen Controlling, Personal, Organisation/Projektmanagement und Innenrevision und bringen die notwendigen Ressourcen zur Durchführung dieser Aufgabe mit. Die Ausgangssituation, warum ein solches Team zum Einsatz kam, kann wie folgt umrissen werden:

- Verschiedenste Instrumente sind in der OÖGKK im Einsatz
- Diese sind nur zum Teil vernetzt
- Auswertungen und Ergebnisse der Instrumente liegen für Strategieklausur nicht gesammelt vor

Das Team erhielt von mir – als Gesamtverantwortliche – den Auftrag, sich selbst zu strukturieren (Form der Arbeit, GruppensprecherIn, ...) und ein langfristiges Netzwerk aufzubauen, welches folgende kurzfristigen und langfristigen Ziele verfolgen sollte:

Ziele und Aufgabenstellung:

Kurzfristig (bis zur Strategieklausur Juli 04)**:**

➢ Darstellen von eingesetzten Instrumenten und Zuordnung zu strategischen Feldern inkl. Querverbindungen und Ergebnisse

➢ Zusammenfassen der Ergebnisse aus Instrumenten (Kurzform) + vorhandene Benchmarks

Langfristig:

➢ Netzwerk aufbauen – ständige Einrichtung (Verknüpfung der Instrumente und Verantwortung)

➢ Erfahrungsaustausch gewährleisten im Rahmen des Netzwerks Erfolgsplan

➢ Kommunikationsprozesse im Rahmen der Soll-Ist-Vergleiche unternehmensweit standardisieren

Die Zuordnung der verschiedenen Instrumente der OÖGKK zu den strategischen Feldern erfolgte in grafischer Form – in die strategischen Felder wurden die jeweils zur Anwendung kommenden Instrumente eingetragen.

Instrumente, die generell eingesetzt werden, also über verschiedene strategische Felder wirken, wurden als „Querlieger" eingetragen. Diese Erhebung bildete den Ausgangspunkt für die weiteren Erhebungen.

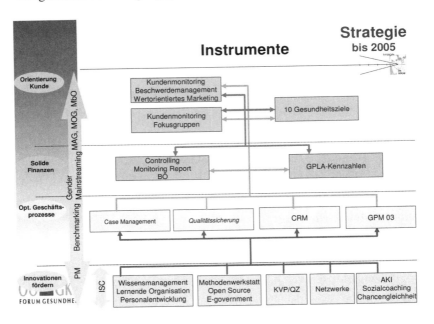

Abb. 22: Vernetzung verschiedener Instrumente über den Erfolgsplan

Das Team analysierte die jeweils vorliegenden Informationen (z. B Befragungsergebnisse, Kennzahlen, Benchmarks, Konzepte usw.) und verdichtete diese Informationen zu wenigen Kernaussagen je Instrument – diese Kernaussagen wurden – zusammen mit den Detailunterlagen – mit der Auftraggeberin abgestimmt. Diese formulierte aus den vorliegenden Informationen Thesen zu den einzelnen Handlungsfeldern. Die Thesen waren sehr provokant und zugespitzt formuliert und sollten die Diskussion zu den einzelnen Felder anregen.

Sowohl die Kernaussagen des Teams als auch die Thesen dienten in der Strategieklausur als Input für das Überdenken der strategischen Handlungsfelder und die Überarbeitung der Strategie.

9.1.7.2 *Strategischer Review und strategische Ziele*

Anfang Juli findet eine 2-tägige Strategieklausur der Direktion statt.

Tagesordnung Strategieklausur – Erfolgsplan 2005

Dienstag, 13. Juli 2004

1. Erfolgsplan-PROZESSE

1.1. Rückblick: Erarbeitung Erfolgsplan 2004 (Prozess der Erstellung, Inhalte, ...)

➢ Wo gab es Stärken?

➢ Wo gab es Schwächen?

1.2. Wie intensiv wird der Erfolgsplan 2004 für die Steuerung der OE´s genutzt?

➢ Wo gibt es Stärken?

➢ Wo gibt es Schwächen?

1.3. Welche Verbesserungspotenziale ergeben sich daraus für die Erstellung des Erfolgsplanes 2005?

(ausgehend von den Stärken und Schwächen des Erfolgsplanes 2003)

2. Input für den Erfolgsplan 2005

➢ Strategisch wichtige Erkenntnisse aus den verschiedenen Instrumenten

➢ Thesen zu den einzelnen Handlungsfeldern der Strategie

Mittwoch, 14. Juli 2004

3. Inhaltliche ERARBEITUNG – ERFOLGSPLAN 2005

3.1 Strategische Grundlagen

➤ Vision

➤ Strategie (Strategische Handlungsfelder, Ursache-Wirkungszusammenhänge)

3.2. Vorbereitung der strategischen Ziele 2005

➤ Strategische Unternehmensziele 2005

➤ Strategische Bereichziele 2005

4. Weitere Vorgehensweise

➤ Termine

➤ Unterlagen für MitarbeiterInnen

➤ Allfälliges

Auszug aus der Tagesordnung zur Strategieklausur der Direktion im Juli 2004 für den Erfolgsplan 2005

Wie die Tagesordnung zeigt, sind die Vorbereitungsklausuren auf die Strategieklausur und deren Strukturierung abgestimmt. Das ermöglicht ein zügiges Arbeiten in der Strategieklausur und ein optimales Einbringen der Vorbereitungsarbeiten in die strategische Diskussion. Was in welchem Ausmaß eingebracht wird, liegt bei den verantwortlichen RessortdirektorInnen – wobei sich im Laufe der Zeit immer mehr das Bewusstsein gebildet hat, dass von Seiten der Abteilungen stark hinterfragt wird, warum Vorschläge aus den Vorbereitungsklausuren sich nicht im Ergebnis der Direktionsklausur wiederfinden. Umgekehrt wird bereits bei den Vorbereitungsklausuren von den verantwortlichen RessortdirektorInnen die Qualität der Vorschläge im Hinblick auf Strategierelevanz und damit auf **Verwertbarkeit** im Rahmen der Strategieklausur diskutiert. Diese wechselseitige Abhängigkeit zwingt beide Seiten zu einer verantwortungsvollen und kooperativen Zusammenarbeit.

Im Ablauf der Strategieklausur werden die Ergebnisse aus den Vorbereitungsklausuren bewusst nicht präsentiert, sondern dienen den RessortdirektorInnen als **Briefing,** um inhaltlich auf strategische Diskussionen vorbereitet zu sein. Die Kreativität und der Fluss der Diskussionen soll aber bewusst nicht durch zu strukturiert vorbereitete Inhalte gehemmt werden.

Die Ergebnisse der Strategieklausur werden in geeigneter Form visualisiert und anschließend in Form eines schriftlichen Protokolls in ausformulierter Form zur Verfügung gestellt. Diese Vorgehensweise hat sich als sinnvoll erwiesen, da strategische Diskussionen in dieser Form auch für nachfolgende Erfolgsplanklausuren in nachvollziehbarer Form zur Verfügung stehen. Das (umfangreiche) Protokoll aus der Strategieklausur steht im anschließenden Prozess für alle Beteiligten zur Verfügung und soll so ein Maximum an Transparenz über strategische Überlegungen und Festlegungen bieten.

Als Ergebnisse aus der Strategieklausur resultieren die (überarbeitete) Vision, die (aktualisierte) Strategie, die Ziele für das kommende Jahr auf Unternehmensebene (einschließlich Messzahlen) und die Bereichsziele für das kommende Jahr für die Bereiche Leistung, Dienstgeber, Vertragspartner und Eigene Medizinische Einrichtungen.

9.1.7.3   *Abteilungsziele und Ziele der internen Dienstleister*

Im nächsten Schritt werden nun die Abteilungserfolgspläne aus den Bereichszielen abgeleitet – dies erfolgt in Bereichsklausuren, an denen neben dem/der verantwortlichen RessortdirektorIn die AbteilungsleiterInnen der zugeordneten Organisationseinheiten teilnehmen. Nun geht es um die Zuteilung von Ziel(anteilen) auf einzelne Abteilungen, sowie um die Festlegung geeigneter Messzahlen auf Abteilungsebene. Die Teilnahme der jeweiligen RessortdirektorInnen stellt die Anschlussfähigkeit an die Strategieklausur sicher. Die parallele Ableitung aller Abteilungserfolgspläne eines Bereiches stellt sicher, dass die Bereichsziele auch **vollständig** und in geeigneter Weise für eine optimale Zielerreichung aufgeteilt werden. Der **Verhandlungsprozess** ist so gestaltet, dass zum einen völlige Transparenz über das zu erreichende Gesamtziel gegeben ist und auf der anderen Seite diese Transparenz auch im Hinblick auf die Anteile der einzelnen Abteilungen vorliegt. So ist im Prozess sicher gestellt, dass nicht einzelne Abteilungen bevorzugt behandelt oder andere benachteiligt werden.

Als Ergebnis aus diesen Bereichsklausuren resultieren die Abteilungserfolgspläne des jeweiligen Bereichs.

Alle Abteilungserfolgspläne werden in einer Direktionsklausur im Hinblick auf die wechselseitige Stimmigkeit sowie auf die Kompatibilität mit den Bereichs- und Unternehmenszielen abgestimmt. Gemeinsam wird überprüft, ob das vorliegende Abteilungszielsystem zur Erreichung der Unternehmensziele geeignet ist, bzw. ob nachjustiert werden muss. Diese Phase im Erfolgsplan-Prozess stellt sicher, dass die gesamte Direktion auch über das Zielsystem auf Abteilungsebene informiert ist und so einen Gesamtüberblick erhält – es stellt aber auch sicher, dass das Zielsystem auch einer kritischen wechselseitigen Überprüfung unterzogen wird.

Das Ableiten der Erfolgspläne der internen Dienstleister erfolgt im nächsten Schritt. Als Basis für die Erarbeitung dienen die Abteilungserfolgspläne. Interne Dienstleister sind letztlich dazu da, das **Kerngeschäft** in bestmöglicher Weise zu unterstützen. Die internen Dienstleister und deren Ziele haben sich daher darauf zu konzentrieren, den Abteilungen bei ihrer Zielerreichung zu helfen. Anregungen der internen Dienstleister aus den Vorbereitungsklausuren fließen im Rahmen der Strategieklausur bereits in Unternehmens- und Bereichsziele und den später daraus abgeleiteten Abteilungsziele ein. Im Rahmen der internen Dienstleister-Klausuren ergeben sich – auf Basis der Abteilungserfolgspläne – aber regelmäßig auch **neue** Ziele. Die Teilnahme aller internen Dienstleister an dieser Klausur erlaubt eine bestmögliche Abstimmung aller Unterstützungsleistungen sowie Transparenz darüber, welche Ressourcen in welchem Bereich benötigt werden. Ressourcenkonflikte und Engpässe werden in diesem Stadium bereits transparent und können aktiv bearbeitet werden. Im Ergebnis liegen die Erfolgspläne der internen Dienstleister nach dieser Klausur vor.

Im Anschluss an diesen Prozess ist eine nochmalige Abstimmung in der Direktion vorgesehen. Jetzt geht es darum, den Erfolgsplan – mit all seinen Einzelteilen – zu finalisieren und zu verabschieden. Hier können auch noch Probleme, die im Rahmen der internen Dienstleister-Klausur nicht gelöst werden konnten, besprochen und bereinigt werden. Der aus dieser Klausur hervorgehende abgestimmte Gesamt-Erfolgsplan ist nun die strategische Basis für die Arbeit der OÖGKK im kommenden Jahr.

9.1.7.4   *Management by Objectives – MbO-Gespräche*

Nun geht es darum, in MbO-Gesprächen die konkreten Zielwert und Maßnahmen zu fixieren. Als Auftakt zu den MbO-Gesprächen wird eine gemeinsame Informationsveranstaltung durchgeführt, an der die Direktion, die LeiterInnen der Organisationseinheiten und deren StellvertreterInnen teilnehmen. In dieser Veranstaltung werden neben den Erfolgsplaninhalten auch noch die kommenden Prozessschritte und Terminpläne besprochen. Die Auftaktveranstaltung ist sozusagen der ersten Schritt in der Umsetzung des Erfolgsplanes. In den folgenden Schritten geht es darum, die Ziele soweit zu operationalisieren, dass sie in konkretes Handeln der MitarbeiterInnen münden.

9.1.7.5   *MitarbeiterInnengespräche (MAG)*

Im MbO-Gespräch werden die konkreten Zielwerte der Abteilung besprochen und fixiert und Umsetzungsstrategien besprochen. Die Umsetzungverantwortung liegt bei den zuständigen AbteilungsleiterInnen. Sie sind auch dafür verantwortlich, dass die Abteilungsziele in Form von Individualvereinbarungen mit den MitarbeiterInnen im Rahmen des MitarbeiterInnengespräches **auftgeteilt** und letztlich umgesetzt werden. Die Art der Zielvereinbarung im Erfolgsplan lässt genügend Spielraum für eigene Ideen im Rahmen der Umsetzung – diese soll im Rahmen des kooperativen Führungsstils kreatives und selbständiges Arbeiten ermöglichen bei gleichzeitiger Überprüfbarkeit der Ergebnisse durch festgelegte Messzahlen. Der Erfolgsplan bietet so einen Rahmen für das eigene Handeln und fördert Individualität und Kreativität, da nicht die Art der Zielerreichung, sondern nur das zu erreichende Ziel vereinbart wird.

In abteilungsweisen Auftaktgesprächen zum MitarbeiterInnengespräch wird – ähnlich wie bei den MbO-Auftaktveranstaltungen – Grundlegendes zum Erfolgsplan erklärt sowie die eigenen Abteilungsziele vorgestellt und erläutert, um den Erklärungsaufwand im Rahmen der Einzelgespräche möglichst gering zu halten und einen einheitlichen Informationsstand in der gesamten Organisationseinheit sicher zu stellen.

Nach Abschluss der MitarbeiterInnengespräche ist der Erfolgsplan in Einzelpakete auf alle MitarbeiterInnen verteilt und hat so realistische Chance auf optimale Realisierung.

9.1.7.6   *Die Zielpyramide der OÖGKK*

Zusammengefasst kann man diesen Prozess als Pyramide darstellen. Das Fundament, sowohl was die Zielfindung als auch die Umsetzung betrifft, bilden die MitarbeiterInnen. Die beste Strategie wird nicht wirksam werden, wenn sie nicht bei den einzelnen MitarbeiterInnen handlungsrelevant wird – der Erfolgsplan-Prozess der OÖGKK nimmt auf diese Tatsache Rücksicht und stellt einen in sich geschlossenen Kreislauf in Form eines Bottom-up/Top-down-Prozesses dar, der in Umsetzungsvereinbarungen auf MitareiterInnenebene mündet.

Die einzelnen Elemente bauen aufeinander auf und greifen so ineinander, dass ein lückenloser Anschluss der jeweils nächsten Ebene sichergestellt und möglich ist. In diesem Gesamtsystem bildet der Erfolgsplan die Brücke zwischen den strategischen Überlegungen und Grundlagen und der operativen Ebene (MbO und MAG).

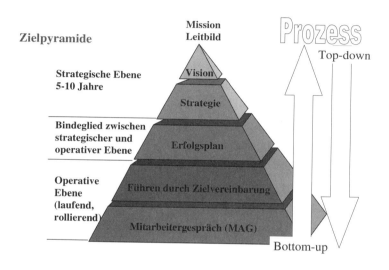

Abb.23: Die Zielpyramide der OÖGKK

10 Analyse des Prozesses der strategischen Ausrichtung der OÖGKK mit der BSC

Die nachfolgende Analyse legt einen Schwerpunkt auf die mit der Implementierung des BSC-Konzeptes verbundenen Veränderungen in der OÖGKK – ein Thema, das in der BSC-Literatur weitgehend unterbelichtet bleibt und dem generell bei der Implementierung neuer Steuerungskonzeptionen zu wenig Aufmerksamkeit geschenkt wird.

Die Analyse des Prozesses der strategischen Ausrichtung der OÖGKK mit der BSC erfolgt anhand des Fragenkataloges, welcher im Kapitel **Strategische Ausrichtung der OÖGKK mit der BSC – ein Vorhaben der Organisationsentwicklung** hergeleitet wurde. Die theoretischen Ausführungen zu den einzelnen Erfolgskriterien, aus denen sich die entsprechenden Fragestellungen ableiten, findet sich ebendort.

Die Analyse der kritischen Erfolgsfaktoren im BSC-Prozess der OÖGKK erfolgt für die ersten vier Faktoren[12] über die drei Einführungsphasen im Zeitvergleich – dies ermöglicht die vergleichende Darstellung der Entwicklung und Veränderung in Bezug auf diese Faktoren im zeitlichen Verlauf. Jedem Erfolgsfaktor ist ein Unterkapitel gewidmet, an dessen Beginn sich jeweils eine kurze Zusammenfassung der Erkenntnisse aus allen drei Phasen der Erfolgsplaneinführung findet.

Die Methodik der Betrachtung und Darstellung wird für die zweite Hälfte der Faktoren verändert. Die Analyse erfolgt nun ausgehend von der entwickelten Phase III. Die Erkenntnisse aus allen drei Phasen – und damit auch der Phasen I und II – werden wieder zusammengefasst an den Beginn des jeweiligen Unterkapitels gestellt.

Dies ergibt folgende Systematik:

- Eine zusammenfassende Darstellung der Erkenntnisse aus allen Einführungsphasen liegt zu jedem Erfolgsfaktor vor.
- Eine Detailanalyse der Phase I, II und III wurde für folgende kritischen Erfolgsfaktoren erstellt.

---

[12] Erfolgsfaktor 4 wird aus bestimmten Gründen nur in Phase I und Phase III detailliert beschrieben – eine Erläuterung dazu findet sich im entsprechenden Unterkapitel.

- Die Angemessenheit des Prozesses der Problembeschreibung und der Entwicklung gemeinsamer Zukunftsbilder (Erfolgsfaktor eins)
- Die Identifikation und adäquate Einbindung der relevanten Beteiligten und der relevanten Umwelten (Erfolgsfaktor zwei)
- Das Herstellen neuer und überraschender Vernetzung im BSC-Prozess (Erfolgsfaktor drei)

Eine Detailanalyse der Phase I und III wurde für den Erfolgsfaktor vier erstellt:

- Die Balance zwischen personenbezogenen und strukturellen Veränderungsprozessen (Erfolgsfaktor vier)

Die Detailanalyse der Phase III erfolgte im Hinblick auf folgende Erfolgsfaktoren:

- Die laufende Beobachtung der Veränderung durch das System (Erfolgsfaktor fünf)
- Die Führungsgetriebenheit des BSC-Prozesses (Erfolgsfaktor sechs)
- Die Angemessenheit der zeitlichen und inhaltlichen Strukturierung des BSC-Prozesses (Erfolgsfaktor sieben)
- Das angemessene Verhältnis zwischen Bewahren und Veränderung (Erfolgsfaktor acht)

Die nachfolgende Tabelle gibt einen Überblick, für welche Erfolgsfaktoren eine zusammenfassende Darstellung vorliegt, und welche Phasen im Hinblick auf welchen Erfolgsfaktor einer Detailanalyse unterzogen wurden:

Erfolgsfaktor	Zusammenfassende Darstellung	Detailanalyse Phase I	Detailanalyse Phase II	Detailanalyse Phase III
1	x	x	x	x
2	x	x	x	x
3	x	x	x	x
4	x	x		x
5	x			x
6	x			x
7	x			x
8	x			x

Die Detailbeschreibung von Prozessarchitektur, Prozessdesign und konkreten Inverventionen in den einzelnen Abschnitten der BSC-Einführung in der OÖGKK findet sich im Kapitel „Einführung der BSC in der OÖGKK". Dieses Kapitel ist eine wesentliche Basis für die Herleitung und notwendige Voraussetzung für die Verständlichkeit der folgenden Ausführungen.

10.1 KRITISCHER ERFOLGSFAKTOR: GEMEINSAME PROBLEMSICHT UND ZUKUNFTSBILDER ALS BASIS FÜR DIE STRATEGISCHE AUSRICHTUNG SCHAFFEN

Dem Schaffen vergemeinschafteter Zukunftsbilder kommt im Rahmen der strategischen Ausrichtung von Organisationen zentrale Bedeutung zu. Die Tendenz von Organisationen, bestehende Routinen aufrecht zu erhalten und den aktuellen Zustand gegenüber Veränderung zu schützen, muss durch attraktive Zukunftsbilder überwunden werden, um so die notwendige Energie für die Veränderung freizusetzen. Die Entwicklung eines gemeinsamen Problembewusstseins und das Gelingen der Vergemeinschaftung von tragfähigen und ausreichend attraktiven Bildern der kollektiven Zukunft ist damit zentraler Erfolgsfaktor für die strategische Ausrichtung mit der BSC.

Die Einbindung in die Problemanalyse und das Schaffen gemeinsamer Zukunftsbilder in Form gemeinsamer strategischer Grundlagen erfolgte in den verschiedenen Phasen der Erfolgsplaneinführung der OÖGKK in unterschiedlicher Intensität und Qualität. Die Einbeziehung verschiedener Gruppen von Führungskräften und MitarbeiterInnen wurde im Zeitverlauf als wichtiges Erfolgskriterium erkannt und schrittweise intensiviert. Auch dem qualtiativen Aspekt der Einbindung wurde in späteren Phasen der Erfolgsplan-Einführung mehr Aufmerksamkeit geschenkt. Instrumentell wurde das Schaffen gemeinsamer Zukunftsbilder im Prozess unterschiedlich unterstützt, wobei im Zeitverlauf wirkungsvollere Instrumente eingesetzt wurden.

Die Reflexion der Phase I der Erfolgsplan-Einführung führte zu der zentralen Erkenntnis, dass sowohl das Top-Management als auch die zweite Führungsebene in den Prozess derart eingebunden werden müssen, dass sie sich mit den Ergebnissen voll identifizieren und so die Umsetzung in entsprechender Form forcieren. Die Erhöhung der Beteiligung am Prozess der Problemdefinition und dem Entwickeln von Zukunftsbildern in qualitativer und quantitativer Hinsicht führte zu dieser besseren Identifikation mit den strategischen Grundlagen und erhöhte damit die Intensität der Zielverfolgung und somit die Wahrscheinlichkeit der Zielerreichung. Die erste und zweite Führungsebene kann – bei entsprechender Identifikation mit den strategischen Zielen – den nötigen Spannungsbogen zwischen dem jetzigen und dem angestrebten Zustand herstellen und dadurch jene Führungskonstellation schaffen, die notwendig ist, um diesen Zustand real werden zu lassen.

Tragfähige strategische Bilder der Zukunft benötigen aber nicht nur die Akzeptanz der Führungskräfte. Die Erreichung von Visionen über entsprechende Strategien wird zwar wesentlich von Führungskräften getrieben, die notwendigen Handlungen müssen aber von einer breiten Masse an MitarbeiterInnen gesetzt werden, um eine entsprechende Wirkung zu erzielen.

Die Einbindung und Beteiligung der MitarbeiterInnen am Prozess der Entwicklung von Zukunftsvisionen war und ist Gegenstand der Phase III der Erfolgsplan-Einführung. Sie stellt eine große Herausforderung an die Organisation als auch an die einzelnen MitarbeiterInnen dar. Insbesondere der immer stärker werdende Zeitdruck im operativen Geschäft lässt viele MitarbeiterInnen an der Notwendigkeit weiterer Innovationen zweifeln und die strategischen Pläne, die in breiter Form kommuniziert werden, hinterfragen. Die Schaffung einer gemeinsamen Zukunftsperspektive, die eine attraktive Alternative zur Gegenwart darstellt, ist in Zeiten des Erfolges noch schwerer zu vermitteln als in Zeiten des Misserfolges. Die breite Beteiligung an der Problemdefinition und am Schaffen gemeinsamer Zukunftsbilder ist daher eine Option, die diesem Problem begegnet.

Das gezielte Herausarbeiten der Dringlichkeit und Notwendigkeit der Veränderung muss konkreter Gegenstand der Bearbeitung werden, damit die notwendige Schubkraft für die Umsetzung der Strategie generiert werden kann.

Das BSC-Konzept setzt darauf auf, dass strategische Pläne in Form von konkret messbaren Zielen übersetzt und operationalisiert werden. Die Orientierung an überprüfbaren Zielen ist daher systemimmanent und wurde in allen Erfolgsplanphasen umgesetzt. Voraussetzung für eine kraftvolle Verfolgung dieser Ziele ist jedoch der Kontext, in dem diese Ziele gestellt werden, bzw. aus dem sie abgleitet werden. Die nachvollziehbare Sinnhaftigkeit und Notwendigkeit der einzelnen Ziele ist Grundvoraussetzung für deren Realisierung. In diesem Zusammenhang benötigt es die beschriebene gemeinsame Problemsicht sowie vergemeinschaftete Zukunftsbilder.

Konkret erfolgte das Schaffen einer gemeinsamen Problemsicht und vergemeinschafteter Zukunftsbilder in folgender Form:

10.1.1 Phase I

In der Phase I der Erfolgsplan-Einführung wurden Ziele und Messzahlen in den verschiedenen BSC-Perspektiven erarbeitet. Die Ziele waren zum Teil solche der gesamten Organisation, zum überwiegenden Teil handelte es sich aber um Abteilungsziele. In den Prozess waren – neben dem Projektteam – insbesondere die AbteilungsleiterInnen involviert. Der Leitende Angestellte, als Initiator und Promotor des Vorhabens, war intensiv eingebunden und identifizierte sich mit dem Vorhaben als solches. Die übrigen Direktoren wurden in verschiedenen Veranstaltungen informiert, waren in die inhaltliche Arbeit aber kaum eingebunden.

Die Erarbeitung von Detailinhalten dominierte den Prozess. Eine gemeinsame Problemanalyse im obersten Führungskreis oder gar die Entwicklung gemeinsamer Zukunftsvorstellungen erfolgte nicht in adäquater Form. Diese wurden im Projektteam bearbeitet oder resultierte implizit aus dem Prozess und wurden nicht vergemeinschaftet. Auch im Kreis der zweiten Führungsebene – den AbteilungsleiterInnen – blieb die Bearbeitung der jeweils eigenen Ziele und Messzahlen im Vordergrund. Die übergeordnete Gesamtperspektive fehlte weitgehend. Das notwendige Problembewusstsein und der für die Bearbeitung notwendige Spannungsbogen konnte in dieser Phase nicht aufgebaut und die notwendige Energie für Veränderungen daher nicht frei gesetzt werden. Die Energie richtete sich in dieser Phase einerseits auf Entscheidungen, die den in der Systemgeschichte aufgebauten Struktur- und Prozessmustern folgten, und andererseits auf die Fortführung der zu Grunde liegenden Spielregeln, die das Verhalten der Mitglieder organisierten.

Eine attraktive Zukunftsperspektive, die den notwendigen Veränderungsdruck erzeugt, wurde in dieser Phase der BSC-Einführung nicht erzeugt. Die Führungskräfte waren zu wenig mit den Inhalten der BSC identifiziert und die Dringlichkeit und Notwendigkeit der Veränderung wurde zwar vom leitenden Angestellten im Zusammenhang mit der BSC laufend betont, wurde aber über die BSC nicht in entsprechender Form einer Bearbeitung und damit einer Vergemeinschaftung zugeführt.

In der Phase I der Erfolgsplan-Einführung gelang aber eine andere Art der Vergemeinschaftung, die für die weiteren Phasen der BSC-Umsetzung von zentraler Bedeutung war. Das Instrument der BSC mit ihren Perspektiven wurde durch die laufende Kommunikation und Information bis hin zu den MitarbeiterInnen als neues Management-Instrument etabliert. Der leitende Angestellte trat bei verschiedensten Informationsveranstaltungen stets als überzeugter Promotor und Treiber des strategischen Ausrichtungsprozesses mit der BSC auf und räumte dem Thema Raum und Zeit ein. Die starke Fokussierung des Themas durch den Leitenden Angestellten, der als innovativer Sanierer die OÖGKK vom letzten Platz im Kreis der Gebietskrankenkassen auf den ersten geführt hat, signalisierte den Veränderungswillen des obersten Managements. Als unumstrittener Experte in Fragen der Strategie und Unternehmensführung besitzt er in dieser Hinsicht das volle Vertrauen des Managements. Das BSC-Konzept, die beabsichtigten Ansatzpunkte für Veränderungen und das uneingeschränkte Bekenntnis, die BSC als zentrales strategisches Instrument der Unternehmenssteuerung einsetzen zu wollen, verdeutlichten die Wichtigkeit des Themas.

In Phase I der Erfolgsplan-Einführung gelang somit in erster Linie die Etablierung des Instrumentes selbst.

10.1.2 Phase II

Ein zentraler Ansatzpunkt im Rahmen der Neuauflage der BSC in der OÖ-GKK war die Entwicklung der strategischen Positionierung – in Form der Vision – und Abbildung der Strategie in Form einer Strategielandkarte. Das Instrument der Strategielandkarte visualisiert den Ursachen-Wirkungs-Zusammenhang der strategischen Treiber – also jener Handlungsfelder und Ansatzpunkte, die aus Sicht des Unternehmens von zentraler Bedeutung für die Erreichung der Vision sind. Im Zentrum stand also die Erarbeitung von tragfähigen Zukunftsbildern der OÖGKK. Die Instrumente der Vision und der Strategielandkarte haben sich für die Erarbeitung gemeinsamer Zukunftsbilder bestens bewährt.

Auf Basis der Vision wurde die Strategie entwickelt. In den verschiedenen strategischen Feldern erfolgt die Festlegung strategischer Jahresziele der Gesamtorganisation, aus denen wiederum Bereichsziele für die vier Unternehmensbereiche Leistung, Dienstgeber, Vertragspartner und Eigene Einrichtungen abgeleitet werden. Der Erarbeitung dieser Zukunftsbilder und dem daraus abgeleiteten Zielsystem kommt zentrale Bedeutung im BSC-Prozess zu.

In die erstmalige Erarbeitung von Vision, Strategie und strategischen Jahreszielen war ausschließlich das Direktorium eingebunden. Die Erarbeitung erfolgte in moderierter Form, wobei das vorbereitete Design der Erarbeitung so offen war, dass es Korrekturen zuließ.

Die Erfahrungen aus der Ersteinführung der BSC in der OÖGKK haben gezeigt, dass der Einbindung der Direktion in hohem Maß Bedeutung zukommt. Die Ressortdirektoren müssen sich mit den Inhalten voll identifizieren, um deren Erreichung mit entsprechendem Nachdruck zu verfolgen. Die Geschlossenheit des Top-Managements und die inhaltliche Identifikation mit den strategischen Inhalten wurden durch die gemeinsame Erarbeitung durch das Direktorium gewährleistet. Auf Vorarbeiten wurde bewusst verzichtet. Alleine die Ressortdirektoren selbst wurden dazu angehalten, bestimmte Vorüberlegungen durchzuführen.

Meine Rolle als Moderatorin beschränkte ich bewusst auf die Vorbereitung der Sitzungen im Hinblick auf den Ablauf und das methodische Vorgehen, die Durchführung der Moderation selbst sowie die Ergebnissicherung. Inhaltliche Vorgaben oder Inputs wurden von mir nicht gemacht. Methoden-Know-how und Prozess-Know-how wurden damit von meiner Seite eingebracht. Inhalte kamen von den Direktoren. Die strategischen Grundlagen wurden somit von den vier Ressortdirektoren erarbeitet, bei denen jeder seine Sichtweise einbringen konnte. Die Blickwinkel, aus denen jeder der vier das Unternehmen betrachtet, unterschieden sich wesentlich, da jeder ein abgegrenztes Ressort verantwortet – diese Unterschiedlichkeit betraf nicht nur die Inhalte, sondern auch das Abstraktionsniveau, auf dem die strategische Diskussion geführt wurde. Die durch das BSC-Konzept geleitete Moderation führte die Diskussion auf bestimmte Themen und bestimmte Abstraktionsniveaus zu.

Diese Art der Festlegung strategischer Inhalte und damit gemeinsamer Zukunftsbilder realisierte somit folgende neue Ansatzpunkte: die Berücksichtigung der multipersonalen Sicht des gesamten Direktoriums, die Fokussierung der Diskussion auf die zentralen strategischen Themen auf einem einheitlichen Abstraktionsniveau, die Festlegung einer gemeinsamen Vision und Strategie und die schriftliche Fixierung der Ergebnisse als Basis für die weitere Kommunikation und strategische Arbeit.

Die Identifikation der Ressortdirektoren mit der Vision und Strategie als Verantwortliche für deren Realisierung war auch deshalb von besonderer Wichtigkeit, weil sie die Basis für die Bereichsziele darstellen. Die Bereichsziele wurden – in dieser Phase der Erfolgsplan-Erstellung – in Bereichsklausuren abgeleitet, an denen der Leitende Angestellte, der jeweilige Ressortdirektor und die jeweiligen AbteilungsleiterInnen teilnahmen. Vision, Strategie und Unternehmensziele wurden als Basis für die Erarbeitung der Bereichsziele erläutert und zur Diskussion gestellt. Rückmeldungen der TeilnehmerInnen wurden gesammelt und der Bearbeitung im Kreis der Direktoren zugeführt.

Durch die gemeinsame Erarbeitung der Bereichsziele gelang die Einbindung der Führungskräfte der zweiten Ebene in die strategische Diskussion. Die intensive Beteiligung erfolgte auf Bereichsebene – also jener Ebene, für die dieser Kreis letztlich Umsetzungsverantwortung zeichnete. Die Aufforderung zum kritischen Hinterfragen von Vision und Strategie ermöglichte jedenfalls noch korrigierende und erweiternde Anregungen durch die AbteilungsleiterInnen. So konnte über die Auseinandersetzung mit der Strategie die Identifikation mit den strategischen Grundlagen erreicht werden, wenn auch nicht in jenem Ausmaß, welches bei einer direkten Mitarbeit erzeugt worden wäre. Die Einbindung aller Führungskräfte der ersten und zweiten Ebene hätte zu diesem Zeitpunkt aber die Organisation überfordert und wäre zeitlich und inhaltlich nicht zu bewältigen gewesen.

Die gemeinsame Erarbeitung der Bereichsziele durch die Umsetzungsverantwortlichen ermöglichte zum einen das Einbringen der persönlichen Problemsicht und, durch die direkte Beteiligung am Prozess, die Identifikation der zweiten Führungsebene mit diesen Zielen. Diese Bereichsziele dienten auch die Basis für die MbO-Gespräche, welche zwischen den RessortdirektorInnen und den jeweiligen AbteilungsleiterInnen geführt und in denen die Jahresziele der Organisationseinheiten fixiert werden. Ressortdirektor und Abteilungsleiter bestimmen in diesem Gespräch die Qualität der Abteilungsziele. Die Identifikation von RessortdirektorIn und Führungskraft der zweiten Ebene mit den Unternehmenszielen und den daraus abgeleiteten Bereichszielen erhöht die Qualität der Zielvereinbarung auf Abteilungsebene und erhöht wesentlich die Chancen der Umsetzung durch konsequente Zielverfolgung.

10.1.3 Phase III

In der dritten Phase der Erfolgsplaneinführung wurde das BSC-System um eine Ebene erweitert und der Bottom-up-Prozess im Rahmen der regelmäßigen Überprüfung von Vision und Strategie sowie der Erarbeitung der Jahresziele wesentlich gestärkt. Dies ermöglichte eine intensivere Einbindung aller Ebenen in die Strategiearbeit und damit in das Schaffen gemeinsamer Zukunftsbilder. MitarbeiterInnen werden aufgefordert, im Rahmen des MitarbeiterInnengespräches Vorschläge und Anregungen im Hinblick auf die Unternehmensstrategie einzubringen. Im Bottom-up-Prozess werden – in strukturierter Form – die Rückmeldungen aus den MitarbeiterInnengesprächen gesammelt und fließen über die AbteilungsleiterInnen in die Vorbereitungsklausuren zum jährlichen Strategieprozess ein. Diese Vorbereitungsklausuren in den vier Unternehmensbereichen und im Kreis der internen Dienstleister dienen der strukturierten Vorbereitung der Strategieklausur der Direktion. An diesen Klausuren nehmen AbteilungsleiterInnen und Ressortdirektoren teil, die gemeinsam Ideen und Anregungen für die strategische Diskussion sammeln und entwickeln. In diesem Prozess sind damit lückenlos alle MitarbeiterInnen erfasst.

Die Ergebnisse aus dem Bottom-up-Prozess werden von den RessortdirektorInnen im Rahmen der Strategieklausur der Direktion eingebracht und dienen als Basis für die jährliche Revision von Vision und Strategie. Als zusätzlicher Input dienen die von einem „Erfolgsplan-Team" zusammengetragenen strategisch relevanten Kernaussagen aus allen Instrumenten, die in irgendeiner Form mit dem Erfolgsplan in Verbindung stehen. So wird das Know-how aller MitarbeiterInnen und Führungskräfte zum einen sowie Know-how, welches aus diversen Instrumenten generiert wird und damit verschiedensten Quellen interner und externer Art nutzt (z. B in Form von Kundenbefragungen, MitarbeiterInnenbefragungen, Controlling, usw.), für den strategischen Reviewprozess genützt. Betroffene und relevante Umwelten werden damit in die Problemdefinition und Schaffung gemeinsamer

Zukunftsbilder direkt einbezogen. Die Reflexion bisheriger Lösungsversuche ist – da die jährliche Überprüfung von den bestehenden strategischen Grundlagen ausgeht – Ausgangsbasis für die Weiterentwicklung. So werden die aktuellen Problembeschreibungen und Zukunftsbilder zuerst auf Tauglichkeit hinterfragt, bevor neue Aspekte in die Überlegungen einbezogen werden.

Strategische Ziele werden aus der Vision und aus der Strategie abgeleitet. In der Phase III, in der die Strategieklausur intensiv durch alle Ebenen vorbereitet wird, werden die Unternehmensziele und die Bereichsziele im Rahmen dieser Strategieklausur der Direktion erarbeitet. Dies ermöglicht eine bessere Querabstimmung der Bereichsziele untereinander. Durch die Vorbereitung in den Bereichen können deren Inputs auch in entsprechender Weise mitbearbeitet und mitberücksichtigt werden. Der Vorteil liegt darin, dass sinnvolle Vorschläge eines Bereichs gleich in andere Bereiche übernommen werden bzw. auch in das übergeordnete Unternehmensziel einfließen können, wenn sie für alle Bereiche relevant sind.

Die überarbeiteten strategischen Grundlagen sowie die Jahresziele werden sodann in Bereichsklausuren erläutert, reflektiert und diskutiert. In diesen Klausuren werden auch die Abteilungs-Erfolgspläne aus den Bereichszielen abgeleitet. Diese Erweiterung der Erfolgsplan-Struktur um eine Ebene erleichtert den Anschluss der MbO-Gespräche an den Erfolgsplan. Da die AbteilungsleiterInnen in den Bottom-up-Prozess intensiv eingebunden sind und auch den Ableitungsprozess der Abteilungsziele direkt mitgestalten, kann die notwendige Identifikation mit den strategischen Grundlagen, vor allem aber mit den eigenen Abteilungszielen, die letztlich daraus resultieren und für deren Umsetzung sie zuständig sind, erzeugt werden. Dies gilt auch für die internen Dienstleister. Die gemeinsame Ableitung der Abteilungsziele in den Bereichsklausuren stellt sicher, dass die einzelnen Ziele horizontal abgestimmt werden. Die vertikale Abstimmung erfolgt durch den Ressortdirektor, der sowohl bei der Strategieklausur als auch bei der Bereichsklausur anwesend ist. Strategische Grundlagen werden so im Top-down–Prozess – bis auf Abteilungsebene – in konkret messbare Ziele über-setzt.

Die Gesamtabstimmung aller Teilziele in horizontaler und vertikaler Hinsicht wird von den DirektorInnen vorgenommen. So wird sicher ge-stellt, dass sie Verantwortung für das Gesamtzielsystem übernehmen und sich über die Detailziele und deren Stimmigkeit – vor Beginn der Umset-zungsphase – noch einmal intensiv Gedanken machen müssen, bevor der Gesamt-Erfolgsplan von der Direktion für die Umsetzung freigegeben wird. Die Freigabe des Erfolgsplanes durch das Direktorium ist der formelle Akt, in dem die obersten EntscheidungsträgerInnen ihre uneinge-schränkte Zustimmung geben und damit die Umsetzungsentscheidung tref-fen.

Die Intensive Kommunikation der Vision, der Strategie, der Unterneh-mensziele und der Abteilungsziele über verschiedenste Kommunikations-wege verdeutlicht die Wichtigkeit des Erfolgsplanes und ermöglicht die intensive Auseinandersetzung mit der Unternehmensstrategie. Die Ablei-tung von persönlichen MitarbeiterInnen-Zielen im Rahmen des Mitarbei-terInnengesprächs aus dem Erfolgsplan schafft den persönlichen Bezug der eigenen Arbeit zu den strategischen Grundlagen und trägt wiederum zur Identifikation mit den gemeinsamen Zukunftsbildern bei.

10.2 IDENTIFIKATION UND ADÄQUATE BETEILIGUNG VON BETROFFENEN UND UMWELTEN

Die Frage, wer in welcher Form an der strategischen Ausrichtung der OÖ-GKK betroffen und zu beteiligen ist, wurde in den verschiedenen Phasen der Erfolgsplan-Einführung der OÖGKK unterschiedlich gelöst. Im Endef-fekt sind von einer strategischen Ausrichtung eines Gesamtsystems immer alle MitarbeiterInnen betroffen. Die MitarbeiterInnen sind es, die im tägli-chen Handeln Strategien erst wirksam werden lassen. Detaillierte Planun-gen auf Managementebene, die nicht von den MitarbeiterInnen umgesetzt werden, bleiben wirkungslos. Die Einbindung der MitarbeiterInnen in adä-

272

quater Form ist daher ein zentrales Erfolgskriterium für die Entwicklung und Umsetzung gemeinsamer Zukunftsbilder.

Diese Erkenntnis verfestigte sich im Laufe der Einführung der BSC in der OÖGKK von Phase zu Phase mehr. Die Form der Einbindung der MitarbeiterInnen wurde im Zeitverlauf verändert und verstärkt. Durch die Partizipation der MitarbeiterInnen am strategischen Prozess kann das Spezialwissen und die Erfahrung jener Personen genutzt werden, die im Tagesgeschäft laufend Kontakt zum Kunden haben und von diesem direkte Rückmeldungen über die Prozessqualität erhalten. Voraussetzung für die Einbindung in den Prozess der strategischen Ausrichtung sind entsprechende Strukturen und persönliche Voraussetzungen der MitarbeiterInnen, die dies ermöglichen. Durch die Einbindung kann nicht nur das Wissen und die Kreativität aller MitarbeiterInnen strategisch genutzt werden, durch deren Integration kann auch das nötige Verständnis und die nötige Identifikation für die Umsetzung der strategischen Linien und damit die nötige Schubkraft bei den MitarbeiterInnen erzeugt werden.

Die zweite wesentliche Erkenntnis, die im Zeitverlauf der BSC-Einführung in der OÖGKK gewonnen werden konnte, ist jene, dass die Identifikation des Top-Managements mit den strategischen Inhalten von zentraler Bedeutung ist. Nur wenn das Direktorium voll hinter der strategischen Ausrichtung steht, wird es auch die nötigen Entscheidungen für die Umsetzung treffen. Den Führungskräften kommt darüber hinaus eine wichtige Vorbildfunktion zu. Nur wenn die DirektorInnen authentisch die Umsetzung der strategischen Linien vertreten und betreiben wird dies auch in nachgelagerten Ebenen passieren. Diese Erkenntnisse führten dazu, dass die Beteiligung der obersten Entscheidungsträger ab Phase II der Erfolgsplan-Einführung stark intensiviert und neu gestaltet wurde.

Den Führungskräften der zweiten Ebene – den AbteilungsleiterInnen – kommt im Prozess der strategischen Ausrichtung ebenfalls eine wichtige Bedeutung zu.

Diese Gruppe war von Beginn an am stärksten in den Prozess der BSC-Erstellung integriert. Die nötige Identifikation und damit Schubkraft für Veränderungen konnte aber in Phase I – trotz Einbindung der AbteilungsleiterInnen – noch nicht erzeugt werden. Die entsprechenden Erfahrungen führten dazu, dass zum einen das Direktorium in die inhaltliche Arbeit voll eingebunden und zum anderen die Form der Beteiligung der AbteilungsleiterInnen in späteren Phasen neu gestaltet wurde.

Erst nach Reflexion der Phase II wurde die Bedeutung der dritten Führungsebene – der GruppenleiterInnen – im Erfolgsplan-Prozess erkannt. Diese Gruppe ist zwischen AbteilungsleiterInnen und MitarbeiterInnen angesiedelt und mit der direkten Führungsarbeit der operativ tätigen MitarbeiterInnen beschäftigt. Die überwiegende Anzahl der MitarbeiterInnen ist in Gruppen organisiert, denen ein Gruppenleiter bzw. eine Gruppenleiterin vorgesetzt ist. Informationen aus der Abteilungsleitung werden zumeist über die GruppenleiterInnen an die MitarbeiterInnen kommuniziert. Aufträge ergehen über die Linie – und damit über die Gruppenleitung – an MitarbeiterInnen weiter. MitarbeiterInnengespräche werden zwischen den MitarbeiterInnen und ihren direkten Vorgesetzten – also zumeist GruppenleiterInnen – geführt. Von den GruppenleiterInnen und deren Verständnis und Identifikation mit den strategischen Linien der OÖGKK hängt damit zu einem Gutteil ab, wie der Erfolgsplan im Tagesgeschäft berücksichtigt wird und welcher Stellenwert ihm eingeräumt wird. Auf diese Spezialposition der GruppenleiterInnen wurde in Phase III der Erfolgsplan-Einführung reagiert.

Die Einbindung weiterer relevanter Gruppen im Strategieprozess erfolgt über verschiedene Instrumente, die an den Erfolgsplan angekoppelt sind. Die Betreuung erfolgt in institutionalisierter Form über verschiedene Fachabteilungen bzw. interne Dienstleister. Diese sind über die beschriebenen Ebenen in den Erfolgsplan-Prozess integriert und bringen die Sichtweisen und Anregungen der jeweiligen Gruppen in den Erfolgsplan-Prozess ein.

Ein Beispiel für eine solche relevante Gruppe, die über diesen Weg am Erfolgsplan-Prozess beteiligt sind, sind die Kunden der OÖGKK. Die Einbindung erfolgt über regelmäßige Kundenbefragungen, Kundenfeedback in den eigenen Einrichtungen und Fokusgruppen – die Ergebnisse werden von der Stabstelle PERS/Orientierung Kunde in entsprechender Form in den Erfolgsplan-Prozess eingebracht.

Eine spezielle Form der Betroffenheit im Erfolgsplan-Prozess kommt dem Controlling/Berichtswesen zu. Dieser Organisationseinheit ist die administrative Betreuung des Erfolgsplan-Prozesses übertragen. Die Steuerung des Prozesses liegt – als verantwortliche Leiterin der Abteilung Betriebswirtschaft und damit der Subeinheit Controlling/Berichtswesen – in meiner persönlichen Verantwortung. Das Controlling/Berichtswesen ist Dienstleister im BSC-Prozess. Die Beteiligung des Controlling am Prozess beschränkt sich damit auf Steuerungsfragen im Prozess sowie auf die Unterstützung im Berichtswesen und nicht auf inhaltliche Fragen. Diese Art der Beteiligung wurde erst mit Phase II der Erfolgsplan-Einführung in dieser klaren Form umgesetzt und trägt wesentlich dazu bei, die Verantwortung bei den entsprechenden Führungskräften der Fachabteilungen anzusiedeln und nicht auf einen internen Dienstleister zu verlagern. Dies ist wiederum wesentliche Voraussetzung für die Erzeugung der nötigen Schubkraft zur Umsetzung in den Fachabteilungen.

10.2.1 Phase I

In Phase I der Erfolgsplan-Einführung wurde das Vorhaben projektförmig bearbeitet. Die inhaltliche Arbeit konzentrierte sich auf das Projektteam, welches mit den AbteilungsleiterInnen in Teilsegmenten zusammenarbeitetet. Die Verantwortung für die Inhalte blieb weitgehend im Projektteam. Diese Parallelstruktur ermöglichte zwar die Adaptierung des Instrumentes der BSC für die Bedürfnisse der OÖGKK, die Vergemeinschaftung der Inhalte wurde in dieser Bearbeitungsform jedoch nicht geschafft. Das Top-Management war von der Bearbeitung weitgehend ausgeklammert – seine

Aufgabe beschränkte sich vorrangig auf das Absegnen der erarbeiteten Inhalte bzw. auf die Durchführung von Detailkorrekturen. Diese Form der Einbindung reichte nicht aus, um jene Identifikation des Direktoriums mit den Inhalten zu ermöglichen, die eine entsprechende Mobilisierung von Energie für Veränderung frei gesetzt hätte.

Der Leitende Angestellte war in dieser Phase stark eingebunden – jedoch vorrangig, was die Adaptierung der BSC selbst für die OÖGKK anbelangte, in die inhaltliche Arbeit. Die Überzeugung des Leitenden Angestellten und die laufende Bewerbung des Instrumentes durch ihn waren maßgeblich für die Akzeptanz des Instrumentes durch die übrigen Direktoren und die AbteilungsleiterInnen. So konnte die grundsätzliche Konzeption und Anlage der BSC als **Denkmuster** implementiert werden. Die Betrachtung der OÖGKK aus den verschiedenen Perspektiven und die Formulierung von Zielen mit konkret messbaren Zielwerten, als notwendige Voraussetzung für die Überprüfbarkeit der Zielerreichung, wurde in dieser Phase bis hin zur Ebene der AbteilungsleiterInnen und teilweise bis auf MitarbeiterInnenebene etabliert.

10.2.2 Phase II

In Phase II Erfolgsplan-Einführung wurde ich mit der Neuauflage des Erfolgsplanes betraut. Dies bedeutete, dass ab sofort kein Team mehr für die Bearbeitung zur Verfügung stand, wie dies in Phase I der Fall war. Die konzeptionelle Arbeit wurde von mir vorbereitet und in Zusammenarbeit mit dem Leitenden Angestellten fixiert. Nach einer Mutterschaftskarenz nahm ich diese Aufgabe – außerhalb meiner eigentlichen Tätigkeit als Abteilungsleiterin (von der ich mich für diesen Zeitraum karenzieren ließ) – wahr und konnte mich somit auf diese Tätigkeit konzentrieren. Für die Organisation war ich in dieser Phase ausschließlich als Verantwortliche für die Erfolgsplan-Steuerung tätig und hatte keine andere Funktion inne.

Die Erfahrungen aus Phase I der Erfolgsplan-Einführung und die Erweiterungen des BSC-Konzeptes durch Kaplan und Norton waren die ausschlaggebenden Faktoren für die Gestaltung meiner Rolle als Prozessverantwortliche, die ich weitgehend selbst beeinflussen konnte.

Die intensive Zusammenarbeit mit dem Leitenden Angestellten und dessen laufende Einbindung in alle Teile des Prozesses führte zu einer ausgeprägten Identifikation mit der Prozessanlage und dessen uneingeschränkter Unterstützung.

Die inhaltliche Arbeit wurde in dieser Phase ausschließlich von EntscheidungsträgerInnen der ersten und zweiten Ebene durchgeführt. Vision und Strategie wurde durch die Direktoren selbst formuliert, ebenso die Unternehmensziele. Die Ableitung der Bereichsziele erfolgte durch die verantwortlichen AbteilungsleiterInnen, die letztlich auch für deren Umsetzung verantwortlich waren. Dies ermöglichte die Nutzung des Spezialwissens der Führungskräfte und deren Identifikation mit den entwickelten Zukunftsbildern. Die Einbindung der MitarbeiterInnen erfolgte top-down, nicht jedoch bottom-up. Als vorrangiges Instrument sollte das MitarbeiterInnengespräch genutzt werden, um individuelle Ziele auf Basis der BSC zu vereinbaren. Die Gestaltung blieb den AbteilungsleiterInnen überlassen und wurde strukturell nicht unterstützt.

Einbindung von Direktoren und Führungskräften der zweiten Ebene waren in dieser Phase adäquat und führten in diesem Kreis zur Vergemeinschaftung künftiger Entwicklungsmöglichkeiten der OÖGKK. Die Einbindung auf Ebene der GruppenleiterInnen wurde in dieser Phase nicht berücksichtigt, die breite Masse der MitarbeiterInnen war im bottom-up-Prozess nicht eingebunden. Auch im Top-down-Prozess wurden die MitarbeiterInnen nicht in adäquater Form berücksichtigt.

10.2.3 Phase III

In Phase III der Erfolgsplan-Einführung erfuhr die Art der Einbindung der verschiedenen Gruppen von Führungskräften und MitarbeiterInnen noch einmal eine grundsätzliche Änderung. Der Bottom-up-Prozess wurde wesentlich gestärkt und ausgebaut. MitarbeiterInnen waren nun aufgefordert im MitarbeiterInnengespräch Anregungen zur Strategie zu machen, die in strukturierter Form gesammelt und für die Vorbereitungsklausuren der Strategieklausur zur Verfügung standen. Auch Führungskräfte der zweiten Ebene brachten in diesen Vorbereitungsklausuren gezielt Inputs für den strategischen Prozess ein. Die Direktoren legten dann auf Basis dieser Inputs die Strategie fest.

Im Top-down-Prozess erfolgte die Einbindung der verschiedenen Gruppen in umgekehrter Reihenfolge. Letztlich gelang in dieser Phase der Erfolgsplan-Einführung die lückenlose Einbindung aller MitarbeiterInnen in die Strategieüberarbeitung und Zielableitung. Die Art der Einbindung ist geeignet um tragfähige und vergemeinschaftete strategische Pläne zu entwickeln sowie die nötige Identifikation zu schaffen und – bis auf MitarbeiterInnenebene – Energie für die Umsetzung zu mobilisieren.

Den GruppenleiterInnen wurde in Phase III besondere Aufmerksamkeit geschenkt. In speziellen Personalentwicklungsmaßnahmen wurden sie für den gezielten Einsatz des Instrumentes in Zusammenarbeit mit ihren MitarbeiterInnen qualifiziert und auf die Führung der MitarbeiterInnengespräche – unter Berücksichtigung der BSC – vorbereitet. Damit wurde ein Grundstein für das Gelingen der Einbindung der MitarbeiterInnen in den BSC-Prozess gelegt, der noch verstärkt bearbeitet werden muss.

10.3 NEUE UND ÜBERRASCHENDE VERNETZUNG HERSTELLEN

Die Herausforderung, den verschiedenen Subeinheiten des Gesamtsystems mehr Autonomie einzuräumen, um diese zu befähigen, sich bietende Chancen eigenständig ausnützen zu können, und gleichzeitig die Ausrichtung aller dieser organisatorischen Einheiten an einer gemeinsamen Strategie sicherzustellen, ist ein Spagat, der nur mit entsprechenden Formen der Vernetzung geschafft werden kann.

Im Rahmen der Einführung des Erfolgsplanes wurde in den verschiedenen Phasen die Verantwortung und Eigenständigkeit der Subeinheiten laufend erhöht. Gleichzeitig wurde der Vernetzungsgrad gesteigert. Die Vernetzung erfolgte dabei in vertikaler Richtung, also zwischen verschiedenen Hierarchieebenen und damit auf verschiedenen Abstraktionsniveaus strategischer und operativer Steuerung, und in horizontaler Richtung, zwischen den verschiedenen Subeinheiten des Systems, die sich auf einer gemeinsamen Ebene befinden, aber inhaltlich differente Aufgabenstellungen bearbeiten.

Die Integrationsleistung betrifft darüber hinaus die Einbeziehung verschiedener Informationsquellen, die im Zusammenhang mit strategischer Ausrichtung relevant sind. Auch in dieser Hinsicht wurde die Vernetzung im Zeitverlauf der Erfolgsplan-Einführung intensiviert.

Die Steuerung mit der BSC erfolgt über Aushandlungsprozesse in denen Zukunftsbilder in Form von Zielen auf verschiedenen Ebenen festgelegt werden. Diese Prozesse laufen bottom-up, top-down in geeigneten und differenzierten Kommunikationsplattformen. Als Ergebnis erfolgt die Festlegung und Selbstbindung der Subeinheiten auf bestimmte Zielsetzungen mit konkreten Zielwerten. Die Bearbeitung und Umsetzung der Ziele ist Aufgabe der jeweiligen Subeinheiten. Dort, wo die Regelorganisation mit der Umsetzung bestimmter Ziele überfordert ist, werden Vorteile der Projektorganisation oder des projektförmigen Arbeitens für die Problembearbeitung genutzt. Vernetzung über die Subeinheiten hinweg, unter Einbeziehung verschiedenster ExpertInnen und MitarbeiterInnen aus unterschiedlichen hierarchischen Ebenen, geschieht so auch in der Zielverfolgung auf operativer Ebene. Die laufende Überwachung der Zielerreichung erfolgt in Selbstkontrolle und wird über das Berichtswesen und in entsprechenden Kommunikationsplattformen transparent gemacht und einer Problembearbeitung zugeführt.

So ist der Zielerreichungsstand durch die Subeinheiten jederzeit nachvollziehbar und daraus der Zielerreichungsgrad auf Ebene des Gesamtsystems abzuleiten. Bei Problemen in der Umsetzung, die im Rahmen der Linienorganisation nicht gelöst werden können, dienen unterschiedliche Kommunikationsstrukturen der Bearbeitung. Auch die laufende Überwachung und Steuerung der Umsetzung erfolgt somit in vernetzter Form.

Die Aufgaben der Führungskräfte haben sich in diesem Kontext verändert. Ihnen kommt bei dieser Art der Steuerung vor allem die Sicherstellung der notwendigen Beteiligung an den verschiedenen Aushandlungsprozessen sowie der notwendigen Rahmenbedingungen zu. Auftretende Konflikte sind über die Hierarchie einer Bearbeitung zuzuführen.

10.3.1 Phase I

Die projektförmige Erfolgsplan-Einführung in Phase I nutzte die Vorteile einer Parallelorganisation und schuf so eine Vernetzungsform, die für die Adaptierung des BSC-Konzeptes adäquat war. Unterschiedliches Knowhow wurde auf diese Art in die Problembearbeitung eingebracht – die Bearbeitung außerhalb des Tagesgeschäftes konnte in einem geschützten Raum der Kreativität erfolgen.

Das Instrument der BSC sieht die Betrachtung des Unternehmens aus verschiedenen Blickwinkeln – den Perspektiven – vor. Dadurch werden Themen in den Blickwinkel gerückt und miteinander verbunden, die bisher nur getrennt voneinander betrachtet wurde. Das Konzept der BSC baut daher auf überraschender und neuer Vernetzung auf. Die tatsächliche Vernetzung und Verschränkung der Themen in der ersten Phase der BSC-Erstellung der OÖGKK blieb jedoch eine eher theoretische. Die Ergebnisse in denen einzelnen Perspektiven blieben nebeneinander stehen und die wechselseitige Beeinflussung konnte kaum transparent gemacht oder genutzt werden.

Die konkreten Ergebnisse in den einzelnen Perspektiven, die aus dieser Phase resultierten, konnten zudem nicht in ausreichendem Maß in die Linienorganisation übertragen werden. Die Verantwortung blieb weitgehend im Projektteam hängen, die Führungskräfte, die über das „Projekt" in die Bearbeitung eingebunden waren, übernahmen keine inhaltliche Verantwor-

tung. Die Form, die über das Projekt für die Erarbeitung strategisch relevanter Inhalte gewählt wurde, schuf darüber hinaus zu wenig an integrativer Vernetzung zwischen den Subeinheiten in vertikaler und horizontaler
Hinsicht. Die Ergebnisse der Bearbeitung waren weitgehend Einzelergebnisse die nicht integrativ verarbeitet wurden. Die Form der Bearbeitung war
aus diesem Blickwinkel für die Erarbeitung strategischer Inhalte, sowohl in
inhaltlicher Hinsicht, als auch was die Übernahme von Verantwortung
durch die Linienorganisation betraf, nicht adäquat.

10.3.2 Phase II

Phase II wurde im Hinblick auf die Vernetzung gänzlich anders angelegt.
Die Erarbeitung der Inhalte erfolgte durch die Linienverantwortlichen
selbst, unter meiner Anleitung als Prozessverantwortliche. Die Kommunikationsstrukturen der Be- und Erarbeitung waren so gewählt, dass sowohl
die horizontale als auch die vertikale Vernetzung berücksichtigt wurde.

Das Instrument der Strategie-Landkarte, welches zu diesem Zeitpunkt
neu zur Darstellung der Strategie eingesetzt wurde, konnte die Vernetzung
der verschiedenen Perspektiven der BSC in geeigneter Weise unterstützen.
Diese Art der Aufbereitung strategischer Grundlagen ist dazu geeignet, die
Komplexität auf ein geeignetes Maß zu reduzieren, und gleichzeitig die
notwendige Unterstützung im Kommunikations- und Bearbeitungsprozess
für die Ableitung von Unternehmens-, Bereichs- und später auch Abteilungszielen zu bieten.

Die Erarbeitung von Vision, Strategie und Unternehmenszielen erfolgte
im Kreis der vier Direktoren. Dadurch war sichergestellt, dass die Anforderungen und Gegebenheiten aus allen vier Ressorts in den strategischen
Grundlagen in ausreichendem Maß berücksichtigt werden. Die Ableitung
von vier Bereichs-Erfolgsplänen für die Bereiche Leistung, Vertragspartner, Dienstgeber und Eigene medizinische Einrichtungen schuf eine neue
Vernetzungsform. Die Bereiche entsprechen nicht der Ressortaufteilung im
Organigramm, sondern den Kernprozessen der OÖGKK. Der Blickwinkel

in den strategischen Planungen wurde somit von der Regelorganisation auf die Prozessorganisation gelenkt – die strategischen Ziele orientieren sich damit nicht mehr an künstlichen Ressortgrenzen, sondern an den Leistungsprozessen der OÖGKK.

Die weitere Bearbeitung der strategischen Grundlagen erfolgte bereichsweise entsprechend der Bereichsaufteilung. Die Reflexion der strategischen Grundlagen und weitere Ableitung der Bereichsziele in Bereichsklausuren, an denen der Leitende Angestellte, der jeweilige Ressortdirektor und die entsprechenden AbteilungsleiterInnen teilnahmen, stellte die vertikale Abstimmung und Integration zwischen der ersten und zweiten Hierarchieebene sicher und vernetzte gleichzeitig die Abteilungen des jeweiligen Bereichs. In diesen Kommunikationsplattformen konnte durch die Teilnahme der DirektorInnen auch der notwendige Transfer der strategischen Grundlagen für die Bearbeitung durch die AbteilungsleiterInnen sichergestellt werden. Die Moderation aller Klausuren durch eine einzige Moderatorin stellte einheitliche Bedingungen und den notwendigen Wissenstransfer für alle Klausuren sicher.

Die Querabstimmung aller Ergebnisse aus den Bereichsklausuren erfolgte wiederum in einer Direktionsklausur. So konnten die Detailergebnisse der Bereiche noch einmal horizontal und vertikal abgestimmt, überprüft, auf Grund von Rückmeldungen aus den Bereichsklausuren ergänzt, überarbeitet und erweitert – vor allem aber im Kreis der Direktion vergemeinschaftet werden.

Im Top-down-Prozess wurden nun – auf Basis der Bereichsziele – die MbO-Vereinbarungen durchgeführt. Die Art der Vereinbarungen blieb den GesprächspartnerInnen überlassen. Diese führte dazu, dass die MbO-Vereinbarungen hinsichtlich Qualität und Quantität recht unterschiedlich waren. Die Vernetzung erfolgte in dieser Ebene nicht mehr in ausreichendem Maß. Dies wurde insbesondere in der Verfolgung der Zielerreichung transparent. Ein Soll-Ist-Vergleich auf Bereichsebene war – trotz Zielen mit konkreten Messzahlen – kaum durchzuführen. Zu vielschichtig waren die darunterliegenden Ziele der Organisationseinheiten, zu unterschiedlich auch die Interpretation von dem, was zu erreichen war, da die Messzahlen auf MbO-Ebene von den GesprächspartnerInnen individuell festgelegt werden konnten. Zudem war das MbO-Controlling, also die laufende Überwachung der Zielerreichung, ausschließlich den MbO-GesprächspartnerInnen übertragen. Diese Selbstüberprüfung führte dazu, dass es weder einheitliche Zielerreichungsüberprüfung gab, noch transparente Ergebnisse über die Zielerreichung.

10.3.3 Phase III

In Phase III der Erfolgsplan-Einführung wurden – was die Vernetzung anbelangt – noch einmal gravierende Änderungen und Erweiterungen vorgenommen. Die problematische Schnittstelle zwischen Bereichs-Erfolgsplan und MbO wurde durch die Einführung von Abteilungserfolgsplänen bereinigt. Diese Erweiterung des Erfolgsplanes um eine zusätzliche Ebene ermöglichte die einheitliche Durchführung von Soll-Ist-Vergleichen bis auf Abteilungsebene und damit die Erhöhung der Transparenz im Hinblick auf die Zielerreichung.

Der Anschluss der MitarbeiterInnengespräche an die Abteilungserfolgspläne war nun ebenfalls wesentlich einfacher als zuvor. Die Vernetzung erfolgte ab der Phase III im Gegenstrom-Verfahren – das heißt von unten nach oben und anschließend wieder zurück. Der Ausgangspunkt für dieses Gegenstromverfahren sind nun bereits die MitarbeiterInnen, die in strukturierter Form ihre Anregungen für den Strategieprozess weiter leiten. Letztlich endet der Top-down-Prozess, also die Ableitung der Ziele aus den Abteilungs-Erfolgsplänen, wieder bei den MitarbeiterInnen. Entsprechende Leitfäden und Formulare für das MitarbeiterInnengespräch sehen eine strukturierte Vorgehensweise bei der Festlegung der MitarbeiterInnenziele aus den Abteilungserfolgsplänen vor. Die vertikale Vernetzung umfasst somit alle Hierarchiestufen.

Horizontal wird die Vernetzung bis auf Abteilungsebene im Erfolgsplan-System durchgeführt. Die Abteilungsziele werden – nach Erstellung in Bereichsklausuren, in denen die horizontale Abstimmung erfolgt – noch einmal in die Direktion zur Gesamtabstimmung zurückgespielt.

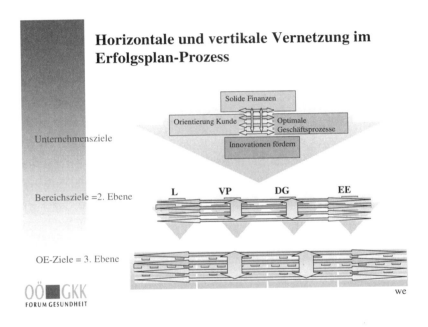

Abb. 24: Horizontale und vertikale Vernetzung im Erfolgsplan-Prozess

Die Integrations- und Vernetzungsleistung auf den bereits bestehenden Stufen wurde – durch diese Stärkung des bottom-up-Prozesses in der Phase III – wesentlich erhöht.

Über die beschriebenen Verbesserungen im Hinblick auf die Vernetzung in Phase III wurde die Integration verschiedener strategisch relevanter Informationsquellen in den Erfolgsplan-Prozess vorangetrieben.

284

Verschiedenste strategisch relevante Instrumente – wie Kundenbefragungen, Qualitätszirkel, Kunden-Feedback, Innovationsscore-card, Arbeitskli-
maindex, Chancengleichheitsplan der OÖGKK, Wissenskooperation usw. –
werden von einem Arbeitsteam ausgewertet und auf strategische Kernaussagen verdichtet. Diese Informationen werden im Rahmen der Strategieklausur als Input eingebracht und dort bearbeitet. Die Vernetzung verschiedener interner und externer Quellen der Information wird so im Erfolgsplan-Prozess standardisiert.

10.4 PERSONENBEZOGENE UND STRUKTURELLE VERÄNDE-
RUNGSPROZESSE AUSBALANCIEREN

In den verschiedenen Phasen der Erfolgsplan-Einführung wurde der Entwicklung von Strukturen und der Entwicklung auf Personenebene unterschiedliche Bedeutung beigemessen und dementsprechend die Schwerpunkte gesetzt.

Durch die Veränderung von Strukturen werden im Rahmen der strategischen Ausrichtung mit der BSC neue Handlungserwartungen generiert.
Diese Lernprozesse auf der organisationalen Ebene werden durch Verändern von Kommunikationsstrukturen, Entscheidungsmustern und Kooperationsregeln initiiert.

Die Entwicklung geeigneter Strukturen im Zeitverlauf war ein Lernprozess, der durch Reflexion einzelner Phasen geleitet war. Sie stellen sicher,
dass die voraussehende Selbsterneuerung mit der BSC ein kontinuierlicher
Prozess werden kann. Die adäquate Gestaltung dieser Strukturen gelang
erst ab der Phase II der Erfolgsplan-Einführung.

Die Entwicklung auf der Strukturebene bedingt eine Entwicklung auf
Personenebene. Neue Kommunikationsstrukturen, Spielregeln und Ent-
scheidungsmuster und daraus resultierende neue Handlungserwartungen
führen zu neuen Anforderungen auf der Individualebene. Gezielte Maßnahmen der Personalentwicklung wurden im Laufe der Erfolgsplan-
Einführung forciert und in späteren Phasen der BSC-Umsetzung intensi-

viert. Die Akzeptanz neuer Handlungsanforderungen ist ein Ergebnis von Kulturänderung – sie bedingt die Einbindung der Betroffenen und deren Überzeugung, dass der veränderte Zustand Vorteile gegenüber dem bisherigen bringt. Maßnahmen der Personalentwicklung haben dazu beigetragen, dass das Verständnis für das Instrument vergrößert werden konnte. Akzeptanz und aktive Beteiligung im Prozess der strategischen Ausrichtung sind das Ergebnis adäquater Strukturen und Personalentwicklungsmaßnahmen.

Parallel zur Entwicklung von Strukturen und Fähigkeiten auf der Personenebene wurden neue Rollen ausgeprägt und bestehende Rollen im Zusammenhang mit der strategischen Ausrichtung im Prozess vorausschauender Selbsterneuerung adaptiert. Angepasst und erweitert wurden die Rollen der Führungskräfte auf allen Ebenen, aber auch die Rollen der MitarbeiterInnen. Neu definiert wurde die Rolle der Prozessverantwortlichen für den BSC-Prozess. Diese Rollenentwicklung bedeutet, dass neue Anforderungen und Aufgabenprofile an die Rolleninhaber auf Grund geänderter Organisationsstrukturen gestellt werden, und dafür auch neue Qualifikationen notwendig sind. In Form der Rollenausprägung überschneidet sich so die Organisationenebene mit der Personenebene. Struktur- und Personenentwicklung findet in der Rollendefinition ihre Synthese.

10.4.1 Phase I

In Phase I der Erfolgsplan-Einführung wurde der inhaltlichen Bearbeitung der BSC-Inhalte in Form von Zielen und Messzahlen in den einzelnen Perspektiven große Aufmerksamkeit geschenkt. Die Bearbeitung erfolgte projektartig in einer Parallelstruktur, in die neben dem Bearbeitungsteam auch die Führungskräfte der zweiten Ebene fallweise – jedoch nicht nach fixen transparenten Regeln – eingebunden waren.

Die Einbindung der Führungskräfte der zweiten Ebene erfolgte über das Bearbeitungsteam. Jedes Teammitglied kümmerte sich dabei um eine be-

286

stimmte Perspektive der BSC. Die Führungskräfte der zweiten Ebene wurden somit von verschiedenen Personen in verschiedene Themenstellungen des Erfolgsplanes eingebunden. Die Form der Einbindung war in den verschiedenen Perspektiven nicht einheitlich geregelt. Diese Struktur der Beteiligung und Erarbeitung von Inhalten entsprach damit einer Matrixorganisation und war enorm komplex. Die Erzeugung von Handlungserwartungen wurde nicht einheitlich über das Projektteam gesteuert, sondern differierte in den einzelnen Perspektiven. Dies erhöhte den Komplexitätsgrad nochmals. Die Erwartungen an die Führungskräfte wurden dadurch nicht adäquat in Strukturen übersetzt und nicht transparent gemacht. Verantwortung blieb so im Projektteam hängen. Dies galt für die Erarbeitung des Erfolgsplanes ebenso, wie für die Umsetzung der festgelegten Ziele.

Das gleiche Problem ergab sich bei der Ableitung der Ziele auf der nächsten Ebene – der Abteilungsebene. Die Zuordnung von Zielen der Gesamt-BSC auf einzelne Abteilungen im MbO-Gespräch wurde nicht strukturell unterstützt. Einzige Strukturänderung in diesem Zusammenhang war die geringfügige Adaptierung der bestehenden Formulare für die MbO-Gespräche. Diese sahen nun eine Gliederung der MbO-Ziele nach Perspektiven vor. Weder die Ableitung der Ziele noch die Art der Festlegung und der Zielerreichungsüberprüfung war auf Ebene der Organisationseinheiten klar determiniert – es gab nur den Auftrag, die MbO-Ziele aus den Erfoglsplan-Zielen abzuleiten.

Die MitarbeiterInnengespräche, in denen die Ziele der MitarbeiterInnen aus dem Erfolgsplan abgeleitet werden sollten, wurden wiederum auf Basis der MbO-Vereinbarungen geführt. Da bereits auf Ebene der MbO-Gespräche keine adäquate strukturelle Unterstützung stattfand, setzte sich die Problemlage auf Ebene der MitarbeiterInnengespräche fort. Auch die Formulare der MitarbeiterInnengespräche wurden zwar in der Form adaptiert, dass eine Zuordnung der Individualziele auf die einzelnen Erfolgsplan-Perspektiven erfolgen konnte, weitere strukturelle Unterstützung gab es jedoch nicht.

Lernen auf Personenebene wurde in der ersten Phase der Erfolgsplan-Einführung, insbesondere was das Instrument selbst anbelangt, forciert. Entsprechende Informationsveranstaltungen und das konsequente Auftreten des leitenden Angestellten in diesem Zusammenhang trugen dazu bei, dass dem Thema Aufmerksamkeit geschenkt wurde und grundsätzlicher Aufbau des Instruments sowie Zugang und Herangehensweise bearbeitet und vermittelt wurde. Die Benennung des Instrumentes sowie der Perspektiven mit Begriffen, die für die Organisation aussagekräftig und stimmig waren, förderte die Verständlichkeit und somit die Akzeptanz des Instruments.

Die erste und zweite Führungsebene wurde in Veranstaltungen informiert, die auch Diskussionen und damit Zwei-Weg-Kommunikation zuließen. MitarbeiterInnen wurden über eine „Erfolgsplan-Broschüre" informiert, welche über das Instrument selbst als auch über dessen Inhalte informierte. Diese Art der Ein-Weg-Kommunikation war für diese Phase der Erfolgsplan-Einführung und als Vorbereitung für die MitarbeiterInnengespräche, in denen die Individualziele auf Basis des Erfolgsplanes abgeleitet werden sollten, nicht ausreichend und adäquat. Die kommentarlose Übermittlung der Broschüren im Postweg bot dazu keinen Anreiz für eine intensive Auseinandersetzung. Die MitarbeiterInnen waren überfordert und irritiert und ließen die Broschüren weitgehend ungelesen liegen.

Im Hinblick auf die Rollenausprägung in dieser Phase kann gesagt werden, dass die Rolle der Mitglieder des Bearbeitungsteams sich erweitert hat, um die Aufgaben, die sich im Rahmen der Adaption des Instrumentes BSC ergeben haben, insbesondere aber um die laufende Koordination des BSC-Prozesses in den verschiedenen Perspektiven. Die Erarbeitung der Inhalte in Zusammenarbeit mit den Führungskräften der zweiten Ebene, die Zusammenführung der Ergebnisse in den Gesamt-Erfolgsplan, die Vorbereitung und Durchführung von Informationsveranstaltungen, die Erstellung von Informationsbroschüren und Präsentationen, die Durchführung von

Soll-Ist-Vergleichen – all das war Aufgabe der Mitglieder des Bearbeitungsteams, das sich selbst organisierte und die Aufgabenzuschreibung vornahm.

Den Führungskräften der zweiten Ebene kam insbesondere die Mitarbeit bei der Festlegung der Ziele im Rahmen des Gesamterfolgsplanes zu. Diese Aufgabe nahmen sie – unter Anleitung der jeweils verantwortlichen Erfolgsplan-Teammitglieder – wahr. Eine selbständige Bearbeitung bestimmter Themen zu bestimmten Zeitpunkten wurde den Führungskräften nicht übertragen. Das Führen von MbO-Gesprächen und MitarbeiterInnengesprächen gehörte zum bestehenden Aufgabenspektrum der Führungskräfte – die Berücksichtigung des Erfolgsplanes bei diesen Gesprächen war eine Forderung, die strukturell kaum untersützt wurde und individuell umgesetzt wurde. Konkrete dauerhafte Aufgabenveränderungen ergaben sich in dieser Phase der Erfolgsplan-Einführung für die Führungskräfte der zweiten Ebene damit kaum. Damit wurde die Rolle dieser Führungskräfte in dieser Phase der Erfolgsplan-Einführung nicht nachhaltig verändert.

Den DirektorInnen kam in der Phase I der Erfolgsplan-Einführung die laufende Information der nachgelagerten Ebenen über die Erfolgsplan-Inhalte zu. Sie sollten die Promotoren im Erfolgsplan-Prozess sein. Diese Aufgabe übernahm in erster Linie der Leitende Angestellte, die übrigen Direktionsmitglieder nahmen in den entsprechenden Klausuren und Veranstaltungen die an sie gestellten Aufgaben in Form der Überprüfung und Diskussion der Inhalte wahr. Was die Führung der MbO-Gespräche betrifft, so gilt analog das zu der zweiten Führungsebene gesagte.

Auch die Rolle der Direktion wurde in dieser Phase der Erfolgsplan-Einführung nicht nachhaltig verändert.

10.4.2 Phase III

Wesentliche strukturelle Veränderungen wurden in der Phase II und III der Erfolgsplan–Einführung in der OÖGKK vorgenommen. Da die Erweiterungen in Phase II Voraussetzung für die Phase III sind und die Verbesserungen der Phase III teilweise nur Ergänzungen zur Phase II – jedoch in vielen Fällen keine grundlegenden Systemänderungen darstellen - wird aus Gründen der Übersichtlichkeit und zur Reduzierung der Komplexität nur die Phase III beschrieben.

Mit der Einführung von Bereichs-Erfolgsplänen und später von Abteilungs-Erfolgsplänen wurde auch die Logik in der Erarbeitung der Erfolgsplan-Inhalte und der Ableitung der Ziele verändert. Die Kommunikationswege wurden insofern verändert, als in den bottom-up-Prozess nun die OE-LeiterInnen und später auch die MitarbeiterInnen eingebunden waren und diese Vorbereitungen in einen übergeordneten Gesamtkontext münden. Die Weiterbearbeitung der parallel in vier Bereichen durchgeführten Vorarbeiten in der Direktion und die daraus resultierenden strategischen Grundlagen als Basis für die spätere Ableitung der Bereichs-und Abteilungsziele benötigt Strukturen, die dies überhaupt möglich machen. Klar festgelegte TeilnehmerInnenkreise für die verschiedenen Bearbeitungsplattformen, festgelegte Terminpläne und einheitliche Fragestellungen, die nach vorgegebenen Mustern zu bearbeiten waren, ermöglichen die Weiterarbeit in der jeweils nächsten Bearbeitungsstufe.

Neu war insbesondere auch, dass die Inhalte – abgesehen von den Vorschlägen der MitarbeiterInnen – gemeinsam in Klausuren erarbeitet wurden. Dies stellt eine neue Qualität dar. Die Teilnahme an den Klausuren war und ist Voraussetzung dafür, sich persönlich am Entstehungsprozess der strategischen Grundlagen und Ziele für das kommende Jahr zu beteiligen. Eine gute inhaltliche Vorbereitung der Klausur-TeilnehmerInnen, vergrößerte die Chance, sich aktiv mit eigenen Vorstellungen einbringen zu können. Die Konsequenz daraus zeigt sich am Teilnahmeverhalten der Betroffenen. Erfolgsplan-Klausuren haben bei den TeilnehmerInnen eine hohe Priorität und werden nur im Ausnahmefall versäumt. Die TeilnehmerInnen sind in aller Regel sehr gut vorbereitet.

Neu im Hinblick auf die strukturellen Aspekte war auch die Anbindung des MAG an den Erfolgsplan. Hier wurde die Schnittstelle insofern verändert, als nun die Erfolgsplan-Besprechung in Form der MAG-Auftaktveranstaltungen vor Durchführung der MitarbeiterInnengespräche in den einzelnen Organisationseinheiten erfolgte. Dies schafft eine inhaltliche Basis für die Ableitung der Individualziele. Der Leitfaden zum MAG wurde inhaltlich konkreter auf die Ableitung der MitarbeiterInnen bezogen und sieht nun die Festlegung von Zielen vor, die sich auf konkrete Erfolgsplan-Ziele beziehen.

Monatliche Soll-Ist-Vergleiche über den Zielerreichungsgrad in den Organisationseinheiten und die Dokumentation der voraussichtlichen Zielerreichung bis zum Jahresende fordert die laufende Auseinandersetzung mit den Zielen und den gesetzten Maßnahmen. Die Besprechung der Ergebnisse im Rahmen des Direktions-Jour-fixes schaffen den nötigen Rahmen, um auf Abweichungen in entsprechender Form reagieren zu können.

Diese Entwicklungen auf der Strukturebene bedingten auch Maßnahmen auf Ebene der Personalentwicklung. Die Entwicklung auf der Personenebene setzte an mehreren Punkten an.

Zum einen wurde im Rahmen der Beauftragung von Vorbereitungsarbeiten für diverse Klausuren sehr genau vorgegeben, welche Ergebnisse formal erwartet wurden, und welchen Zweck die Vorarbeiten erfüllen sollten. Im Rahmen der Klausuren erfolgte nicht nur eine detaillierte Darstellung der Arbeitsschritte mit sehr konkreten Anweisungen, was die Bearbeitung betrifft, sondern auch die genaue Erläuterung von Sinn und Zweck der einzelnen Schritte. Die Darstellung anhand eines Beispiels (Mobil-Oil) bei

der erstmaligen Erarbeitung der strategischen Grundlagen und des Erfolgsplanes in der neuen Form half dabei, rasch eine Vorstellung über ein mögliches Ergebnis zu entwickeln und diente bei Orientierungsschwierigkeiten
(z. B. im Hinblick auf das Abstraktionsniveau bei Zielen) als Unterstützung. Im Laufe der Zeit verfestigte sich die Vorgehensweise zum allgemeinen Wissen im Zusammenhang mit der Erfolgsplan-Erstellung. Heute ist es
nicht mehr notwendig, die einzelnen Arbeitsschritte detailliert zu erläutern.
Die Beteiligten wissen, was sie in den einzelnen Prozessschritten erwartet
und was umgekehrt von ihnen erwartet wird.

Ein weiterer Ansatzpunkt in der Personalentwicklung waren Seminare,
Workshops und Schulungen für die Führungskräfte auf allen Ebenen sowie
für Nachwuchsführungskräfte und interessierte MitarbeiterInnen. Die verschiedenen Maßnahmen waren ein Ergebnis des BSC-Benchmarking-
Prozesses am Ende der Phase II der Erfolgsplan-Einführung, welcher
Schwachpunkte in der Personalentwicklung und Informationspolitik aufgezeigt hat. Die gewählten Weiterbildungsmaßnahmen nutzten vor allem die
Methode des Erfahrungslernens und waren und sind notwendig, um die Gesamtzusammenhänge in der dafür notwendigen Zeit als Basis für die Arbeit
mit dem Erfolgsplan zu vermitteln.Der Nutzen des Erfolgsplanes in der täglichen (Führungs-)Arbeit wird in der Regel nach diesen Workshops wesentlich höher eingeschätzt als davor. Am Ende der Workshops wird von den
TeilnehmerInnen regelmäßig angeregt, diese Workshops mit allen OÖ-
GKK-MitarbeiterInnen durchzuführen. Eine Anregung, die bisher aus Ressourcengründen nicht umzusetzen war, deren Realisierung jedoch anzu-
streben ist. Insgesamt kann festgestellt werden, dass den Maßnahmen der
Personalentwicklung im Einführungsprozess der BSC in der OÖGKK zu
wenig Aufmerksamkeit geschenkt wurde und diese zu spät in das Bildungsprogramm der OÖGKK Eingang gefunden haben.

Durch die neuen Strukturen und die daraus resultierenden Handlungsanforderungen ergeben sich auch die Veränderung bestehender Rollen und die Ausprägung neuer Rollen.

Verändert wurden die Rollen der Führungskräfte aller Ebenen, aber auch die Rollen der MitarbeiterInnen. Neu definiert wurde die Rolle der Prozessverantwortlichen für den Erfolgsplan-Prozess.

Die veränderte Rolle der Führungskräfte muss wiederum differenziert nach Führungsebene betrachtet werden. Die erste Führungsebene (Direktion) ist nun verantwortlich für die Festlegung und laufende Überarbeitung der strategischen Inhalte – sowohl was die längerfristige Entwicklung als auch was das nächste Jahr anbelangt. Dies hat unter Berücksichtigung der Vorarbeiten der Bereiche zu geschehen und in Abstimmung mit den übrigen Direktionsmitgliedern. Diese kooperative Festlegung des Gesamtzielsystems ist eine neue Facette des kooperativen Führens, welches in dieser Intensität und in diesem Ausprägungsgrad vorher nicht stattgefunden hat. Strategische Entscheidungen für einen längeren Zeitraum werden im Team der Direktion getroffen, ebenso Entscheidungen, die sich aus diesem Kontext im Rahmen der Umsetzung dieser strategischen Linien ergeben. Diese gemeinsamen Festlegungen bilden schließlich auch den Rahmen für operative Entscheidungen der einzelnen Direktionsmitglieder. Die Rolle der obersten EntscheidungsträgerInnen wird dadurch mehr auf strategische Entscheidungen und Problembearbeitung in diesem Zusammenhang fixiert.

Auch die Rolle der Führungskräfte der zweiten Ebene – AbteilungsleiterInnen – wird durch neue Erfolgsplanstrukturen maßgeblich beeinflusst. Diese führen die Organisationseinheiten eigenverantwortlich. Ihnen unmittelbar unterstellt sind die Führungskräfte der dritten Ebene – die GruppenleiterInnen, die in den meisten Fällen die direkte MitarbeiterInnenführung wahrnehmen. Der Erfolgsplan bildet nun eine wesentliche Basis für diese Führungsarbeit der zweiten und dritten Ebene. Die Vorbereitungsarbeiten in Kooperation mit den MitarbeiterInnen (im MAG und in frei gewählten geeigneten Formen der Beteiligung der MitarbeiterInnen auf Gruppen- bzw. Abteilungsebene stellt neue Anforderungen an Gruppen- und AbteilungsleiterInnen. Sie sind nun für die Bearbeitung strategisch relevanter Fragen in einem kontinuierlichen Prozess in Zusammenarbeit mit MitarbeiterInnen verantwortlich. Die Vorschläge aus den Organisationseinheiten müssen geeignet sein, um daraus später Abteilungsziele zu formulieren.

Im Rahmen der Umsetzung müssen die konkrete Zielvereinbarungen mit MitarbeiterInnen wiederum so gestaltet sein, dass damit die Abteilungs-Ziele im Erfolgsplan erreicht werden können. Auch daraus ergeben sich neue Herausforderungen an die Führungskräfte. In der Umsetzungsphase ist darüber hinaus die laufende Zielerreichungskontrolle eine zentrale Aufgabe der Führungskräfte in Zusammenarbeit mit den MitarbeiterInnen. Treten im Rahmen der Zielverfolgung Probleme auf, so hat die Führungskraft dafür zu sorgen, dass diese Problemlagen einer Bearbeitung zugeführt werden.

Das kooperative Führen als leitender Grundsatz der OÖGKK wird mit dem Erfolgsplan damit auch auf Abteilungs- und Gruppenebene wesentlich gestärkt, das Aufgabenprofil der Führungskräfte entsprechend verändert.

In dem beschriebenen Zusammenhang wird auch die Rolle der einzelnen MitarbeiterInnen durch den Erfolgsplan verändert. Diese sind nun aufgefordert, sich aktiv am strategischen Prozess zu beteiligen, und Erfahrungen, die aus dem Tagesgeschäft resultieren sowie kreative Inputs im Rahmen des bottom-up-Prozesses einzubringen. Darüber hinaus kommt den MitarbeiterInnen im Rahmen der Umsetzung der strategischen Ziele letztlich DIE zentrale Rolle zu. Nur wenn die Ziele in operative Maßnahmen auf MitarbeiterInnenebene münden, können die strategischen Ziele und damit die Vision erreicht werden. Die eigenverantwortliche Umsetzung der im MAG vereinbarten Individualziele erhält damit eine neue Bedeutung. Sie ist nicht nur im unmittelbaren Kontext der jeweiligen Organisationseinheit (Gruppe bzw. Abteilung) von Bedeutung, sondern erhält strategische Relevanz. Die Verfolgung dieser Ziele NEBEN dem bzw. IM Tagesgeschäft stellt damit eine bedeutende Veränderung im Aufgabenprofil aller MitarbeiterInnen dar.

Im Rahmen der Erfolgsplan-Einführung wurde eine neue Rolle ausgeprägt – jene der Erfolgsplan-Prozessverantwortlichen. Diese Rolle gab es in dieser Form in der OÖGKK nicht. Sie beinhaltet Steuerung und damit die inhaltliche und terminliche Koordination aller mit dem Erfolgsplan in Verbindung stehenden Prozesse. Konkret bedeutet dies die Koordination der Vorbereitungsarbeiten zu den verschiedenen Klausuren, die Vorbereitung und Moderation aller mit dem Erfolgsplan in Verbindung stehenden Bearbeitungsplattformen ab der Bereichsebene, die Dokumentation und Rückkoppelung der Ergebnisse, die Koordination der Soll-Ist-Vergleiche, die Durchführung von Erfolgsplan-Seminaren und Workshops im Rahmen der Personalentwicklung und vieles mehr.

Diese Rolle ist sozusagen das verbindende Element zwischen all den Einzelaktivitäten des Erfolgsplan-Prozesses. Die Prozessverantwortung ist dem Controlling/Berichtswesen zugeordnet und mittlerweile als eigene Stelle etabliert. Dies ist auch Ausdruck dafür, dass der Erfolgsplan zu einem fixen Bestandteil der Organisation geworden ist.

10.5 LAUFENDE BEOBACHTUNG DER VERÄNDERUNG DURCH DAS SYSTEM

Im strategischen Prozess der vorausschauenden Selbsterneuerung mit dem OÖGKK-Erfolgsplan wird ein bewusster Rahmen geschaffen, in dem Festlegungen getroffen werden, die einen wesentlichen Unterschied zum aktuellen Zustand der Organisation machen. Es geht um die Formulierung von Erwartungshaltungen und die Entwicklung gemeinsamer Vorstellungen der Zukunft. Diese Zukunftsbilder münden schließlich in konkrete – durch Kennzahlen überprüfbare – Zielformulierungen.

Im Rahmen der regelmäßigen Zielerreichungskontrolle ist es möglich, die Entwicklung der OÖGKK in einer hoch-dynamischen und nicht kalkulierbaren Umwelt beobachtbar zu machen und bei Bedarf Gegensteuerungsstrategien zu entwickeln. Der Prozess schafft damit Sehwerkzeuge, mit deren Hilfe die eigene Entwicklung nachvollziehbar und unerwartete Ereignisse, Brüche und strategisch relevante Umstände erkannt und im Steuerungsprozess berücksichtigt werden können. So unterziehen die handelnden Akteure ihre Entscheidungsprämissen einer laufenden Evaluierung und können diese bei Bedarf adaptieren.

Die laufende Beobachtung der Veränderung durch das System im strategischen Ausrichtungsprozess mit der BSC findet – sowohl was die inhaltliche als auch was die zeitliche Perspektive anbelangt – auf mehreren Ebenen statt. Sie folgt inhaltlich der Struktur des Erfolgsplanes und zeitlich dem Planungsrhythmus. Dies gilt für alle Phasen der Erfolgsplan-Einführung in der OÖGKK. Mit dem Entwicklungsstand des Erfolgsplanes wurde somit auch die Beobachtung verfeinert und intensiviert. Die Art und Qualität der Selbstbeobachtung im Erfolgsplan-System der OÖGKK wurde über die verschiedenen Phasen hinweg – sowohl was die Intensität als auch die Integration anbelangt – stark verändert.

War in Phase I der Erfolgsplan noch ausschließlich auf Unternehmensebene angelegt, so wurde in dieser Phase auch der Soll-Ist-Vergleich auf diesem Niveau durchgeführt. Die Beobachtung erfolgte quartalsweise. Strategische mehrjährige Planungen fehlten – die Reflexion und Überprüfung der Jahresergebnisse in die weitere Zukunft wurde damit (zumindest institutionalisiert) nicht durchgeführt.

Strukturelle Veränderungen des Erfolgsplanes in Phase II der BSC-Einführung in der OÖGKK spiegelten sich auch im Soll-Ist-Vergleich wider. Von der zeitlichen Taktung blieben quartalsweise Soll-Ist-Vergleiche erhalten. Neu war in dieser Phase die Erarbeitung einer expliziten Strategie und daraus abgeleiteter Ziele. Die Beobachtung wurde daher in diesen

Kontext gestellt und die Zielerreichung auch im Hinblick auf die Auswirkungen auf die strategische Ausrichtung überprüft. Dieser strategische Reviewprozess erfolgt seither in Jahresabständen.

10.5.1 Phase III

Die höchste **Ausbaustufe** der laufenden Selbstbeobachtung im Prozess der strategischen Ausrichtung mit der BSC findet sich in Phase III der Erfolgsplan-Einführung. Auch hier folgt die inhaltliche Evaluierung und Vorschau auf zu erwartende Ergebnisse der Erfolgsplan-Struktur, was bedeutet, dass ausgehend von der Abteilungsebene die vier Bereiche Leistung, Vertragspartner, Dienstgeber und Eigene medizinische Einrichtungen beobachtet und gesteuert werden. Die Erkenntnisse in den Bereichen sind wiederum Basis für die Beobachtung der gesamten Unternehmensentwicklung. Die regelmäßige Beobachtung bezieht sich in dem beschriebenen System auf die Erreichung der Jahresziele. Auf Basis der zum Zeitpunkt der Beobachtung realisierten Ergebnisse erfolgt eine Einschätzung über die voraussichtliche Zielerreichung bis zum Jahresende. Ausgehend von bereits erreichten Zuständen wird somit die nähere Zukunft (das restliche Jahr) in den Mittelpunkt der Überlegungen und Betrachtungen gerückt und eine Einschätzung darüber abgegeben, ob die angestrebten Zustände realistisch erreichbar sind, oder ob es Änderungen in der Planung bzw. Vorgehensweise geben muss. Dieser Vorgang wird monatlich wiederholt. Durch diese hohe Frequenz soll die Aufmerksamkeit auf die Erfolgsplan-Ziele gelenkt werden, um so den strategisch relevanten Veränderungsvorhaben das nötige Augenmerk in der täglichen Führungsarbeit zukommen zu lassen. Sie soll auch dazu führen, dass die Umsetzungsverantwortlichen rechtzeitig für Abweichungen sensibilisiert werden und so zeitgerecht die nötigen Korrekturen vornehmen und veranlassen zu können.

Der monatliche Soll-Ist-Vergleich einschließlich Abweichungsanalyse und Vorschau auf das Jahresende wird dabei von den Linienverantwortlichen vorgenommen, die auch für die operative Umsetzung der Ziele verantwortlich sind. Die Ergebnisse werden dann – dezentral – EDV-mäßig erfasst und systemmäßig auf die jeweils darüber liegende Ebene aggregiert. Dies ist dann wieder die Basis für die Evaluierung der Bereichsziele durch die Linienverantwortlichen (RessortdirektorInnen) und den Soll-Ist-Vergleich auf OÖGKK-Gesamtebene. Die monatlichen Evaluierungsprozesse werden vom Controlling/Berichtswesen ausgelöst (in Form eines Aufforderungsmails zur Durchführung des Soll-Ist-Vergleiches sowie zur EDV-mäßigen Aktualisierung). Den verantwortlichen RessortdirektorInnen werden die Bereichsergebnisse zur Verfügung gestellt. Einmal monatlich werden im Rahmen des routinemäßigen Direktions-Jour-fixes die wesentliche Erkenntnisse aus dem Soll-Ist-Vergleich der Bereiche von den verantwortlichen RessortdirektorInnen berichtet und Rückschlüsse auf die Gesamtzielerreichung gezogen bzw. notwendige bereichsübergreifende Maßnahmen festgelegt. Die Fokussierung erfolgt in diesem Zusammenhang auf negative Zielabweichungen, um so den mit dem Soll-Vergleich verbundenen Aufwand möglichst gering zu halten, und die Ressourcen der Direktion auf kritische Bereiche bei der Gesamtzielerreichung zu lenken sowie notwendige Entscheidungen zu treffen.

Letztlich ist die Darstellung der Jahres-Unternehmensentwicklung wieder die Grundlage für den Blick in die fernere Zukunft und damit für die Überprüfung der strategischen Festlegungen der nächsten Jahre.

Der strategische Review erfolgt als Vorarbeit zur Jahresplanung für das kommende Jahr. Der Prozess folgt dabei wieder dem Erfolgsplan-Aufbau und wird daher bottom-up/top-down durchgeführt.

MitarbeiterInnen sind aufgefordert im Rahmen des MitarbeiterInnengespräches Rückmeldungen und Anregungen im Hinblick auf Vision, Strategie und strategische Ziele für das kommende Jahr zu geben. Grundlage dafür sind die jeweils individuellen Erfahrungen bei der Zielumsetzung, Erfahrungen aus dem Tagesgeschäft und kreative Inputs der MitarbeiterInnen. Das jährliche MitarbeiterInnengespräch stellt dafür die notwendigen Strukturen zur Verfügung und ermöglicht so die Nutzung des Erfahrungsschatzes und des kreativen Potenzials aller MitarbeiterInnen der OÖGKK für den strategischen Beobachtungsprozess und den Prozess der vorausschauenden Selbsterneuerung mit der BSC.

In Bereichsklausuren werden die Ergebnisse aus den MitarbeiterInnengesprächen der Abteilungen auf Bereichsvorschläge verdichtet. Im kreativen Prozess der Verarbeitung der Basisinformationen ergeben sich durch die Vernetzung und gemeinsame Diskussion neue Ideen und weiterführende Überlegungen. Letztlich werden die Überlegungen der Bereiche in der Strategieklausur verarbeitet. In dem beschriebenen Bottom-up-Prozess werden also Einzelbeobachtungen und daraus resultierende Schlussfolgerungen und Anregungen schrittweise zu strategischen Aussagen verdichtet. Durch überlappende Arbeitsgruppen und einheitliche Prozessmoderation ist der Transfer der Basisinformationen in die nächste Bearbeitungstufe sichergestellt. Aggregierte Beobachtungsergebnisse können so bei Bedarf analytisch in die grundlegenden Basisinformationen zerlegt werden.

In der Strategieklausur werden neben diesen Beobachtungen und Anregungen der MitarbeiterInnen auch noch weitere Quellen der Information verarbeitet. Verschiedenste Instrumente wie Kundenbefragungen, MitarbeiterInnenbefragungen, Innovationsscorecard werden im Hinblick auf strategisch relevante Beobachtungen und Informationen analysiert und die verdichteten Ergebnisse in die strategische Diskussion von einem eigenen Team (Netzwerk Erfolgsplan) eingebracht. In diesem Prozess werden damit strategische Entscheidungen in ein Selbstbeobachtungsprogramm für das operative Geschehen eingebettet. Im Rahmen der Strategieüberarbeitung und Zielformulierung wird dann entschieden, welchen Beobachtungen welche Bedeutung beigemessen wird.

Auch das BSC-System selbst wird in dem jährlichen Bottom-up-Prozess einer systematischen Verarbeitung von Beobachtungsergebnissen zugeführt. So werden Stärken und Schwächen des jeweils zuvorliegenden Erarbeitungsprozesses sowie der Erfolgsplan-Inhalte gesammelt und daraus resultierender Verbesserungsbedarf abgeleitet. Dies ermöglicht eine laufende Überprüfung, Adaptierung und Verbesserung des Instrumentes selbst in prozessualer und inhaltlicher Hinsicht.

10.6 FÜHRUNGSGETRIEBENHEIT DES BSC-PROZESSES

Versteht man Führung als Funktion, die sich um die Leistungs- und Funktionstüchtigkeit der einzelnen Subeinheiten kümmert, und das Zusammenspiel dieser weitgehend selbständigen Einheiten im Sinne der strategischen Orientierung organisiert, so kann die BSC in diesem Zusammenhang wertvolle Dienste leisten. Der Erfolgsplan-Prozess wurde in dieser Hinsicht von Phase I bis Phase III wesentlich verändert und die Führungsarbeit auf Grundlage des Erfolgsplanes damit maßgeblich beeinflusst.

Der permanente Veränderungsdruck und die wachsende Selbständigkeit der Subeinheiten auf der anderen Seite benötigen Kommunikationsstrukturen, die das Auseinanderdriften der Einheiten verhindern. Standen in Phase I der Erfolgsplan-Einführung noch kaum adäquate Prozesse zur Verfügung, die dieser Forderung gerecht werden, so gab in Phase II bereits Vernetzung im Hinblick auf die strategische Ausrichtung und die Ableitung von Subzielen auf Bereichsebene. Die Bearbeitung der relevanten Themenstellungen in Führungsteams (Direktion bzw. RessortdirektorInnen und AbteilungsleiterInnen) ermöglichte die Entwicklung energiemobilisierender Zukunftsvorstellungen. Strukturell waren auch die Voraussetzungen für die Dezentralisierung von Entscheidungskompetenzen über das MbO und MAG geschaffen. Die **Anschlüsse** von den Bereichszielen zu den Abteilungszielen stellten sich jedoch in der täglichen Führungsarbeit als unzureichend heraus.

Diese **Schwachstelle** wurde in Phase III der Erfolgsplan-Einführung verbessert. Dies wird in der detaillierte Analyse der Phase III im Hinblick auf diesen Aspekt dargestellt.

10.6.1 Phase III

Ein zentraler Aspekt im Zusammenhang mit den Herausforderungen an eine adäquate Führungsarbeit ist die Dezentralisierung von Entscheidungskompetenzen und die Stärkung der Autonomie der Organisationseinheiten. Die kooperative Erarbeitung der strategischen Grundlagen und der Ziele leistet dafür einen wesentlichen Beitrag. Gemeinsame Bilder über die Zukunft bilden einen Entscheidungsrahmen, der es Führungskräften wie MitarbeiterInnen ermöglicht, ihre Handlungen im Hinblick auf das angestrebte Ergebnis abzuschätzen und in einen strategischen Gesamtzusammenhang einzuordnen. Der Erfolgsplan in Phase III beeinflusst die Führungsarbeit in zweierlei Hinsicht. Zum einen in der Planungsphase, wenn es um die Festlegung der strategischen Orientierungen und der Ziele geht. Zum anderen in der Umsetzungsphase, wenn es um die Realisierung der Ziele durch einzelne MitarbeiterInnen bzw. Teams von MitarbeiterInnen geht. Das Vorgehen in der Planungsphase hat dabei wesentliche Auswirkungen auf die Umsetzung.

Im Planungsprozess haben die Führungskräfte die Aufgabe, die Ideen der MitarbeiterInnen aktiv einzufordern, und diese auf Abteilungsebene zusammenzuführen. Sie leisten damit einen wesentlichen Beitrag zur Diagnose des Veränderungsbedarfs. Die Verdichtung auf Bereichsziele im Rahmen der Bereichsklausuren bedarf in weiterer Folge der Vernetzung der Vorstellungen der eigenen Organisationseinheit mit den Vorstellungen der übrigen Organisationseinheiten, die diesem Bereich zugeordnet sind. Dies erfordert das **Heraustreten** aus der Sicht der eigenen Organisationseinheit in einen übergeordneten Gesamtzusammenhang sowie die Integration dieser eigenen Vorstellungen in eine Gesamtsichtweise des Bereichs. Die Vorstellungen des Bereichs münden dann wieder – auf übergeordneter Ebene – in Überlegungen, die die gesamte Organisation betreffen. Die Teilnahme des verantwortlichen Ressortdirektors an der Bereichsklausur und an der

Direktionsklausur stellt sicher, dass der Transfer von einer Ebene in die nächste im Sinne der betroffenen Organisationseinheiten passiert. Die Entwicklung des Zielsystems passiert somit nicht mehr als "Einbahnstraße" zwischen Führungskraft und MitarbeiterIn, sondern in Teams. Sie führt dazu, dass die Betroffenen die eigene Subeinheit gedanklich verlassen und sich auf die jeweils übergeordnete Ebene begeben müssen und so ihre Überlegungen und Vorstellungen in einen Gesamtkontext stellen und vor diesem Hintergrund der strategischen Prüfung unterziehen.

Das daraus resultierende Zielsystem ist ein Ergebnis von ebenenübergreifenden Führungsteams, die über Doppelmitgliedschaften miteinander verbunden sind. Die Ableitung der konkreten Ziele für das kommende Jahr erfolgt in umgekehrter Reihenfolge. In diesem Zusammenhang ist es Aufgabe der Führungskräfte, die Ziele für die jeweiligen Subeinheiten – in Abstimmung mit den restlichen Einheiten im betroffenen Subsystem – und unter Berücksichtigung der Vorschläge der MitarbeiterInnen festzulegen.

Konkrete Ziele auf Abteilungsebene und MitarbeiterInnenebene schaffen einen Rahmen dafür, was in der nächsten Planungsperiode zu erreichen ist. Der Aushandlung der Individualziele mit den MitarbeiterInnen kommt dabei zentrale Bedeutung zu. Den Rahmen bilden die MbO-Vereinbarungen auf Basis der Abteilungserfolgspläne. Die Durchführung der MAG und in diesem Zusammenhang die **Aufteilung** der Ziele auf die MitarbeiterInnen ist für die Erfolgsplan-Umsetzung und damit für die Zielerreichung auf Gesamtunternehmensebene ein wesentlicher Erfolgsfaktor im Erfolgsplan-System.

Die kooperative Vorgehensweise bei der Erarbeitung schafft das nötige Commitment der beteiligten Personen, die letztlich auch für die Umsetzung der Ziele verantwortlich sind. MbO und MAG dienen zur detaillierten Festlegung der angestrebten Zustände. Wie diese erreicht werden, bleibt den Umsetzungsverantwortlichen weitgehend selbst überlassen. Die Ableitung dieser Ziele aus der Strategie ermöglicht es, die Notwendigkeit und Wichtigkeit dieser Ziele aus den Überlegungen des Gesamtunternehmens heraus zu beurteilen.

Auf allen Ebenen der Organisation wird dadurch somit Autonomie erhöht, ohne dabei das Gesamtsystem aus den Augen zu verlieren. Im Gegenteil, die Gesamtsteuerung des Organisation auf Basis strategischer Orientierungen wird in diesem System wesentlich effizienter. Die Umsetzungsverantwortlichen werden dazu befähigt, Entscheidungen weitgehend autonom – im Rahmen der Vereinbarungen – zu treffen. Die Führungsverantwortlichen werden daher von Detailentscheidungen entlastet und können sich auf die Gesamtsteuerung der jeweiligen Einheit besser konzentrieren. Der Erfolgsplan schafft auch hierfür den Rahmen. Die Evaluierung des jeweiligen Stands der Zielerreichung im Rahmen der monatlichen Soll-Ist-Vergleiche ermöglicht sowohl den umsetzungsverantwortlichen Personen als auch den verantwortlichen Führungskräften, Problemlagen rechtzeitig zu erkennen, um im Bedarfsfall gegensteuern zu können.

Das Erfolgsplan-System geht von Selbstevaluierung aus, führt die Ergebnisse zu Gesamtdarstellungen – entsprechend der Erfolgsplan-Gliederung auf Abteilungs- Bereichs- und OÖGKK-Ebene – zusammen und schafft so einen transparenten Überblick über die voraussichtlich bis zum Jahresende zu erreichenden Resultate.

Die jeweilige Führungskraft zeichnet für die Zielerreichung im eigenen Bereich verantwortlich. Das gilt für AbteilungsleiterInnen im Hinblick auf ihre Abteilungen und für Ressortdirektoren im Hinblick auf die ihnen unterstellten Bereiche. Der Leitende Angestellte ist letztlich für die Gesamtzielerreichung verantwortlich. Diese klare Verantwortungszuordnung ermöglicht auch die effiziente Bearbeitung bei Planabweichungen. In diesem Fall ist es Führungsaufgabe, Lösungen im Hinblick auf die Zielerreichung herbeizuführen. Die Vernetzung im Rahmen der Umsetzung erfolgt vorrangig im Rahmen des regelmäßig stattfindenden Direktions-Jour-fixes, in denen der Bearbeitungsstand sowie auftretende Problemlagen regelmäßig besprochen werden.

Das Erfolgsplan-System hat damit die Führungsarbeit in der OÖGKK maßgeblich beeinflusst und verändert. Die Konzentration der Führungskräfte auf den strategischen Prozess wird in allen Hierarchieebenen – sowohl was die Planung als auch was die Umsetzung anbelangt – ermöglicht.

10.7 ZEITLICHE UND INHALTLICHE STRUKTUR DES BSC-PROZESSES

Die Bearbeitung strategischer Inhalte benötigt Zeit und Raum. Sie kann nicht im Rahmen des Routinegeschäfts erfolgen. Im Rahmen der Erfolgsplan-Einführung in der OÖGKK wurde in allen Phasen die Bearbeitung in Form eines Kreislaufes definiert, der die Abfolge der verschiedenen Schritte zeitlich und inhaltlich determinierte. Im Zeitverlauf erfuhr dieser Kreislauf – abhängig vom jeweiligen Entwicklungsstand der BSC – wesentliche Erweiterungen und qualitative Verbesserungen, von der Grundanlage her blieb der Prozess aber unverändert.

Als wesentliche Erkenntnis resultieren drei kritische Faktoren in diesem Zusammenhang – je besser diese Faktoren erfüllt sind, desto leichter gelingt die strategische Ausrichtung mit der BSC.

Aus den Erfahrungen mit der Erfolgsplan-Einführung heraus benötigt es

- einen genauen Zeitplan, um den Prozess im Jahresablauf – und in Abstimmung mit den verschiedenen anderen Steuerungsinstrumenten der Organisation – abwickeln zu können,
- eine klare inhaltliche Struktur der einzelnen Bearbeitungsschritte, die so auf einander abgestimmt sein muss, dass die logische Weiterbearbeitung der Ergebnisse im jeweils nächsten Prozessschritt möglich ist,
- eine prozessverantwortliche Person, die sich um die Gesamtsteuerung des Prozesses, sowohl in inhaltlicher als auch in terminlicher Hinsicht, kümmert.

In weiterer Folge wird die zeitliche und inhaltliche Struktur des Erfolgs-plan-Prozesses der Phase III beschrieben. Sie ist eine Weiterentwicklung der beiden ersten Phasen.

10.7.1 Phase III

Bevor die zeitliche und inhaltliche Taktung der einzelnen Prozessschritte analysiert wird ist es sinnvoll, das strategische Gesamt-Zielsystem als Ge-samtkonstruktion darzustellen. Die einzelnen Bearbeitungsschritte können so aus diesem Gesamtkontext erläutert und verstanden werden.

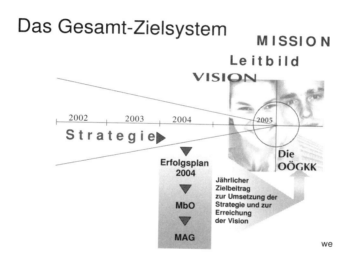

Abb. 25: Das Gesamt-Zielsystem der OÖGKK

Die Abbildung zeigt, dass die Mission und das Leitbild als langfristige stra-tegische Orientierungen über dem mittel- und kurzfristigen Zielsystem ste-hen. Diese strategischen Grundlagen, welche seit dem Projekt „GKK 2000" in unveränderter Form gelten, bilden den Rahmen für alle weiteren strategi-schen Überlegungen. Diese Grundüberlegungen sind nicht Gegenstand regelmäßiger Überarbeitung, sondern bilden ein stabiles Fundament für die strategischen Prozesse.

Die Vision – als mittelfristige Zielsetzung – ist die Basis für die Entwicklung und Adaptierung der Strategie. In diesem Kontext beschreibt die Vision das mittelfristig angestrebte Ziel der OÖGKK. Die Strategie determiniert dann die wesentlichen Ansatzpunkte, wie das mittelfristige Ziel erreicht werden kann, und beschreibt damit den Weg zum Ziel.

Die Strategie ist somit ein Mehrjahresplan, der die einzuschlagenden Richtungen beschreibt.

Aus der Strategie müssen nun die Jahresziele abgeleitet werden. Dies erfolgt im Rahmen des Erfolgsplan-Prozesses für die gesamte OÖGKK, für die vier Teilbereiche und für die einzelnen Organisationseinheiten. Der Erfolgsplan bildet nun die Basis für die konkreten Zielvereinbarungen auf Abteilungsebene, die die konkrete Ausprägung der Erfolgsplanziele zum Inhalt hat.

Die MbO-Vereinbarungen zwischen AbteilungsleiterInnen und Ressortdirektoren sind nun wieder die Basis für die MitarbeiterInnengespräche, die jährlich zwischen MitarbeiterIn und direker Führungskraft geführt werden, und (neben anderen Gesprächsinhalten) die Vereinbarung von individuellen Zielen vorsieht.

Die Vision und die Strategie unterliegen einem jährlichen Diskussions- und Anpassungsprozess, die Erfolgsplan-Ziele und die daraus abgeleiteten MitarbeiterInnenziele werden jährlich neu festgelegt. Strategische und operative Inhalte werden so zeitlich und inhaltlich verzahnt und in einem Bottom-up/Top-down-Prozess bearbeitet.

Vor dem Hintergrund dieses Gesamtsystems kann nun die Anlage der einzelnen Schritte im Hinblick auf die terminliche und inhaltliche Struktur analysiert werden.

Der Kreislauf beginnt und endet beim MitarbeiterInnengespräch (MAG). Es ist somit der Angel- und Ausgangspunkt für den strategischen Prozess und erfüllt damit im Zusammenhang mit dem Strategieprozess zwei Zwecke: die Vorbereitung des strategischen Prozesses für das Folgejahr und die Besprechung und Vereinbarung der individuellen Ziele für das aktuelle Jahr. Das MAG findet im ersten Quartal des Jahres statt. So ist sichergestellt, dass die Jahresziele in Form des Erfolgsplanes vorliegen und die Zielvereinbarungen auf MitarbeiterInnen-Ebene durchgeführt werden können. Ebenso werden Vorschläge für das nächste Planungsjahr eingefordert und besprochen. Der strategische Prozess für das kommende Jahr beginnt damit bereits im ersten Quartal des Vorjahres. Die strukturierte Sammlung der Vorschläge auf Abteilungsebene erfolgt durch den/die verantwortliche(n) AbteilungsleiterIn.

Den nächsten Schritt im Prozess bilden die Bereichsklausuren. Sie finden im Mai statt und aggregieren die Vorschläge, die im Rahmen der MitarbeiterInnengespräche erarbeitet wurden, auf ein höheres Niveau. Die Bereichsklausuren folgen einer einheitlichen Tagesordnung, die den TeilnehmerInnen vorab zur Vorbereitung bekannt gegeben wird. So ist in diesen Klausuren ein zügiges Arbeiten möglich – Bereichsklausuren dauern in der Regel ca. vier Stunden. Die Ergebnisse werden dokumentiert und dienen wiederum als Input für die Strategieklausur der Direktion.

Diese drei-tägige Strategieklausur der Direktion findet Anfang Juli statt. Die Tagesordnung folgt dem inhaltlichen Aufbau der Bereichsklausuren. Die Ergebnisse der Bereichsklausuren können so leicht verarbeitet werden, weil sie in entsprechender Gliederung vorliegen. Zusätzliche Inputs werden an geeigneten Stellen eingeplant, um die vorbereiteten Ergebnisse der Bereiche zu ergänzen und den kreativen Diskussionsprozess zu unterstützen. Durch die Moderatorin vorgegebene Aufträge an die Direktoren, wie die einzelnen Schritte methodisch abzuarbeiten sind, ermöglichen ein zügiges Arbeiten, ohne den kreativen Prozess durch Zeitdruck zu beschneiden. Klare Vorgaben im Hinblick auf die jeweils nächsten Arbeitsschritte schaffen Strukturen und einen Rahmen, die Orientierung in einer an und für sich inhaltlich völlig offenen Diskussion geben. Über die Jahre hinweg spielte sich diese Vorgehensweise insofern ein, als es nicht mehr notwendig ist, methodische Feinheiten zu erklären. Sie wurden vergemeinschaftet und stellen eine gemeinsame Wissensbasis dar, welche es zulässt sich auf die Inhalte zu konzentrieren. Die Durchführung der Moderation durch die jeweils gleiche Person trägt dazu wesentlich bei.

Die Ergebnisse der Strategieklausur sowie grundlegende Informationen darüber, wie die Ergebnisse im Diskussionsprozess zu Stande gekommen sind, werden umfassend protokolliert. Diese Unterlagen sind die Basis für die Weiterarbeit in den Bereichen und werden den AbteilungsleiterInnen – zur Vorbereitung der folgenden Bereichsklausuren – zur Verfügung gestellt.

Im September finden die Klausuren der Bereiche Leistung, Vertragspartner, Dienstgeber und Eigene Einrichtungen statt. Die zentralen Aufgaben in diesen Klausuren sind die Diskussion und Vergemeinschaftung der definierten strategischen Grundlagen und der Jahresziele sowie die Ableitung der Abteilungsziele für die dem jeweiligen Bereich zugeordneten Organisationseinheiten. Zusätzlich besteht die Möglichkeit, Rückmeldungen zu den von der Direktion festgelegten Inhalten zu geben. Ende September liegen die Abteilungsziele aller Fachabteilungen vor. Die Dokumentation erfolgt in einheitlicher und übersichtlicher Form. In den strategischen Ursachen-Wirkungs-Zusammenhang werden für jede Abteilung die Abteilungsziele eingetragen. Jedes Ziel wird dabei dem strategischen Feld zugeordnet, aus dem es sich ableitet. Die einzelnen Ziele werden darüber hinaus mit einem Index versehen, der den Bezug zu dem übergeordneten Ziel – aus dem dieses hergeleitet wurde – herstellt. So kann jedes Abteilungsziel auf sehr einfache Weise in einen logischen strategischen Zusammenhang gebracht werden.

Die Moderation aller Klausuren wird von derselben Person wahrgenommen, die auch die Strategieklausur moderiert hat. So sind Know-how-Transfer und analoges methodisches Vorgehen sicher gestellt.

Das nun vorliegende Zielsystem (OÖGKK-Ziele, Bereichsziele und Abteilungsziele) bildet wiederum die Basis für die Klausuren der internen Dienstleister. Entsprechend ihrer Definition ist es deren Aufgabe, die Zielerreichung auf allen Ebenen zu unterstützen. Folglich sind die Ziele der internen Dienstleister aus den Zielen der Gesamtorganisation abzuleiten und abzustimmen. Dies erfolgt im Oktober analog zur Vorgehensweise bei den Abteilungszielen.

Im Oktober liegen so die Ziele für das kommende Jahr bis auf Abteilungsebene vor. Dies ist auch der Zeitpunkt, zu dem die Planung und Budgetierung von Personal, Investitionen und Kosten- und Leistungsdaten sowie der Finanzdaten für das kommende Jahr beginnt. Auch diese Planungsarbeiten erfolgen dezentral durch die AbteilungsleiterInnen, die Kosten- und Budgetverantwortung tragen. Die verschiedenen Planungs- und Steuerungsinstrumente sind so terminlich und inhaltlich aufeinander abgestimmt. Die verschiedenen Budgets können auf Grundlage der Ziele für das kommende Jahr geplant werden.

Die Gesamtabstimmung aller Ziele für das kommende Jahr erfolgt Ende Oktober in einer ganztägigen Direktionsklausur. Hier werden Rückmeldungen aus den Bereichsklausuren und den internen Dienstleisterklausuren sowie Problemlagen, die sich im Rahmen der verschiedenen Bearbeitungsprozesse gegebenenfalls aufgetan haben, einer Bearbeitung und Entscheidung zugeführt. Unterstützt wird dieser Prozess durch die Vorbereitung aller offenen Fragen im Vorfeld. Die Moderatorin, die über alle Phasen in die Bearbeitung eingebunden war, kann auch die Historie zur Entstehung der Fragen und Probleme einbringen. Nach dieser Direktionsklausur liegen die fertig abgestimmten strategischen Grundlagen sowie die daraus abgeleiteten Jahresziele für das kommende Jahr für alle Unternehmensebenen vor. Diese Unterlagen werden nun in zweifacher Weise weiter verwendet. Zum einen werden sie in den Gremien der Selbstverwaltung zur Beschlussfassung gebracht. So ist sichergestellt, dass die strategischen Rahmenbedingungen und Ziele für das kommende Jahr von den Trägern der Selbstverwaltung akzeptiert und unterstützt werden. Dies ist notwendige Voraussetzung für die operative Umsetzung der Ziele.

Zum anderen werden auf Basis der beschlossenen Ziele die MbO-Vereinbarungen zwischen Ressortdirektoren und AbteilungsleiterInnen getroffen. Dies erfolgt noch im Dezember. Da die GesprächspartnerInnen in allen Phasen der Erfolgsplan-Erstellung eingebunden waren, ist die Akzeptanz der Ziele gewährleistet. Vereinbart werden daher die konkreten Zielausprägungen – d. h. die Festlegung, wieviel in den einzelnen Zielen erreicht werden muss. Die Messzahlen dafür wurden bereits im Rahmen der Zielfestelegung definiert. Die Maßnahmen, wie diese Ziele erreicht werden, sind von den jeweiligen AbteilungsleiterInnen – unter Einbindung der MitarbeiterInnen – selbständig zu planen. Das Zielsystem setzt daher nur den Rahmen für die konkrete Arbeit im kommenden Jahr. Die Umsetzung liegt im Verantwortungsbereich der Organisationseinheiten.

So schließt sich wieder der Kreis zum MitarbeiterInnengespräch, das – wie vorher beschrieben – im ersten Quartal des Folgejahres stattfindet. Im Rahmen des MAG wird nun das Zielpaket der einzelnen Abteilungen auf MitarbeiterInnen **aufgeteilt**. Auch auf dieser Ebene gilt, dass grundsätzlich Ziele zwischen Führungskraft und MitarbeiterIn vereinbart werden. Die Wege der Zielerreichung werden dabei noch nicht vorgegeben. Die Durchführung der MitarbeiterInnengespräche und MbO-Gespräche ist dem Personalbüro zu melden. So besteht ein Überblick darüber, wieviele Gespräche in welchen Bereichen noch ausständig sind.

Der Planungskreislauf der OÖGKK ist somit ein geschlossener Kreislauf, in dem strategische und operative Ebene verzahnt werden und die verschiedenen Instrumente der Unternehmenssteuerung zu einem integrierten Gesamtsystem verbunden werden.

10.8 Verhältnis zwischen Bewahren und Verändern

Der Prozess der strategischen Ausrichtung ist ein Veränderungsprozess der in Form der vorausschauenden Selbsterneuerung bei laufendem Betrieb in der OÖGKK durchgeführt wird. Die genaue Fokussierung auf jene Aspekte, die einer Veränderung unterzogen werden sollen, ist notwendig, um die basale Leistungsfähigkeit aufrechtzuerhalten. Es geht nicht darum, das Neue dogmatisch dem Bestehenden vorzuziehen, sondern jene Bereiche herauszufiltern, in denen Veränderung nachhaltig strategische Vorteile bringen kann. Auch was diesen Erfolgsfaktor anbelangt gab es wesentliche Veränderungen und Verbesserungen über die drei Phasen der Erfolgsplan-Einführung. Von der Grundanlage her bildet die BSC immer einen Rahmen für Veränderungsvorhaben. In mehr oder weniger abgegrenzten Bereichen wird Veränderungsnotwendigkeit und -richtung determiniert. Dies gilt auch für den Erfolgsplan. Die Unterschiede liegen zum einen im Niveau, auf dem Ziele festgelegt werden, und damit darin, inwieweit von den Betroffenen abgeschätzt werden kann, was wirklich verändert wird, und zum anderen in der Verbindlichkeit, mit der die Ziele festgelegt werden. Ist damit zu rechnen, dass die Ziele unterjährig laufend adaptiert werden oder gewährt das Zielsystem ein großes Maß an Stabilität und damit Sicherheit?

Die nachfolgenden Darstellungen beziehen sich wiederum auf Phase III der Erfolgsplan-Einführung – also die entwickelte Phase.

10.8.1 Phase III

Waren in Phase I nur die Ziele für die Gesamtorganisation definiert, so wurde in Phase II bereits eine Ausweitung auf die Bereiche ermöglicht. Zudem wurde in dieser Phase der strategische Überbau der Vision und Strategie geschaffen. Diese Erweiterungen sind wesentliche Voraussetzungen dafür, dass letztlich in Phase III des Erfolgsplan-Prozesses ein brauchbarer Rahmen geschaffen wurde, der die breite Bearbeitung der Frage, welche Elemente in den Veränderungsprozess eingeschlossen sein sollen, zulässt. Der Erfolgsplan determiniert dadurch gleichzeitig jene Aspekte, die (vorläufig) Bestand haben – und so Anker der Kontinuität sind. Im strategischen Prozess der OÖGKK können aber zu einem späteren Zeitpunkt genau jene Punkte, die im Vorjahr noch ausgeklammert wurden, Gegenstand der Veränderung werden.

Dabei werden veränderungswürdige Punkte nicht willkürlich definiert, sondern immer in einen übergeordneten Gesamtkontext gestellt. Die konsequente Ableitung der strategischen Felder aus der Vision und die daran anschließende Festlegung der Jahresziele in den einzelnen Handlungsfeldern sowie das Übersetzen der Jahresziele in Subziele für die Bereiche und Organisationseinheiten bilden damit einen Rahmen, der die Ansatzpunkte für Veränderungen – ausgehend von der Strategie der OÖGKK – nachvollziehbar macht und das in Form des Erfolgsplanes bis auf Abteilungsebene. Darüber hinaus zieht sich das System über das MAG bis auf MitarbeiterInnenebene. Zum einen ist so das Gesamtzielsystem für das kommende Jahr frühzeitig bekannt und abschätzbar, was es an Veränderung bringen wird. Zum anderen sind auch die persönlichen Ziele in einen Gesamtkontext zu sehen. Dies gibt Sicherheit und verleiht den Einzelzielen Sinn.

Der umfangreiche Bottom-up-Prozess stellt darüber hinaus sicher, dass die Anknüpfungspunkte für Veränderung auch den von den MitarbeiterInnen wahrgenommenen Bedarf berücksichtigen. Im Diskussionsprozess werden die Überlegungen horizontal und vertikal vernetzt und verschiedene Varianten geprüft und diskutiert.

Der Erfolgsplan-Prozess führt zu einer laufenden Beschäftigung mit dem Thema Veränderung. Durch die Fragestellungen und Bearbeitungsformen in den verschiedenen Prozessschritten, wird der Fokus auf den gemeinsam für notwendig befundenen strategischen Wandel gelenkt. Dies lässt Veränderung in einem anderen Licht erscheinen. Gemeinsam entwickelte Zukunftsbilder können nur umgesetzt werden, wenn auch die entsprechenden Schritte in diese Richtung gesetzt werden.

Sind gemeinsame Zukunftsbilder erst entwickelt, so stellt sich nicht mehr die Frage des **WARUM?** (Warum sollen wir uns verändern?) sondern nur mehr die Frage **WIE?** (Wie müssen wir uns verändern, um den angestrebten Zustand zu erreichen?). Die Selektion und Verständigung über Veränderungsnotwendigkeiten erfolgt in einem kooperativen Prozess. Die Integration in den Erarbeitungsprozess ermöglicht einerseits das mögliche Maß an Veränderung auszuloten und zu vereinbaren und erhöht andererseits die Identifikation mit den strategischen Grundlagen und den daraus abgeleiteten Zielen.

Die strategischen Grundlagen und die daraus abgeleiteten und im Erfolgsplan festgeschriebenen Ziele werden vor Umsetzung in den Gremien der Selbstverwaltung der OÖGKK verabschiedet. Das Zielsystem selbst wird unterjährig nur im Einzelfall verändert. In den letzten Jahren kam es nur einige wenige Male vor, dass auf die Verfolgung einzelner Ziele verzichtet wurde. In diesen Fällen gab es klare Begründungen für diese Vorgehensweise. Ein Abweichen vom Zielsystem ist daher von den MitarbeiterInnen kaum zu befürchten – das bedeutet Stabilität und lässt Veränderung in einem vorhersehbaren Rahmen ablaufen. Die Erfahrungen der MitarbeiterInnen mit dem Erfolgsplan und den damit verbunden Prozessen spielen in dieser Hinsicht eine zentrale Rolle.

Die laufende unterjährige Zielerreichungskontrolle in Form von monatlichen Soll-Ist-Vergleichen auf Abteilungsebene lenkt den Fokus auf die Realisierung der vereinbarten Ziele und stellt so sicher, dass sie nicht im Tagesgeschäft untergehen.

11 Zwischenbilanz

Ob der Prozess der strategischen Ausrichtung und die gewählten Methoden bei diesem Vorhaben erfolgreich waren und sind, kann letztlich nur an den konkreten Ergebnissen abgelesen werden. Die OÖGKK hat sich in den Jahren seit Einführung der BSC in Form des OÖGKK-Erfolgsplanes stark verändert. Eine Zwischenbilanz 2004 soll einen Eindruck davon vermitteln, wie der beschriebene Prozess der vorausschauenden Selbsterneuerung mit der BSC sich in Ergebnissen und Resultaten niederschlägt. Sie soll aber auch zeigen, wo noch Ansatzpunkte und Hebel für weitere Veränderungen zu suchen sind.[13]

11.1 ORIENTIERUNG KUNDE

Die Zufriedenheit der KundInnen wird seit 1997 durch ein großes Meinungsforschungsinstitut im Auftrag der OÖGKK erhoben. Im Frühjahr 2004 wurden die wesentlichen Erkenntnisse aus den verschiedenen Befragungen im Zeitverlauf durch eine Repräsentation des Institutes präsentiert. Das Ziel der Präsentation war die Feststellung der Entwicklungen und Änderungen in der Kundenorientierung der OÖGKK seit 1997 in der Wahrnehmung der Versicherten selbst. Verglichen wurden dabei die Ergebnisse der drei telefonischen Umfragen in Oberösterreich mit ca. 500 Personen (2003), aus einer österreichweiten telefonischen Umfrage mit ca. 1000 Personen ebenfalls im Jahr 2003 sowie aus den großen (schriftlichen) Kundenzufriedenheitsanalysen der Jahre 2001 und 1997.

Die wesentlichen Ergebnisse der Analyse zeigen folgendes Bild:
Auf der Ebene des persönlichen Kundenkontaktes liegt OÖ im Vergleich zu den großen Bundesländern im Schnitt deutlich besser. Bei Aussagen wie: **Ist ein modernes, dynamisches Unternehmen, die Mitarbeiter sind freundlich und menschlich, die Mitarbeiter agieren flexibel und unbürokratisch** wurden von der OÖGKK sogar die Benchmarks gesetzt.

---

[13] Auch alle weiterführenden Soll-Ist-Vergleiche und späteren Evaluierungen zeigen, dass sich der positive Trend in Form verbesserter Ergebnisse in allen Perspektiven des Erfolgsplanes bis 2008 ungebrochen fortsetzt (vgl. Bilderbuchbilanz – Wie aus dem Erfolgsplan der OÖGKK Erfolg wurde, Linz, August 2005; Jahresberichte der OÖGKK aus den Jahren 2004, 2005, 2006, 2007 sowie div. Befragungs- und Erhebungsergebnisse).

Verbesserungspotential ist jedoch hinsichtlich der Aussage **geht mit den Beitragsgeldern sparsam und effizient um** gegeben. Hier geben 32 % der in Oberösterreich befragten Personen an, mit der OÖGKK sehr zufrieden zu sein (Note eins und zwei). Auffallend ist, dass, je älter die Kunden sind, die Bewertung positiver wird. Auch wenn direkter Kontakt mit der OÖ-GKK stattgefunden hat, werden die Aussagen zur OÖGKK deutlich positiver. Dies lässt den Schluss zu, dass für jüngere Kunden mehr Möglichkeiten geschaffen werden sollten, um zielgruppenorientiert und -gerecht informiert zu werden.

Die Marke OÖGKK existiert:
Der Vergleich hat eindeutig gezeigt, dass wenn die Marke OÖGKK beim Namen genannt wird, die Bewertungen durchwegs positiver ausfallen, als bei einer Betrachtung der GKK im Allgemeinen. Dies dürfte darauf zurückzuführen sein, dass so etwas wie eine **Marke OÖGKK** in den Köpfen der Versicherten existiert und somit für einen eindeutigen Imagevorsprung gegenüber den anderen Kassen sorgt.

Erreichbarkeiten (Öffnungszeiten):
In Punkto Erreichbarkeit spielt der Faktor Zeit eine zentrale Rolle, wobei es hier um eine Verkürzung der Wartezeit im Allgemeinen geht. Ziel muss es sein, die Beratungsgespräche so zu gestalten, dass dem Kunden unnötige bzw. weitere Wege erspart werden können. Wie wichtig in diesem Zusammenhang auch der positive Kontakt ist, spiegelt sich an der Tatsache wieder, dass diese für die Meinungsbildung so wichtige Gruppe lediglich 35 % der Versicherten umfasst.

Hoher Informationsgrad im Hinblick auf die Leistungen der ÖGKK:
Insgesamt 27 % hat die OÖGKK gegenüber dem Vergleichsjahr 2001 an

Informationsdefizit gegenüber den KundInnen wettmachen können. Das Klientel das angibt „gar nicht gut informiert" zu sein, konnte in diesen zwei Jahren um 22 % verringert werden. In diesem Bereich konnten große Verbesserungen erzielt werden. Geringe Defizite bestehen noch bei dem Wissen um die verschiedenen Kostenübernahmen, welche die OÖGKK leistet, diese sind jedoch von der Inanspruchnahme der jeweiligen Leistungen durch die Versicherten abhängig (Diät-Ernährungsberatung, Jugendlichenuntersuchung, Projekt Gesunde Kantine etc.). Die aktiv vorausschauende Informationseinholung über die OÖGKK ist seitens der Versicherten nicht stark ausgeprägt. Die Informationsvermittlung muss deshalb stark von der OÖGKK selbst ausgehen.

11.2 SOLIDE FINANZEN

Standardisierte Erfolgsrechnung 2002
aller Gebietskrankenkassen

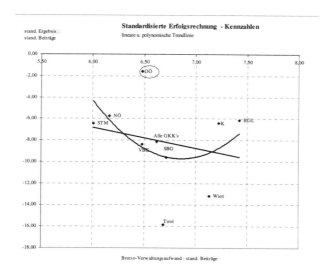

Abb. 26: Standardisierte Erfolgsrechnung aller Gebietskrankenkassen 2002

316

Die Darstellung der standardisierten Ergebnisse und des Bruttoverwaltungsaufwandes im Verhältnis zu den standardisierten Beiträgen für das Jahr 2002 zeigt deutlich, wie sich die Situation der OÖGKK seit 1996 verändert hat. Was das Finanzergebnis anbelangt ist die OÖGKK 2002 die mit Abstand erfolgreichste Gebietskrankenkasse, wenngleich ohne Ausnahme alle Gebietskrankenkassen unter der Null-Linie gebaren. Was den Brutto-Verwaltungsaufwand anbelangt, so liegt die OÖGKK gleichauf mit der VGKK an dritter Stelle. Maßgebliche Verbesserungen konnten somit auf beiden Dimensionen – Finanzergebnis und Bruttoverwaltungsaufwand – erzielt werden.

11.3 OPTIMALE GESCHÄFTSPROZESSE

Die Neustrukturierung des OÖGKK-Erfolgsplanes und die Untergliederung in die Bereiche Leistung, Vertragspartner, Dienstgeber und Eigene Einrichtungen führte zu einer neuen Betrachtungsperspektive. Die Struktur folgt nämlich nicht dem Organigramm, sondern den Geschäftsbereichen und lenkt damit das Augenmerk weg von der Aufbauorganisation, hin zu den Kernprozessen. Alle strategischen Hebel, Ziele und Maßnahmen im Bereich Optimale Geschäftsprozesse wurden somit automatisch auf die Kernprozesse umgelegt. Diese Systematik führte dazu, dass die Kernprozesse in das Zentrum der Überlegungen gerückt wurden.

Für die Kerngeschäftsprozesse gelten folgende Grundsätze:

- Kerngeschäftsprozesse beginnen und/oder enden außerhalb der Kasse
- Kerngeschäftsprozesse sind instrumentelle Hebel für das Setzen nachhaltiger Maßnahmen durch einen Eingriff in verschiedene Prozesse
- Interne Prozesse sind Unterstützungs- oder Dienstleistungsprozesse und damit keine Kernprozesse

Alle strategischen Hebel in der Prozessperspektive knüpfen durch diese Systematik automatisch an den Kernprozessen an. Alle Ziele und Maßnahmen werden ebenfalls auf die Kernprozesse bezogen.

Eine Optimierung der Geschäftsprozesse im Sinne einer Steigerung der Effizienz zeigt sich direkt in den dafür benötigten Personalressourcen. Bei steigendem Aufgabenumfang (gesetzlich determiniert und durch steigende Fallzahlen bedingt) konnte der Personalstand weiter gesenkt werden.

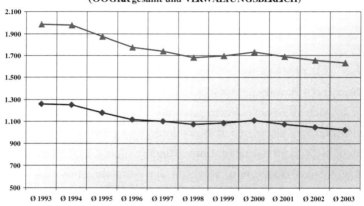

BW

Abb. 27: Entwicklung der durchschnittlichen kostenwirksamen Personalstände der OÖGKK von 1993 – 2003

Im Sinne des Ursachen-Wirkungszusammenhanges sind die strategischen Hebel in der Prozessperspektive die Treiber für Verbesserungen in der Finanz- und Kundenperspektive. In diesen Perspektiven drücken sich Effizienz-, aber vor allem Effektivitätssteigerungen aus. Entsprechend dieser Einschätzung müssen sich Verbesserungen daher in Form von gestiegener Kundenzufriedenheit und verbesserten Finanzergebnissen niederschlagen. Beide Perspektiven können mit entsprechenden Ergebnissen aufwarten – dies lässt den Schluss zu, dass die richtigen strategischen Hebel in der Prozessperspektive bearbeitet wurden.

11.4 INNOVATIONEN FÖRDERN

Im Bereich Innovation bzw. Lernen und Entwicklung als BSC-Perspektive besteht generell die Schwierigkeit, geeignete Messzahlen zu finden, die ein ganzheitliches Bild vermitteln. **Traditionell** mangelt es in diesem Sektor oft an **harten** Zahlen, die zur Standortbestimmung und Zielbildung geeignet sind. Die OÖGKK hat daher im Erfolgsplan 2004 ein Unternehmensziel zu diesem Feld formuliert: Ziel war es, die Innovation-Scorecard als Instrument in der OÖGKK einzuführen und damit die Innovationskraft bestimmen zu können. Eine Standortbestimmung im Bereich Innovationen wurde im Jahr 2004 erstmalig mittels der Innovation-Scorcard durchgeführt.

11.4.1 Die OÖGKK-Innovation-Scorecard

Das Instrument **Innovation-Scorecard** wurde von Arthur D. Little an der European Business School und dem Lehrstuhl für Strategische Unternehmensführung an der European Business School (ebs) entwickelt. Grundlage für die Entwicklung waren Ergebnisse aus empirischen Untersuchungen in Deutschland und in den USA, die zeigten, dass innovative Unternehmen an der Börse eine Innovation Premium verdienen.

Dies wirft die Frage auf, anhand welcher Kriterien innovative von weniger innovativen Unternehmen unterschieden werden können. Herkömmliche Indikatoren zur Beurteilung der Innovationsstärke eines Unternehmens (z. B. Höhe des F&E-Budgets, Umsatzanteil innovativer Produkte, Anzahl neuer Patente etc.) liefern hier ein lediglich punktuelles, eindimensionales und aus diesem Grunde meist stark verzerrtes Bild. Im öffentlichen Bereich sind zudem nicht einmal diese Kennzahlen verfügbar bzw. errechenbar.

11.4.1.1 Das Instrument Innovation-Scorecard

Die Innovation Scorecard soll ein möglichst ganzheitliches und integriertes Bild der Innovationsstärke eines Unternehmens vermitteln und diese somit einer objektivierten Beurteilung zugänglich machen. Der Innovation Scorecard liegt ein auf Grundlage praktischer Beratungserfahrung und umfangreicher Literaturrecherche entwickelter Fragebogen zu Grunde, welcher insgesamt vierzig erfolgskritische Kriterien – gegliedert nach den Teilbereichen Innovationsstrategie, Innovationsprozess, Ressourceneinsatz, Innovationsorientierung der Strukturen und Innovationskultur - umfasst. Die bei der Beantwortung dieser vierzig Fragen gewonnenen Ergebnisse werden anschließend nach dem Prinzip des Punktwertverfahrens unter zu Grundelegung branchenspezifischer Gewichtungsfaktoren zu einem Innovationsindex verdichtet. Bei diesem Index – auch Innovation Score genannt – handelt es sich um eine auf den Bereich von null bis eins normierte Kennzahl, welche in hoch aggregierter Form Aufschluss über die Innovationsstärke des analysierten Unternehmens gibt (vgl. Internet: http://www. innovationscorecard.de).

320

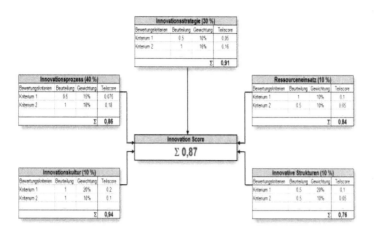

Abb. 28: Innovation-Scorecard nach A. D. Little (Quelle: Internet: http://www.innovation-aktuell.de)

Die einzelnen Teilbereiche umfassen folgende Inhalte (vgl. Internet: http://www.innovation-aktuell.de):

- **Innovationsstrategie:** Innovative Unternehmen orientieren sich an klar erkannten und gezielt entwickelten Stärken und Kernkompetenzbereichen. Sie verfügen über eine Innovationsplattform von eigenen und auch über Partnerschaften zugängliche Kompetenzen, die sie schnell nutzen können, um einen ungewöhnlichen (Kunden-) Nutzen zu realisieren.

- **Innovationsprozess:** Innovative Unternehmen haben den Kundennutzen-Optimierungsprozess zum wichtigen Geschäftsprozess des Unternehmens gemacht, zu dem alle Bereiche proaktiv beitragen. Der Innovationsprozess ist so gestaltet, dass er am Beginn weit offen für die Vielzahl möglicher Innovationsquellen ist, sich dann auf das Wesentliche und die Beschleunigung der Prozesse konzentriert und schließlich – am Ende des Prozesses – wieder möglichst weit offen ist, um eine vielseitige Nutzung der Entwicklungsergebnisse zu gewährleisten.

- **Ressourceneinsatz:** Ressourcen bedeuten im Zusammenhang mit Innovationen mehr als die personellen und finanziellen Ressourcen der Organisation. Es geht vor allem darum, Kunden und Lieferanten als Partner zu sehen und Kooperationen z. B. mit Forschungsinstituten einzugehen und so eine breite Innovationsplattform und großes Ressourcenpotenzial zur Verfügung zu haben. So können Neuentwicklungen schneller erfolgen, Kundenbedürfnisse besser erkannt und Chancen besser und mit höherer Treffsicherheit realisiert werden.

- **Strukturen:** Bei innovativen Unternehmen werden funktionale und hierarchische Strukturen durch Innovationsnetzwerke überlagert. Das Schaffen projektorientierter Overlay-Organisationen, mit denen Innovationsvorhaben so lange vorangetrieben werden können, bis sie ins Tagesgeschäft eingegliedert werden können, verhelfen zu hoher Effizienz.

- **Kultur:** Innovative Organisationen sind charakterisiert durch eine Unternehmenskultur, die Inspiration und gute Ideen fördert und belohnt. Eine offene und kooperative Zusammenarbeit ist Voraussetzung dafür.

Anhand der Beurteilungskriterien der Innovation-Scorecard ist es möglich, ein Innovationsprofil des eigenen Unternehmens zu erstellen. Die Aussagekraft der dabei gewonnenen Ergebnisse kann erhöht werden, wenn zusätzlich im Rahmen einer Konkurrentenanalyse die Innovationsprofile der wichtigsten Wettbewerber erhoben und mit dem eigenen Profil abgeglichenwerden (Internet:http://innovationscorecard.de).

Ausgehend hiervon ist es möglich, diejenigen Gebiete mit dem größten Handlungsbedarf zu identifizieren und die vorhandenen Ressourcen dort zu konzentrieren, wo sie die größte Hebelwirkung entfalten. Als Steuerungsinstrument erleichtert es die Innovation-Scorecard somit, die verschiedenen Einzelmaßnahmen in den unterschiedlichsten Unternehmensbereichen sachlich und zeitlich zu priorisieren und miteinander zu koordinieren. Blindem Aktionismus beugt sie somit ebenso vor, wie einer lediglich punktuellen Verbesserung einzelner Parameter. Dabei ermöglicht es die Innovation-Scorecard dem Management, den aktuellen Umsetzungsstand der eingeleiteten Maßnahmen zeitnah zu überwachen und gegebenenfalls frühzeitig gegenzusteuern.

11.4.1.2   Implementierung bei der OÖGKK

Im Erfolgsplan 2004 war nun die Einführung des Instrumentes als Ziel formuliert. Wesentliche Anforderungen waren dabei die Integration des Intrumentes in das bestehende BSC-System. Die Implementierung erfolgte in Projektform entsprechend der OÖGKK-Projektmanagment-Richtlinien. Als Verantwortliche für das BSC-System übernahm ich die Auftraggeberrolle für dieses Projekt. Das Projektteam wurde mit MitarbeiterInnen aus den Bereichen Innenrevision (Projektleiterin), Controlling, Personalentwicklung und Betriebsrat zusammengesetzt.

Die Projektziele waren wie folgt formuliert:

Ziel 1: Erarbeiten eines Vorgehensmodells für die Erhebung des Innovationsscores für alle Organisationseinheiten und Bereiche – entsprechend der Gliederung des Erfolgsplanes, des Gesamtunternehmen sowie eines geeigneten Befragungs- und Auswertungsinstrumentes.

Ziel 2: Ersterhebung des Innovation-Scores entsprechend dem erarbeiteten Vorgehensmodell bis 30.6.2004 durchführen.

Als Abschlusstermin, zu dem die Ziele erfüllt sein sollten, wurde der 30.6.2004 festgelegt. Dies deshalb, weil Anfang Juli die Strategieklausur der Direktion für den Erfolgsplan 2005 geplant war und die Ergebnisse der Innovation-Scorecard in den Strategieprozess einfließen sollten. Innerhalb des Rahmens gab es für das Projektteam Gestaltungsspielraum.

Die in das Projektteam nominierten MitarbeiterInnen wurden – auf Grund der Vereinbarung zwischen AuftraggeberIn und den verantwortlichen OE-LeiterInnen – für das Projekt im entsprechenden Ausmaß freigestellt. Die Ressourcenplanung und -steuerung erfolgte im Projektteam selbst.

Als Methodenset wurden von der Auftraggeberin insb. Literatur zur Innovationsscorecard zur Verfügung gestellt. Die Adaptierung des Instrumentes auf die Bedürfnisse der OÖGKK hin wurde im Projektteam erarbeitet und immer wieder mit **Testgruppen** überprüft. Die Rückmeldungen aus den verschiedenen Pilottests flossen wieder in das Projektergebnis ein. Es wurde daher eine prozesshafte Adaptierung und Anpassung der Methode selbst, aber auch der Umsetzungsschritte im Prozess vorgenommen.

Als Ergebnis dieses Prozesses gibt es nun eine standardisierte Methode der Erhebung und regelmäßigen Überprüfung des Innovation-Scores, welche inhaltlich, strukturell und terminlich auf den Erfolgsplan abgestimmt ist.

11.4.1.3   Ergebnisse der OÖGKK-Innovation-Scorecard

Die Ersterhebung im Juni 2004 zeigt folgendes Bild:

OÖGKK-Innovation-Score 2004

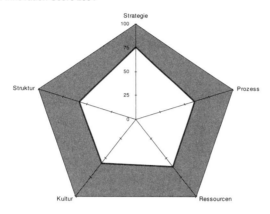

⊞ vorhandenes Potenzial ◻ OÖGKK-Innovation-Score 2004

Basis: Befragungsergebnis on-line-Befragung, n=185 MitarbeiterInnen (Rücklauf: 85,25%), Grafik: eigene Darstellung

Abb. 29: OÖGKK-Innovation-Score 2004

Der Gesamt-Innovation-Score der OÖGKK liegt bei 0,62. Das heißt, dass ein durchschnittliches Innovationspotenzial von 0,38 zu realisieren ist.

Die Innovation-Scorecard der OÖGKK bietet damit Ansatzpunkte für weitere Verbesserungen im Bereich Innovationen fördern. Die Ergebnisse in den einzelnen Fragestellungen sind Ausgangspunkt für das Festlegen konkreter strategischer Handlungsfelder, Ziele und Maßnahmen im Rahmen des Erfolgsplanes 2005. Die Bewertung der einzelnen Fragestellungen mit einem konkreten Index lässt im Zeitreihenvergleich erkennen, wo Verbesserungen erreicht werden bzw. wo Handlungsbedarf besteht.

Die Darstellung als Grafik vermittelt am Beispiel der Innovationsstrategie einen Eindruck, wo die Innovationspotenziale im Detail liegen – je weiter links die Punkte auf der Scala von 0-1 liegen, desto höher das noch zu hebende Potenzial. Dargestellt wird der Mittelwert der Einzelergebnisse je Fragestellung aus der OÖGKK-Innovation-Scorecard:

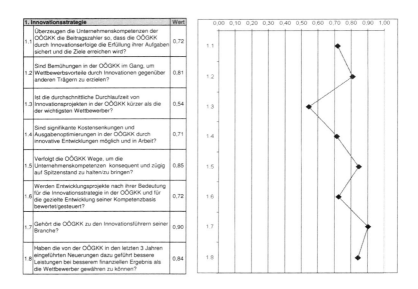

Abb. 30: Detail-Innovation-Score: Innovationsstrategie 2004

In welchen Bereichen liegen nun die noch zu hebenden Potenziale? Der Bereich Innovationsstrategie wird am höchsten eingeschätzt. Die Analyse ergibt, dass die OÖGKK als Innovationsführer der Branche eingeschätzt wird, dass Neuerungen zu besseren Leistungen führen, und dass eine klare Strategie mit regelmäßigen Kontrollen vorliegt. Schwächen können bei den Durchlaufzeiten von Innovationsprojekten geortet werden.

Beim Innovationsprozess der OÖGKK liegt die Bewertung in allen Fragen in etwa im Mittelfeld. Potenzial kann hier insb. bei der regelmäßigen Einbeziehung von Kunden, Lieferanten, Partnern usw. in die Innovationsvorhaben geortet werden. Auch die aktive Interaktion zwischen EntscheidungsträgerInnen und ProjektleiterInnen, LeiterInnen der Organisationseinheiten und MitarbeiterInnen mit dem Ziel, die Innovationsleistung zu optimieren, ist verbesserungswürdig. Die Managementkontrolle der ProjektleiterInnen für Entwicklungsvorhaben über Ressourcen ist nicht im vollen Ausmaß gegeben.

Im Bereich Ressourceneinsatz ist der Gedankenaustausch mit externen Know-how-Trägern zur Suche und Bewertung von Innovationsideen sowie das Beziehungsnetz rund um Kernkompetenzen zu forcieren.

Bei den Strukturen findet sich der insgesamt schlechteste Einzelwert der Befragung im Hinblick auf Transparenz der Know-how-Träger. Positiv wurde das Bestehen informeller und interdisziplinärer (unabhängig von hierarchischen Strukturen) Teams eingeschätzt.

Die Innovationskultur zeigt Verbesserungspotenzial, was das Erkennen der Wichtigkeit hoher Innovationsleistungen und Lernbereitschaft durch die MitarbeiterInnen anbelangt, sowie die Anerkennung von Wissen und Know-how als Besitz der gesamten Organisation. Positiv wird die direkte Zuordnung des Wissensmanagements zu einem Verantwortlichen sowie die Einbindung aller MitarbeiterInnen in die organisationalen Lernprozesse beurteilt.

Die Innovations-Scorecard ist damit ein Instrument, welches sich in optimaler Weise in die Strukturen des Erfolgsplanes einfügen hat lassen und wesentlich zur strategischen Fokussierung im Bereich Innovationen fördern beitragen kann.

12 Ausblick – Einsatz der BSC über die Grenzen der Organisation hinaus

Der Einsatz der BSC in der OÖGKK hat für das Unternehmen strategische Vorteile gebracht. Positive Erfahrungen und Ergebnisse im Zusammenhang mit der strategischen Ausrichtung und Zielorientierung innerhalb der OÖGKK sollen nun auch für die Zusammenarbeit mit anderen Organisationen genutzt werden. Kooperation kann mit der BSC neu und zielgerichtet gestaltet werden, der Nutzen für die beteiligten Partner transparent und nachvollziehbar geplant und überprüft werden.

Erfahrungen und Literatur zu diesem Thema gibt es kaum. Die BSC wird dabei als Instrument und Hilfsmittel eingesetzt, die Kooperation zwischen zwei Organisationen neu und effektiver zu gestalten. Es geht nicht darum, die Ziele der einzelnen Organisationen aufzugeben und gegen gemeinsame auszutauschen, es geht darum, ein gemeinsames Bild – eine Vision – der künftigen Zusammenarbeit zu schaffen und dieses in eine gemeinsame Kooperationsstrategie zu gießen. Letztlich kann auch in diesem Zusammenhang die Kooperationsstrategie in Jahresziele übersetzt werden und durch Messzahlen überprüfbar gemacht werden. Es handelt sich also um einen neuartigen und erfolgversprechenden Weg in Konzeption und Einsatz der Balanced Scorecard.

Die Erfahrungen, die die OÖGKK bei der Umsetzung des Erfolgsplanes gemacht hat, dienen in diesem Zusammenhang als Basis für die Konzeption und Erarbeitung der intermediären Kooperations-Scorecard.

12.1 Schlussfolgerungen aus den zentralen Thesen der Dissertation für intermediäre Kooperations-Scorecards

Die zentralen Thesen, die aus der strategischen Ausrichtung der OÖGKK mit der BSC resultieren (sie sind am Beginn der Dissertation in Kapitel 1 nachzulesen), können für die Erarbeitung intermediärer Balanced Scorecards hilfreich sein. Schlussfolgerungen aus den entwickelten Thesen für den Einsatz des Instruments über die Grenzen der eigenen Organisation hinaus sollen diese Arbeit abschließen – sie sind gleichzeitig die Arbeitshypothesen für die Erstellung von intermediären Kooperations- Scorecards.

These 1

Die Identifikation der Führungskräfte mit der Problemlage und den strategischen Positionen ist zentral für deren weitere Verfolgung. Der Vergemeinschaftung dieser Zukunftsbilder als Basis für deren Umsetzung kommt zentrale Bedeutung zu. Die Instrumente der Vision, der Strategielandkarte und der Balanced Scorecard (BSC) sind geeignet, um gemeinsame Zukunftsbilder darzustellen und zu kommunzieren.

Schlussfolgerungen aus These 1

Auch bei der Erstellung intermediärer Kooperations-Scorecards ist die Identifikation der (betroffenen) Führungskräfte mit der Problemlage und den strategischen Positionen zentral für deren weitere Verfolgung. Im Zentrum stehen dabei die Kooperation, bestehende Problemlagen in diesem Zusammenhang und die mit der Zusammenarbeit angestrebten Ziele. Die Berücksichtigung der jeweils eigenen Organisationsziele ist dabei unerlässlich. Die Instrumente der Vision, der Strategielandkarte und der Balanced Scorecard (BSC) sind geeignet, um gemeinsame Zukunftsbilder der Zusammenarbeit darzustellen und zu kommunizieren.

These 2

Die Erarbeitung tragfähiger Zukunftsbilder durch die obersten Führungskräfte selbst und damit deren intensive Einbindung ist ein zentrales Erfolgskriterium im Rahmen der strategischen Ausrichtung von Organisationen. Die Einbeziehung aller MitarbeiterInnen nutzt das Potenzial der gesamten Organisation und schafft eine breite Basis für die Umsetzung strategischer Pläne. Die unmittelbaren Vorgesetzten der MitarbeiterInnen nehmen in diesem Prozess eine Schlüsselposition ein.

Schlussfolgerungen zu These 2

Die Erarbeitung tragfähiger Zukunftsbilder im Hinblick auf die Kooperation zweier unabhängiger Organisationen muss durch die obersten Führungskräfte erfolgen bzw. durch jene Führungskräfte, die im Rahmen der Kooperation eine zentrale Funktion einnehmen. Die Einbeziehung jener MitarbeiterInnen, die vom Kooperationsprozess betroffen sind, schafft eine breite Basis für die Umsetzung der Kooperationsziele. Auch in diesem Prozess spielen die unmittelbaren Vorgesetzten der MitarbeiterInnen eine zentrale Rolle.

These 3

Der Vernetzung und Integration kommt im BSC-Prozess maßgebliche Bedeutung zu. Die BSC selbst schafft die Vernetzung verschiedener Themenbereiche durch die Betrachtung des Unternehmens aus vier Perspektiven. Maßgebliche Unterstützung kann hier die Strategielandkarte bieten, welche die Ursachen-Wirkungs-Zusammenhänge zwischen den Perspektiven transparent macht und auf ein bearbeitbares Maß an Komplexität reduziert. Eine adäquate vertikale und horizontale Vernetzung innerhalb der Organisation im Erstellungs- und Umsetzungsprozess der BSC sowie die Integration verschiedener interner und externer Informationsquellen ist Voraussetzung für den wirkungsvollen Einsatz der BSC.

Schlussfolgerungen zu These 3

Vernetzung und Integration ist auch im Rahmen intermediärer Kooperations-Scorecards ein zentrales Thema. Die relevanten Perspektiven können sich am Konzept von Kaplan und Norton orientieren, sind aber gemeinsam von den Kooperationspartnern entsprechend inhaltlich zu definieren. Die Strategielandkarte kann auch hier die Ursachen-Wirkungszusammenhänge transparent machen und die Komplexität reduzieren. Eine adäquate Vernetzung zwischen den Organisationen, aber auch innerhalb der einzelnen Organisationen im Erstellungs- und Umsetzungs-Prozess, kommt maßgebliche Bedeutung zu. Die Vernetzungsleistung ist dabei auch mit den jeweils organisationseigenen Instrumenten der Zielbildung und -umsetzung zu erbringen. Letztlich dient die Kooperations-Scorecard der besseren Erreichung der jeweils eigenen Organisationsziele.

Die Integration verschiedener interner und externer Informationsquellen ist auch bei der intermediären Kooperations-Scorecard notwendig. Dabei wird es zum einen von den Kooperationspartnern gemeinsam festgelegte und genutzte Informationsquellen geben, die im Prozess eine wichtige Rolle spielen, und solche, welche die einzelnen Kooperationspartner individuell – zur Anbindung an das eigene Zielsystem der Organisation – verwenden.

These 4

Im Rahmen der vorausschauenden Selbsterneuerung mit der BSC kommt dem Schaffen geeigneter Strukturen ebenso große Bedeutung zu wie die Umsetzung geeigneter Personalentwicklungsmaßnahmen. Strukturelle und personelle Veränderungen finden ihre Synthese in erweiterten und neu definierten Aufgabenprofilen und Rollenbildern. Sie sind letztlich der Ausdruck dafür, dass der Prozess zur Änderung der Unternehmenskultur geführt hat.

Schlussfolgerungen zu These 4

Die strategische Ausrichtung der Kooperation zweier Organisationen benötigt ebenfalls Struktur- und Personalentwicklung. In diesem Fall bedeutet dies, Strukturen für Kooperation und die Fähigkeit zur Kooperation zu entwickeln. Da die MitarbeiterInnen jeweils nur einer Organisation angehören, werden sich Rollenbilder und Aufgabenprofile – als Ausdruck einer Änderung der Kooperationskultur – in den einzelnen Organisationen verändern.

These 5

Die systematische Einbeziehung aller MitarbeiterInnen in den Prozess der Beobachtung und der vorausschauenden Selbsterneuerung mit der BSC nutzt den Erfahrungsschatz und das kreative Potenzial der gesamten Organisation für die strategische Ausrichtung. Die konsequente Überprüfung der Zielerreichung auf allen Ebenen in regelmäßigen nicht zu großen Abständen lenkt das Augenmerk der Führungs- und Umsetzungsverantwortlichen auf die strategischen Ziele und deren Realisierung. Das regelmäßige Weiterdenken der Beobachtungen aus der Gegenwart in die nahe Zukunft (bis zum Jahresende) und darüber hinaus in die fernere Zukunft (die nächsten Jahre) ermöglicht eine zirkulären Entwicklung und Planung von Zukunftsbildern und Zielen.

Schlussfolgerungen zu These 5

Die systematische Einbeziehung aller von der Kooperation betroffenen MitarbeiterInnen in den Prozess kann deren Erfahrungsschatz und kreatives Potenzial im Hinblick auf die Gestaltung und Weiterentwicklung der Kooperation nutzen. Die laufende Überprüfung der Zielerreichung ist auch bei intermediären Kooperations-Scorecards notwendig, um das Augenmerk der Verantwortlichen auf die Kooperationsziele und deren Umsetzung zu lenken. Das Weiterdenken der Beobachtungen aus der Gegenwart in die nahe und fernere Zukunft ermöglicht

eine zirkuläre Entwicklung und Planung von Zukunftsbildern und Zielen im Hinblick auf die Zusammenarbeit der Organisationen.

These 6

Die Konzentration der Führungskräfte auf den strategischen Prozess – sowohl was die Planung als auch die Umsetzung betrifft – verändert die Anforderungen an Führungskräfte und das Führungsverhalten nachhaltig. Kooperativ erarbeitete Zielsysteme mit entsprechenden Controlling-Instrumenten stärken die Autonomie der Subeinheiten und ermöglichen gleichzeitig eine effiziente Steuerung im Sinne der Gesamtstrategie.

Schlussfolgerungen zu These 6

Die Konzentration der betroffenen Führungskräfte auf den Kooperationsprozess – sowohl was die Planung als auch was die Umsetzung betrifft– verändert das Kooperationsverhalten. Entsprechende Controlling-Instrumente können auch im Kooperationsprozess hilfreich im Zusammenhang mit einer effizienten Steuerung im Sinne der Kooperationsstrategie sein.

These 7

Ein detaillierter Zeitplan, der die verschiedenen Bearbeitungsschritte über das Jahr hinweg zeitlich determiniert und die einzelnen Instrumente der Unternehmenssteuerung integrativ verzahnt, ist maßgebliche Voraussetzung, um die strategische Ausrichtung als kontinuierlichen Prozess zu etablieren.

Die inhaltliche Strukturierung der unterschiedlichen Prozessschritte muss so gewählt werden, dass nahtlose Anschlüsse geschaffen werden und so die logische Weiterbearbeitung der Ergebnisse im jeweils nächsten Prozessschritt möglich ist.

Die Übernahme der Prozesssteuerung – sowohl in inhaltlicher als auch in terminlicher Hinsicht – durch eine verantwortliche Person bringt klare Vorteile.

Schlussfolgerungen zu These 7

Ein detaillierter Zeitplan, der die verschiedenen Bearbeitungsschritte über das Jahr hinweg zeitlich determiniert, ist auch für intermediäre Kooperations-Scorecards unabdingbare Voraussetzung, um einen kontinuierlichen Prozess zu etablieren. Die Verzahnung mit den organisationsinternen Instrumenten der Unternehmenssteuerung und Führung ist dabei von zentraler Bedeutung.

Auch für Kooperations-Scorcards gilt, dass nahtlose Anschlüsse geschaffen werden müssen, um so die logische Weiterarbeit der Ergebnisse im jeweils nächsten Prozessschritt möglich zu machen. Hier ist insbesondere auf die Weiterarbeit in den einzelnen Organisationen zu achten. Die Übernahme der Prozesssteuerung durch eine verantwortliche Person bringt auch bei intermediären BSCs Vorteile.

These 8

Die Einbeziehung der MitarbeiterInnen in die regelmäßige Überarbeitung der strategischen Grundlagen und die Zielableitung ermöglicht die Festlegung eines vertretbaren und für die Organisation erträglichen Maßes an Veränderung und schafft das nötige Commitment für die weitere Zielverfolgung. Ein klar abgestecktes Zielsystem als Rahmen dafür, was im kommenden Jahr verändert wird auf Basis einer mehrjährigen Orientierungsgrundlage (Vision und Strategie), gibt die nötige Sicherheit im Zusammenhang mit Veränderungen. Die Stabilität und Verlässlichkeit des Zielsystems ist wesentlich dafür, ob es Orientierung bieten kann.

Schlussfolgerungen zu These 8

Die Einbeziehung der von der Kooperation betroffenen MitarbeiterInnen in die regelmäßige Überarbeitung gemeinsamer Zukunftsbilder der Kooperation ermöglicht die Festlegung eines vertretbaren und für die jeweilige Organisation erträglichen Maßes an Veränderung und schafft das nötige Commitment für die weitere Zielverfolgung. Ein klar abgestecktes Zielsystem als Rahmen dafür, was im kommenden Jahr im Rahmen der Kooperation verändert wird auf Basis einer mehrjährigen Orientierungsgrundlage (Vision und Strategie), gibt die nötige Sicherheit im Zusammenhang mit Veränderungen. Die Stabilität und Verlässlichkeit des Zielsystems ist wesentlich dafür, ob es für die beteiligten Organisationen Orientierung bieten kann.

Abbildungsverzeichnis

Literatur

Alexander, M.; Campbell, A.; Goold, M. Parenting Advantage: Wie Mütter ihre Töchter fördern; in: Harvard Business Manager, 4/1995, S 37 – 49.

Balanced Scorecard Collaborative: Unterlage zur Best-Practices Conference, Cambrige MA, 10. – 11. April 2002

Böhnisch, W.: Gutachten zum Projekt GKK2000 der OÖGKK, Institut für Wirtschaftsinformatik und Organisationsforschung, Universität Linz, 1992.

Böhnisch, W.; Krennhuber, E. (LV-Ltg): Kritische Erfolgsfaktoren in der Balanced Scorecard, Abschlussbericht zum 2. Seminar für Personalwirtschaft, WS 2001/2002, Institut für Unternehmensführung, JKU Linz, 2002a

Böhnisch, W.; Krennhuber, E. (LV-Ltg): Fragebogen zum Benchmarking der Balanced Scorecard – Gesamtauswertung, 2. Seminar für Personalwirtschaft, WS 2001/2002, Institut für Unternehmensführung, JKU Linz, 2002b

Braue, C.; Sure, M.: Benchmarking – ein Weg zur Produktivitätssteigerung, in: FB/IE, Heft 1, S. 4-10., 1998

Ehrmann, H.: Kompakt Training Balanced Scorecard, Ludwigshafen, 2000.

Fath-Gottinger, D.; Guttenbrunner, S.; Lobendanz, I.; Stadlmann, A.: Balanced Scorecard – Basics, Hausarbeit, 2. Seminar für Personalwirtschaft WS Institut für Unternehmensführung , JKU Linz

Friedag, H. R.; Schmidt W.: My Balanced Scorecard Haufe-Verlag, Freiburg, Oktober 2000

Gehringer, J.; Michel, W.: Frühwarnsystem Balanced Scorecard, Düsseldorf/Berlin, 2000

Grossmann, R.: Möglichkeiten und Grenzen der Organisationsentwicklung aus systemischer Sicht, in: Beiträge zu „Organisationsentwicklung und Systemforschung" Nr. 2, Grossmann, R. (Hrsg.), IFF, Wien, 1999

Grossmann, R.: Führung ist eine spezielle (Dienst)leistung im Interesse der Funktionsfähigkeit der Organisation, in: Reader zum Seminar „Entwicklung von Führungssystemen" im Rahmen des universitären Weiterbildungsprogramms für Führungskräfte und Berater, IFF, Wien 2000

Grossmann, R., Scala, K.: Gesundheit durch Projekte fördern, Ein Konzept zur Gesundheitsförderung durch Organisationsentwicklung und Projektmanagement, Juventa Verlag Weinheim und München, 3. Auflage, 2001

Grossmann, R.; Scala, K.: Intelligentes Krankenhaus, Wien, 2002

Harrer, E., Springer, H., Rehberger, J., Mair, A., Wesenauer, A.: Endbericht der Arbeitsgruppe Geschäftsprozessoptimierung, OÖGKK, 1997

Hammer, M., Champy, J.: Business Reengineering. Die Radikalkur für das Unternehmen, Campus, 1996

Heakal, R.: What are Economies of Scale, 2003; Internet: http://www.investopedia.com/articles/03/012703.asp)

Horváth & Partner (Hrsg.): Balanced Scorecard umsetzen, Schäffer Poeschel Verlag Stuttgart, 2000

Horváth, P.; Herter, R.: Benchmarking. Vergleich mit den Besten der Besten, in: Controlling, Heft 1, 1992 , S. 4-11

Horváth, P., Kaufmann, L.: Balanced Scorecard – ein Werkzeug zur Umsetzung von Strategien, in: Harvard Business Manager 5/1998, S 39 – 48

Kaplan, R., Norton, F.: Wie drei Großunternehmen methodisch ihre Leistungen stimulieren, in: Harvard Business Manager, 2/1994, S 96 – 104

Kaplan, R., Norton, D.: Using the Balanced Scorecard as a Strategic Management System, in: Havard Business Review, January-February 1996, S75 – 85.

Kaplan, R., Norton, D.: Having Trouble with your Strategy? Then Map it, in: Harvard Business Review, September – October 2000

Kaplan, R., Norton, D.: The Strategy-focused Organization – How Banced Scorecard Companies Thrive in the New Business Environment, Harvard Business School Press, Boston, 2001

Kaplan, R., Norton, D.: Strategy Maps – Havard Business School Publing, Bosten, 2004

Kienbaum, J. (Hrsg.): Benchmarking Personal, Schäffer-Poeschel Verlag, Stuttgart, 1997

Lechner, K., Egger, A., Schauer R.: Einführung in die Allgemeine Betriebswirtschaftslehre, 13. Auflage, Industrieverlag Peter Linde GesmbH, Wien, 1990

Leibfried, K.; McNair, C.: Benchmarking, Haufe, Freiburg i. Br., 1993

Malik, F.: Entwicklungstendenzen im Rechnungswesen in: malik on management, m.o.m.letter 11. Jahrgang 6/03

Mair, A.; Meggeneder, O.; Schrattenecker, J.: Controlling in der sozialen Krankenversicherung, in: VOP 1/1995

Mair, A.; Meggeneder, O.; Schrattencker, J.: Controlling in der sozialen Krankenversicherung, in: Soziale Sicherheit Nr. 10/1994

Market: Kundenzufriedenheits-Monitoring der OÖGKK MitarbeiterInnen, Ergebnise einer schriftlichen Befragung unter 685 MitarbeiterInnen der OÖGKK im Juli/August 1997 – Grafische Darstellung, 1997

Mayr, J.: Implementierung einer kontinuierlichen Direktkommunikation mit den Vertragsärzten der OÖ Gebietskrankenkasse zur Beeinflussung der Veranlassung medizinischer Leistungen, Dissertation, Klagenfurt, 2003

Meggeneder, O.: Vom Verwaltungsbetrieb zum Dienstleister, in VOP 6-7/96

Meyer, J. (Hrsg.): Benchmarking: Spitzenleistungen durch Lernen von den Besten, Schäffer-Poeschel Verlag, Stuttgart, 1996

Nagel, R.; Wimmer, R.: Systemische Strategieentwicklung, Klett-Cotta, Stuttgart, 2002

Olzinger, K.; Matscheko, R.: Richtlinien für Projektmanagement; Interner Arbeitsbehelf der OÖGKK, Stand März 2003, Version 1.2

OÖGKK – Controlling/Berichtswesen: OÖGKK–Planungshandbuch, erste Auflage, 1995.

OÖGKK – Personalbüro: Managment by Objectives (MbO), Handbuch der OÖGKK, 1997.

OÖGKK: Abschlussbericht GKK2000, Projektgruppe GKK2000, März 1992.

OÖGKK: Orientierung Kunde – Konzept für Kundenorientierung, Interner Arbeitsbehelf der OÖGKK, Erste Auflage, Juli 1998

OÖGKK: Dokumentation der Unternehmensziele 2002.

Osterloh, M.; Frey, B.: Pay for Performance – immer empfehlenswert? In: Zeitschrift für Führung und Organisation, 12/1999

Popper, H.: Aktives Pflegemanagement – ein Projekt zur Verbesserung der Kundenorientierung und organisationaler Weiterentwicklung, Dissertation, Universität Klagenfurt, 2003

Reiss, M.: Mit Blut, Schweiß und Tränen zur schlanken Organisation. In: Harvard Business Manager, 2/1992

Scala, K.: Organisationsentwicklung, in: Grossmann, R. (Hrsg.): iff-texte. Wie wird Wissen wirksam? Bd. 1, Wien Springer; Beitrag im Reader zum Workshop „Organisationen entwickeln", IFF, Wien, 2003

Scala, K.: Kriterien für einen erfolgreichen Organisationsentwicklungs- prozess (unveröffentlichtes Manuskript), Beitrag im Reader zum Workshop „Organisationen entwickeln", IFF, Wien, 2003

Simon, H.: Die heimlichen Gewinner, Campus, 1998

Vogel, H-C. u.a.: Werkbuch für Organisationsberater, Schriftenreihe des Instituts für Beratung und Supervision, Band 10, Aachen 1994

Watson, J.: The Benchmarking Workbook, Productivity Press, Portland, 1992.

Weber, J.; Schäffer, U.: Die Balanced Scorecard – eine Modewelle... na und? In: Controller News 4/97, S 17 – 20

Werner, H.: Benchmarking – ein Wettbewerbskonzept, in: RWZ, Heft 6/1996, S. 172–177

Wesenauer, A.: Projektbericht zum Projekt Finanzcontrolling, LIMAK „Lernen am Projekt", Abschlussbericht, Linz, 1997

Wesenauer, A.: Planungshandbuch – Erfolgsplan 2002, Februar 2001

Wesenauer, A.: Vorgehensweise – Erarbeitung der zweiten Ebene, April 2001

Wimmer, R.: Organisationsberatung – Eine Wachstumsbranche ohne Professionelles Selbstverständnis. S. 45-136 In: Michael Hofmann (Hg.): Theorie und Praxis der Unternehmensberatung – Bestandsaufnahme und Entwicklungsperspektiven, Heidelberg, 1991

Wimmer, R.: Die Zukunft der Führung. Brauchen wir noch Vorgesetzte im herkömmlichen Sinn? In: Organisationsentwicklung 4/96

Wimmer, R.: Wider den Veränderungsoptimismus. Zu den Möglichkeiten und Grenzen einer radikalen Transformation von Organisationen. In: Baecker, D., Hutter, M. (Hrsg.): Soziale Systeme. Systemtheorie für Wirtschaft und Unternehmen. Zeitschrift für soziologische Theorie. Heft 1/99, Beitrag im Reader zum Workshop „Organisationen entwickeln", IFF, Wien, 2003

Internet

http://www.eilers-org.de

Intranet der OÖGKK – http://int.ooegkk.at/

http://www.innovation-aktuell.de

http://www.innovationscorecard.de

http://www.kaufwas.com/bk/wissen/oe_berat/3.htm

http://www.ovi.ch/bsc/

Literaturliste Balanced Scorecard – http://www.scorecard.de/l_liste